죽음을 선택할 권리

죽음을

DENIAL OF THE SOUL

선택할
권리

M. 스캇 펙 지음 | 조종상 옮김

율리시즈

비록 인내의 극한에 달할 때까지

육체적인 고통을 감수해야 하는 시대는 아니지만

정서적으로는 여전히 그런 상황이나 다름없다.

삶에서 이 사실을 부정하는 것은

이 시대가 지닌 중대한 결함이다.

• 서문 •

이 시대는 거의 모든 문제가 벽장에서 나와 대부분 좋은 결과를 얻게 되는 것 같다. 그런 문제 중 하나가 안락사에 관한 것이다. 부디 이 문제가 다시 벽장 속으로 갇혀버리지 않기를 바란다. 나는 이것이 대중적으로 논의하기에 적합한 문제라 믿는다. 그러나 현재 이 논의는 이상하게 왜곡되고 불완전하며 한편으로는 열의조차 없다는 느낌마저 든다. 이 책은 안락사 논의를 위축시키는 것이 아니라 더욱 확대하고 활성화시켜, 이러한 상황을 바로잡고자 하는 시도의 일종이다.

이런 시도를 하게 된 계기는 안락사라는 주제가 그 중요성에 비해 소홀히 다루어지면서, 세상 밖에 나온 숱한 사안이나 오랫동안 논의되고 있는 문제들에 묻혀 길을 잃은 것 같다는 경각심에서 비롯되었다. 안락사의 문제는 다른 어떤 것보다 더 중요할 수 있다. 실로 다른 모든 문제가 더 만족스럽게 해결될 수 있으려면 이에 대한 국민적 합의가 이루어져야 할 필요가 있을 것이다.

물론 우리는 오래전부터 안락사에 대해 알고 있었다. 단지 드러나지 않았다고 해서 안락사 문제를 인식조차 하지 않았다는 것은 아니다. 다만 이를 밖으로 드러내놓고 진지하게 논의하길 원하지 않았을 뿐이다.

　1950년, 당시 14살이었던 나는 죽음에 대해 진지하게 생각하기 시작했다. 어쩌면 내 존재에 있어 가장 중요한 것은 인생은 유한하다는 것이었는지 모르겠다. 모든 사람들이 그렇듯 나 역시 언젠가는 죽음을 맞이할 수밖에 없다. 다른 사람뿐만 아니라 나 자신을 생각하더라도 사람이 확실히 죽는다면, 그리고 그것을 몹시 원한다면 죽음과 관련된 불쾌감을 피하기 위해 그 과정을 서두르지 않을 이유가 없을 것 같다는 생각이 들었다. 나는 '안락사'라는 단어가 의미하는 것을 완벽히 주지하고 있었으며 그것을 믿고 있었다. 그 당시 나는 꽤 이성적이었다.

　그로부터 한 세대가 지난 1975년, 미국의 저명한 신학자였던 헨리 반 두센Henry Van Dusen 박사 부부가 뉴욕에 있는 아파트에서 동반 자살했다. 노년과 자연사의 불편함을 피하기 위해서라는 내용의 극히 이성적이고 공개적인 편지를 남기고서. 나는 이 일에 다소 충격을 받았다. 아주 평범한 노인들이 이런 이유로 동반 자살을 했다면 조금도 놀라지 않았겠지만 반 두센 박사는 유명한 종교 지도자라는 점이 나를 불안하게 만들었을 것이다. 그 무렵 나는 그 본질을 잘 알지는 못했지만 어쨌든 종교와 영성은 안락사 문제의 한 측면이라고 여기고 있었다.

그 이후 나는 의학, 그 중에서도 정신의학과 신학 분야에서의 전문적인 경험을 포함해 안락사의 복잡한 특징들을 충분히 이해할 수 있을 만큼의 인생 경험을 했고 이로써 안락사 논의에 분명한 공헌을 할 수 있을 것이라고 생각한다.

현재 안락사에 대한 논의는 아주 단순한 편이다. 논의 자체가 보통 한 쪽은 옳고, 다른 한 쪽은 그르다고 주장하는 승자 지배적인 양태를 띠고 있으므로 그다지 놀랄 일만은 아니다. 또한 고학력자들조차도 낙태와 동성애를 비롯하여 전쟁과 '알맞은' 다이어트에 이르기까지 온갖 종류의 사안에 대해 극단적으로 단순화시키려 들기 때문에 현재 안락사에 대한 논의가 단순한 것은 어쩌면 당연한 것일지도 모른다. 그러나 우리는 흑백논리의 사회에 살고 있지 않고, 나는 수년간 지나치게 단순한 일차원적 사고를 한사코 반대해왔다.

안락사라는 주제는 복잡하다. 심지어 안락사의 일반적 정의조차 내리지 못하고 있는 형편이다. 안락사란, 오로지 환자나 죽어가는 누군가에게 의사나 가족 중 한 사람이 행하는 하나의 행동일까? 또는 환자나 죽어가는 누군가가 다른 사람의 도움 없이 자신을 죽이는 행위에 사용되는 용어일까? 안락사에는 환자의 동의가 필요한가? 또 가족의 동의는 어떠한가? 안락사는 다른 형태의 자살 및 살인과 분리될 수 있는가? 단순히 생명유지장치의 플러그를 뽑는 것과는 어떻게 다른가? 환자의 생명을 유지하기 위한 과도한 조치 사용의 제한이 안락사의 한 종류라면 과도한 조치와 일반적 조치의 차이점은 어떻게 구별할 수 있는가? 안락사와 고통의 관계는 어떠한가? 육체적 고통과 정서적 고통 사이에는 차이점이 있는가? 고통의 정도는 어떻게 평가하는가? 무엇보다도 윤리적인 문제가 왜 관련되며 윤리적 문제는 어떻게 되는 것인가?

이 책의 1부는 주로 의학적 측면에서 고통과 죽음의 문제를 다룬다. 더러 복잡한 면은 있지만 이런 문제는 비전문가도 이해할 수 있는 수준이다. 이런 문제의 논의는 일반 대중에게 꼭 필요하며 뿐만 아니라 이 세기의 마지막 몇 년과(이 책은 1997년에 출간되었다) 향후 수십 년 안에 적절한 안락사의 정의에 도달하는 데에도 필요한 정보를 주게 될 것이다. 1부는 이런 정의와 함께 끝을 맺는다.

2부는 세속주의와 영혼 그리고 삶과 죽음의 본질에 대한 정신적 문제를 다룬다. 무엇보다 안락사라는 주제가 윤리적 · 도덕적으로 격렬한 논쟁거리가 되는 이유는 인간의 영혼이 존재하느냐 아니냐에 대한 우리 신념의 차이 때문이다(나는 지금까지 안락사를 주제로 글을 쓴 적이 없다. 따라서 이 책의 내용 대부분은 완전히 새로운 내용이다. 하지만 정신적 · 영적 주제를 다룬 1부의 마지막과 2부의 앞장에서는 가끔 필요에 따라 앞서 출간된 내 책 가운데 한 권 또는 여러 권에서 언급한 내용을 인용했다. 따라서 그 책들을 이미 읽어본 독자들은 이 책에서 내가 말하고자 하는, 기존의 내용을 발견하게 될 것이다. 이 경우 내용이 똑같으므로 자유롭게 훑어보거나 앞으로 건너뛰어도 좋다. 독자들의 양해를 구한다).

3부에서는 주로 법률적 · 사회적 측면에서의 안락사를 다룬다. 마지막으로 안락사 논의가 잘 이루어진다면 궁극적으로 우리 문명에 어떤 커다란 이득이 될 수 있는지를 지적한다.

문학적으로 좋지 않은 형식일지도 모르지만 이와 같이 특별한 경우에는 처음부터 핵심을 말하는 것이 좋은 방식이라고 생각한다. 결국 내 말은 안락사 또는 '필요한 경우의 안락사'로 이름 붙일 수 있는 행위에 대한 자유방임주의적 태도를 지양하라는 것이다.

복합성을 녹여내야 한다는 이러한 입장에는 적극적이지만 나 역시도 전반적인 진실을 알고 있지 않다는 점을 깊이 인식한다. 나는 나이 드는 것에 대해 많은 부침을 경험했지만 모든 것을 다 경험한 것은 아니다. 나는 분명히 죽어가고 있다. 심지어 그것을 느낄 때도 있다. 하지만 나 자신이 완전히, 영구적으로 상실되는 게 어떤 것인지, 또는 빠르게 악화되는 구체적인 질병으로 사형 선고를 받은 채 사는 것이 어떤 것인지 알지 못한다. 즉 나는 그런 경험을 해본 적이 없다. 나 역시 마음을 바꿀지도 모른다. 따라서 내가 여기에 쓴 모든 내용은 많은 부분을 감안해서 받아들여야 한다.

마지막으로 반 두센 박사 부부처럼 안락사를 시행했던 일부 사람들의 경우 그래서는 안 됐다는 결론을 내리고 싶다. 그렇다고 그들을 비난하는 건 아니다. 늙어가면서 내 진심어린 소망은 나의 정의를 초월해 있는 하나님을 찬양하는 것이다. 하나님을 찬양하는 것은 보통 누군가를 비난하는 것과는 질적으로 매우 다른 중요한 일이다.

차 례

1부

혼돈에서 명료함으로

– 의학적·정신질환적 관점들

DENIAL OF THE SOUL

가끔씩 청중 중에 이렇게 묻는 사람이 있다.

"선생님, 그럼에도 우리에게 무언가 인생의 은총 같은 게 있다면요?"

"우리는 모두 죽게 된다는 점이죠. 인생을 끝낼 준비를 할 만큼 세상살이에
지친 건 아니지만 만약 이런 쓰레기 같은 세상을 3, 4백 년 더 헤치고 살아야
한다면 아마 내가 가진 모든 돈을 털어서라도 일찌감치 죽는 쪽에 투자할 겁니다."

모두 다 이해하는 것 같았다.

01

플러그를 뽑다

나의 할머니 줄리엣은 자그마한 몸집에 무척 깐깐한 분이었다. 그런 할머니가 79세가 되면서는 사사건건 트집을 잡거나 더욱 까다롭고 예민해졌으며, 무뚝뚝하고 완전히 고집불통이 되었다. "아마 이번 크리스마스가 나한텐 마지막이 될지도 모르겠구나." 할머니는 크리스마스마다 늘 이런 말씀을 하시곤 했다. 부활절이나 추수감사절 때에도 마찬가지였다. "이 늙은 할미가 너희들과 함께할 시간도 얼마 남지 않을 게야." 이렇게 우리 형제에게 한마디 덧붙이는 것을 잊지 않았다. 딱히 치매에 걸린 것도 아닌데 할머니는 늘 기운이 없어 보였다.

84세에 접어든 할머니는 어느 날 저녁, 갑작스러운 장폐색 증세로 병원에 입원했다. 장폐색 증상은 비교적 간단한 복부 수술을 받고 곧 완화되었다. 그런데 그 수술 때문에 뜻밖에 심각한 문제가 발생했다.

바로 포도상 구균에 의한 패혈증 감염이었다. 당시 페니실린에 내성이 생긴 새로운 변종 박테리아가 발견되었는데, 할머니는 그 박테리아에 감염된 환자 중의 하나였다. '포도상 구균 80/81'로 알려진 이 박테리아는 병원에서 처음 발병했다고 해서 '병원 포도상 구균'으로도 불렸다. 이것은 매우 무서운 질병이었다. 2주가 넘도록 할머니의 이름은 중환자 명단에 올라 있었고 할머니는 거의 혼수상태나 마찬가지였다. 병원에서는 할머니에게 여러 종류의 실험적인 항생제를 과량으로 투여했다. "아마도 환자가 오늘 밤을 넘기기 힘들 것 같습니다." 할아버지는 매일 이런 말을 들어야 했다.

당시 나는 대학생이었는데 이 기간 중에 할머니 병문안을 가게 됐다. 말이 병문안이지 할머니가 혼수상태여서 그냥 5분 정도 병실에 앉아 있다 나왔을 뿐이었다. 당시 할머니의 몸은 약해질 대로 약해져 거의 살아 있다고 볼 수도 없었다. 의사들은 할머니의 몸에서 더 이상 주사바늘을 꽂을 혈관을 찾지 못해 발목과 겨드랑이에 심정맥이 드러나도록 간단한 수술인 정맥 절개를 했다(요즘에는 정맥 절개술 대신 정맥 내에 카테터나 정맥유도관 삽입술을 시행한다). 그래서 할머니의 양쪽 발목과 겨드랑이에는 주사를 맞은 자국이 있거나 아니면 주사가 꽂혀 있었다. 만약 내가 할머니의 담당 의사였다면 이런 의문이 들었을 것이다.

'도대체 왜 여든네 살의 불쌍한 노인네에게 주사 바늘을 꽂으려고 법석을 떨어야 하는 거지? 치매기도 있는 데다 어쩌면 깨어나지 못할 수도 있는데 말이야. 행여 기적적으로 살아난다 하더라도 꼭 좋은 일이라고만은 할 수도 없잖아?'

당시 내가 할머니의 병실에 들렀을 때에는 아무래도 할머니의 생명유지장치를 뽑아야 할 것처럼 보였다.

그런데 정말로 기적이 일어났다. 할머니가 의식을 회복한 것이다. 육체적으로는……. 열이레쯤 지나자 할머니의 혈액에서 박테리아가 사라지면서 열이 내렸다. 그리고 식사도 할 수 있을 만큼 기운을 차리셨다. 그런데 한 가지 문제가 있었는데 바로 심각한 정신 이상 증세였다. 할머니는 밤낮으로 환각에 시달렸으며 도저히 알아들을 수 없는 말과 행동을 하셨다. 의사들은 할아버지와 부모님에게 크게 걱정할 일은 아니라고 말했다.

"심한 감염 증세를 보였던 사람에게서 흔히 나타나는 기질성 뇌증후군입니다. 그저 일시적인 현상이니 아마 일주일 정도 지나면 없어질 겁니다."

그러나 증상은 사라지지 않았다. 1주일이 지나고 2주, 3주가 지나도록 할머니는 여전히 24시간 내내 헛소리를 했다. 의사들은 할머니의 경우 만성이어서 어쩌면 회복하지 못할 수도 있다고 말했다. 그러자 부모님은 시설이 좋다는 요양원을 여기저기 서둘러 알아보기 시작했다.

그때쯤 나는 두 번째로 할머니 병실을 찾았다. 이제 할머니는 그저 살덩어리에 불과했다. 나를 알아보지도 못하셨을뿐더러 말을 걸지도 않았다. 있지도 않은 벽에 걸린 그림 얘기를 횡설수설 늘어놓으실 뿐이었다. 나는 당시 수련의 과정을 밟기 전인데다 정신과 지식은 더더욱 부족했지만 집으로 돌아와 부모님께 이렇게 말씀드렸다.

"할머니가 겉으로 보이는 것처럼 정말로 정신이 이상한 건지 잘 모르겠어요. 제게 말을 할 수 없어서 말을 안 하시는 건 아닌 듯해요. 저를 일부러 모르는 척하시는 것 같아요. 뭔지 몰라도 잔뜩 화가 나신 것처럼 보였어요."

어찌됐든 할머니의 정신 상태가 근본적으로 문제가 있는 것은 확실했기 때문에 할머니를 요양원으로 모시기로 한 계획은 예정대로 진행되었다. 할머니는 감염에서 회복된 지 5주 후인 월요일 아침에 요양원으로 옮기기로 되어 있었다.

모든 일이 순조로웠다. 그런데 계획을 실행하기 이틀 전인 토요일 아침, 할아버지와 부모님이 병실로 들어가자 할머니는 침대에서 일어나 똑바로 앉더니 이렇게 말씀하셨다.

"오늘, 집으로 가야겠다."

그리고 이후 대략 이런 이야기가 오갔다고 나중에 전해 들었다.

"하지만 여보, 당신은 오랫동안 아주, 아주 많이 아팠다오."

"내가 아팠다는 건 알아요. 하지만 이제 아프지 않아요."

"그래도 어느 정도는 치료를 계속할 수 있는 곳으로 가는 편이 낫지 않겠소? 이미 우리가 그런 곳을 알아놓았어. 아주 편안한 곳이라 거기 가면 당신도 금세 좋아질 거야."

그러자 할머니께서 이렇게 말씀하셨다고 한다.

"당신이 나를 위해 요양원을 정해놓았다는 것은 잘 알고 있어요. 월요일에 그곳으로 보낼 생각이라는 것도요. 하지만 난 그곳엔 안 가요. 집에 갈 거라고요."

"요 몇 주 동안 당신 정신 상태가 정상이 아니었다는 것은 알고 있어?"

"물론 알아요. 내가 미쳤었다는 거. 하지만 지금 난 제정신이에요. 그러니까 집으로 갈래. 오늘 당장 말예요."

결국 할머니는 그날 오후 퇴원을 했다.

이후 5년 동안 할머니는 아무런 문제도 없었으며, 투정을 부리거나 불평하는 일도 없었다. 할머니는 언제나 행복해 보였고 재치나 유머 감각도 그 어느 때보다 좋았다.

그러다가 아흔 살을 앞두고 할머니는 사소한 것에도 까다롭게 굴며 심술을 부리시더니 점차 몸이 쇠약해지면서 아흔한 살의 나이에 집에서 편히 눈을 감았다. 할머니는 증손자 여섯 중에서 네 명이나 보고 돌아가신 것이다.

그러므로 나는 의사들이 할머니를 살리기 위해 정맥 절개술을 감행하고 당시 내게는 과도한 조치로 보였던 방법들을 사용한 것에 대해 감사할 수밖에 없다.

그저 막연하게 감사하다는 것이 아니라 내게는 개인적으로 그럴 만한 이유가 있다. 할머니가 맑은 정신으로 행복한 날들을 보내시던 5년 사이에 나는 릴리와 약혼했다. 내 신부가 될 사람이 중국인이라는 사실을 알고 부모님은 이만저만 반대를 하신 게 아니다. 1959년 추수감사절 때, 결혼을 한 달 앞둔 우리 두 사람은 할아버지와 할머니를 뵈러 갔다. 그때 할머니는 우리 결혼에 대한 얘기를 꺼내셨다.

"너희 결혼에 찬성한다고는 말하지 못하겠구나. 왜냐하면 찬성하지 않으니까. 그렇지만 또 한편으로는, 그건 내가 상관할 바가 아니라는 생각이 든다. 그러니 내가 이러쿵저러쿵 떠들 일은 없을 게다."

할머니의 말씀은 결코 축복이라고 할 수는 없었다. 하지만 우리 가족에게 들은 말 중에서 유일하게 타당한 말이었기에 내게는 축복처럼 느껴졌다.

토니와 나는 1965년 초여름에 만났다. 당시 나는 샌프란시스코 프

레시디오의 꽤 규모가 큰 군병원인 레터먼 종합병원에서 정신과 레지
던트로 근무한 지 거의 일 년이 되어가고 있었다. 토니는 서른두 살의
공군 중사였다. 이탈리아 출신인 그는 평소 민첩하고 유능한 편이었
는데, 최근 들어 업무 중에 사소한 실수가 잦은데다 가벼운 정신 착란
증세를 보이고 있었다. 토니는 부대 내의 정신 건강 진료소에서 좀 더
자세한 정신 감정을 받기 위해 우리 병원으로 오게 되어 내 환자가 된
것이다.

사실 검사라고 해봤자 아주 단순한 것이었다. 그는 잘생긴 외모만
큼이나 혈기왕성하고 건강해 보였지만 정신적으로는 전혀 그렇지 않
았다. 실제로 그는 정신에 심각한 문제가 있었다. 자신이 어디에 있는
지조차 모를 뿐더러 상담을 하는 도중에도 깜빡깜빡 졸거나 잠이 들
어버렸다. 그를 깨워 질문을 하면 대부분 답을 하지 못했다. 기존의
간단한 신경 검사에서는 특별한 이상을 발견할 수 없었고 팔다리와
눈, 혀도 모두 정상이었다. 흔한 정신 질환 같지는 않았다. 아무래도
뇌에 뭔가 심각한 문제가 있는 듯했으며, 일단 뇌종양을 의심할 수밖
에 없었다. 나는 서둘러 신경과 진료를 요청했다.

토니는 다음날 아침 신경과 의사에게 이관되었다. 신경과 의사들
역시 뇌종양을 의심해서 뇌 엑스레이, 뇌전도, 동맥 조영 등의 정밀
검사를 위해 신경과 병동으로 옮기기로 했다. 나는 토니에게 그가 받
게 될 검사 과정에 대해 설명했지만 그는 전혀 알아듣지 못하는 듯했
다. 심지어 내가 누구인지조차 모르는 것 같았다. 나는 우리가 다시
만날 일은 없을 것이라고 생각했다. 어차피 이제는 내 소관도 아니었
으므로 나는 그를 차츰 잊어버렸다. 나로서는 다 끝난 일이었……
아니, 그렇게 생각했다.

그로부터 약 10주 후 나는 정신과 레지던트 3년 과정 중 첫 해를 마치고 바로 신경과로 옮겨 2개월간의 필수 과정을 밟게 되었다. 그런데 그곳에서 다시 토니를 담당하게 되었다. 보는 관점에 따라 별것 아닐 수도 있겠지만 그 사이 엄청난 일들이 그에게 일어났다. 예상했던 대로 토니의 전두엽에는 거대한 종양이 있었다. 바로 신경외과로 옮겨져 뇌수술에 들어갔는데 막상 절개를 해보니 종양은 거의 손을 댈 수 없는 상태였다. 조직 검사 결과 고도의 악성 성상세포종星狀細胞腫으로 밝혀졌다. 토니는 절개 부위가 회복되자마자 방사선 치료를 위해 신경과로 다시 옮겨졌다. 그러나 방사선 치료는 아무런 효과가 없었다. 토니의 상태는 급격히 악화되어 내가 신경과 병동으로 자리를 옮기기 일주일 전 혼수상태에 빠지고 말았다. 그리고 며칠 후 심한 호흡 장애를 일으키는 바람에 기관 절개 수술을 한 뒤 인공호흡기가 연결되었다. 토니가 가망이 없다는 얘기를 들은 가족들은 번갈아 가며 꼬박 토니의 침상을 지켰다.

토니가 내 인생에 다시 끼어든 것은 바로 이때였다. 내가 맡은 임무는 기껏해야 정맥 주사액이 잘 들어가는지, 그리고 전해질 균형이 잘 맞는지 살펴보기만 하면 되는 것이었다. 그의 가족에게 내가 책임감을 느낄 필요는 전혀 없었다. 가족들과는 어쩌다 한두 마디 말을 주고받는 정도였다. 그들 또한 힘든 시간을 보내고 있었다. 가족들은 절박한 심정으로 토니에게 시간이 얼마나 남아 있는지 알고 싶어 했지만 당연히 내가 알려줄 수 있는 성질의 것이 아니었다. 우리 할머니의 경우를 겪으면서 나로서도 그런 과도한 조치를 받아들일 수밖에 없었지만, 어쨌든 나는 어떻게, 또 왜 토니에게 인공호흡기를 달기로 결정을 하게 됐는지 궁금했다. 그러나 이미 그런 결정이 난 이상 새삼스럽게 의문을 제기할 입장은 아니었다.

토니를 맡은 지 나흘 뒤, 토니의 혈압이 위험할 정도로 급격히 떨어졌다. 일종의 쇼크 상태였다. 이는 어떤 특별한 감염에 의한 것이 아니라 아마 암세포가 뇌 심층부의 혈압 조절과 연관된 부분에까지 직간접적인 영향을 미치고 있기 때문인 듯했다. 나는 아드레날린 중 가장 강력한 효과가 있는 것으로 알려진 레보피드levophed 소량을 정맥 주사액에 주입했다. 그의 혈압은 이내 정상으로 돌아왔다. 신경과 과장에게 전화를 걸어 내가 한 조치에 대해서 보고하자 과장은 나를 칭찬해주었다.

"하지만 과장님, 전 그저 환자의 상황이 워낙 위급해서 응급조치를 한 것뿐입니다. 솔직히 제가 옳은 일을 한 건지 잘 모르겠습니다. 어쨌든 바닷물을 막아둘 수는 없잖습니까? 그는 결국 죽을 테고, 제가 보기에 환자 가족들도 모든 것이 끝나기만을 기다리며 몹시 괴로워하고 있는 것 같습니다."

내가 이렇게 말을 꺼내자 과장은 상황에 적절하고 필요한 조치를 취했다며 나를 다독거렸다.

시간이 지남에 따라 토니의 혈압을 정상적으로 유지하려면 날마다 레보피드 주입량을 두 배로 늘려야만 했다. 닷새째가 되자 레보피드는 허용치를 뛰어넘는 엄청난 양이 되었다. 토니는 이미 동공이 풀려 빛에 전혀 반응을 보이지 않았다. 게다가 자세를 자주 바꿔 누이곤 했음에도 불구하고 곳곳에 심한 욕창이 생기기 시작했다. 무엇보다도 참기 어려운 것은 기관 절개 수술 부위의 가장자리에서 줄줄 흘러나오는 누런 고름이었다. 토니의 몸은 분명히 부패하고 있었다. 나는 다시 과장에게 전화를 걸어 내 소견을 밝히고 레보피드 주사를 중단해야 한다고 보고했다.

그러자 과장이 이렇게 말했다.

"그럼 이렇게 하지. 내일 아침 병동으로 이동식 뇌전도 검사기를 가져가겠네. 일단 뇌파가 조금이라도 활동하고 있는지 봐야겠어. 최근 발표된 논문을 보면 환자가 뇌사 상태일 때는 생명유지장치를 꺼도 괜찮다는 주장도 있으니 말야."

다음날 아침 일찍 토니의 병실에 갔을 때 그의 혈압은 다시 심각할 정도로 떨어져 있었다. 나는 다시 레보피드 주입량을 두 배로 늘렸다. 이제 주사액은 방울방울 떨어지는 게 아니라 아예 들이붓는다고 해야 옳았다. 나는 과장이 뇌전도 검사기를 가지고 오기만을 초조하게 기다렸다. 그는 예정대로 나타났다. 복잡한 설치 과정을 마치고 기계에서 잡음이 걷히자, 토니에게서 간헐적으로 비정상적인 뇌파가 나타났다.

"아직까지는 뇌파 활동이 있는걸. 아주 희미하게나마 남아 있어."

과장은 이렇게 말하고는 기계를 주섬주섬 챙기기 시작했다. 나는 그에게 토니의 몸이 썩어가고 있는 흔적을 보여줬다.

"그렇군. 하지만 아직 확실하게 뇌사 상태에 빠진 것은 아니지 않은가."

과장이 기계를 가지고 나간 후 나는 거의 15분 동안 토니를 쳐다보며 잠자코 앉아 있었다. 그러고는 다시 일어나서 정맥 주사기 튜브의 죔쇠를 조절하여 주사액 유입량이 반으로 줄어들도록 했다. 거의 들이붓다시피 하던 주사액은 이제 빠른 속도로 방울져 떨어지는 정도가 되었다. 그런 다음 나는 의사 휴게실로 가서 담배 한 대를 피웠다. 10분이 채 안 돼서 병실로 돌아왔을 때 토니는 이미 사망한 뒤였다.

나는 간호사들에게 이 사실을 알리고는 대기실로 가서 가족들에게 토니가 운명했음을 전했다. 가족들은 서로 이탈리아어로 뭐라고 말하면서 울었다. 그들의 울음이 슬픔인지 안도인지는 알 수 없었다. 어쩌면 둘 다였으리라.

물론 나는 침착하게 행동했고 내가 한 짓을 누구에게도 말하지 않았다. 하지만 지금 와서 그때를 돌이켜보면, 다른 것은 다 차치하고라도 내가 직속상관이자 나보다 훨씬 높은 계급의 군 장교의 명령에 불복종하고 있다는 사실을 전혀 의식하지 않았다는 점이 놀라울 따름이다. 내가 기억하는 것이라고는 단지 혐오스러운 일을 중단했다는 것뿐이었다.

내과 의사들이라면 대부분 서로 상반되는 사례를 경험한 적이 있을 것이다. 내과 의사인 프랜시스 D. 무어Francis D. Moore는 최근 하버드 매거진에 〈생명의 연장, 죽음의 허용-Prolonging Life, Permitting Life to End〉*이라는 제목으로 상반된 주제를 함께 다룬 논문을 발표했다.

한 사례는 골반 골절로 전신이 마비된 65세의 여성으로, 몇 주 동안 가능한 모든 현대 의술을 동원해 생명을 이어가고 있던 케이스다. 그러던 어느 날, 환자의 가족은 무어 박사에게 이런 과도한 조치를 그만 끝내달라고 요청했다. 그에 대해 무어 박사가 말한 요지는 '지금으로서는 이 환자가 왜 이런 위급한 상태에 있는지 정확한 원인을 모르며, 따라서 그녀가 회복할 수 없을지도 알 수 없다'는 것이었다. 박사는

• 1995년 7~8월호, 46~51쪽. 해당 내용은 같은 저자의 《기적과 특권A Miracle and a Privilege》(Joseph Henry Press, 1995) 중 '삶의 양 극단에서의 윤리'에서 발췌한 것이다.

가족에게 며칠만 더 두고 보자고 했다. 그리고 실제로 환자는 회복되어서 1~2주가 지나자 놀랄 만큼 건강해졌다. 6개월이 지난 뒤 가족들은 무어 박사를 찾아와 생명유지장치의 전원을 뽑아달라는 요구를 완곡하게 거절해준 것에 대해 고마워하며 눈물을 쏟았다.

또 다른 사례는 85세의 여성으로 화상을 입은 환자였다. 이 여성은 부위는 비교적 작았지만 민감한 부분인 코와 입, 기도에 심각한 화상을 입었다. 게다가 가족 중 누구와도 연락이 되지 않았다. 무어 박사의 숱한 경험에 비추어볼 때, 노인의 경우 이 정도의 화상은 거의 치명적이라고 할 수 있었다. '그녀가 고통을 호소할 때마다 많은 양의 모르핀을 주사했다. 정말 많은 양이었다. 이윽고 그녀는 고통 없이 조용히 세상을 떠났다'고 그는 논문에 썼다.

무어 박사와 내가 겪은 두 사례는 비록 나이라든가 세부적인 사항이 확연히 다르지만 중요한 공통점이 있다. 내 할머니와 무어 박사의 65세 환자의 경우에는 과도한 조치가 어떤 결과를 가져올지 아무도 몰랐다는 점이다. 또 뇌종양을 앓았던 토니와 무어 박사의 화상을 입은 할머니 환자의 경우에는, 치료와는 별도로 불가피하고 급속하게 치명적 결과와 마주할 것이라는 데 의심의 여지가 없었다는 점이다.

따라서 환자의 상태가 확실히 치명적이라면 인위적인 외부 생명유지장치 또는 과도한 의료조치를 중단하거나 제거하는 것이 정당화될 뿐만 아니라 실제로도 적절하고 긍정적이라는 교훈을 얻을 수 있다. 치유할 수 없는 죽음의 고통에 시달리는 사람의 삶을 연장시키려는 시도에는 목적이 없다. 반면 이러한 고통을 최소화시킬 이유는 얼마든지 있다.

의심의 여지가 없다

설령 혈압을 유지하기 위해 레보피드의 양을 줄이지 않았다 해도 토니의 상태는 분명히 급격하게 악화되었으리라는 것을 어떻게 설명할 수 있을까? 혹시 암세포가 저절로 완화되는 경우는 없었을까? 그렇다면 기적의 치료제는? 어쩌면 불가사의한 치료제가 있을 수도 있지 않을까?

사실 그런 경우가 전혀 없는 건 아니다. 그러나 그것은 비교적 초기 단계의 질병에서나 가능한 일이다. 토니처럼 종양이 한참 진행된 상태에서 병이 나았다는 소리는 들어본 적이 없다.

하지만 나는 인간이 모든 것을 완벽하게 예견할 수는 없다고 생각한다. 어떤 일이든 항상 의심의 여지가 있을 수 있다. 그것이 바로 내가 30여 년 전 그날 아침, 토니의 정맥 주사 죔쇠를 그토록 조심스럽게 돌리면서 두려움에 떨었던 이유다. 나는 그 결정을 누군가와 함께 내릴 수 있기를 간절히 바랐다. 다른 의견이 없지 않는 한 그런 결정을 결코 의사 혼자 내려서는 안 된다고 생각한다.

지금 나는 그러한 의사 결정이 지난 30년 사이에 극적으로 개선된 점에 대해서는 누구보다 기쁘게 생각한다. 이제 토니와 같은 환자의 경우, 과도한 의료조치에 의문을 갖고 그 적용 여부를 결정하는 데에 있어 가족의 의견이 포함되어야 한다는 것은 관례가 되었다. 적어도 1965년에는 그렇지 않았다. 당시에는 의료적 기술을 사용하는 데 최선을 다하고 마지막까지 죽음과 맞서는 것이 관례였다. 이런 문제에 가족의 의사를 물어야 한다는 생각은 전혀 고려조차 하지 않았다. 오늘날 이런 문제는 당연히 당사자의 가족과 상의하는 것이 우선이다.

그때 만약 토니의 가족에게 선택의 여지가 있다는 사실을 알렸다면 나는 의료 행위법 위반으로 군법 회의에 출두해야 했을 것이다.

더구나 요즘에는 이처럼 어려운 의료 결정에 대한 책임을 공유할 목적으로 윤리위원회를 두는 병원도 많다. 따라서 과거와는 달리 훨씬 바람직한 상황이 된 셈이다. 만약 지금 같은 상황이라면 당시의 의료 과장도 토니의 생명유지장치를 끊는 일에 융통성을 발휘했을지도 모른다. 어쩌면 확실히 다른 이유가 없는 한 내가 그런 결정을 하기 전에 토니 가족의 의견을 묻기를 바랐을 것이다. 그럼에도 여전히 상황 판단이 어려웠다면 우리는 보다 명확한 판단을 위해 다른 직종의 전문가에게 자문을 구했을 것이다. 적어도 나 혼자의 결정으로 행동하지 않아도 됐을 것이다.

공식은 하나만 있는 것이 아니다

오늘날 새롭게 정립된 공식대로 토니가 확실한 뇌사 상태로 밝혀졌다면 의료 과장도 기꺼이 토니의 생명유지장치를 끊었을 것이다. 실제로 이 공식은 보다 자유로운 풍조로 향해 가는 첫 걸음이 되어주었다. 따라서 유지장치의 플러그를 뽑는 일도 합당한 논쟁의 대상이 되었다.

이것은 아직까지는 적어도 한 가지 상황에서만큼은 유용한 공식이 된다. 이를테면 머리에 심각한 외상을 입은 환자의 경우 다른 장기가 아직 살아 있어서 장기 기증을 위한 절차를 밟을 때다. 물론 기증자의 뇌에서 뇌파가 전혀 측정되지 않는 경우에 한해서지만.

하지만 토니의 뇌에서는 뇌파 활동이 있었는데도 불구하고 내가 생명선을 끊었다는 점에 주목해보라. 내가 그렇게 한 이유는 토니가 공식적으로 뇌사 상태는 아니었지만 실제로는 '사망' 상태나 다름없었기 때문이다. 다시 말하면 이 경우에는 뇌사 공식이 적절하지 않다고 생각했다. 어쩌면 오늘날 대다수의 전문가들도 이 말에 동의할 것이다.

그렇다면 과연 무엇이 적절한 공식인가? 대부분의 경우 공식은 하나만 있는 것이 아니다.

물론 이것은 충분한 답변이 되어주지 못한다. 실질적으로 존재와 관련하여 흔히 받는 질문이 바로 그러한 공식이다.

"펙 박사님, 말씀해주세요. 내가 언제 사랑을 받고 있는지, 언제 괄시를 당하고 있는지를 어떻게 알죠? 제가 아이의 삶에 개입해야 할 때는 언제고 그저 지켜봐야 할 때는 언제인지 어떻게 알 수 있죠? 그 공식이 뭔지 가르쳐주세요. 제가 과연 옳은 일을 하고 있는지 알 수 있게 말입니다!"

중대 결정을 내리기 위해 고뇌하면서 그 불확실성 속에서 우리를 완전히 구제해줄 수 있는 공식을 갈망하는 것은 인간의 본능이다.

그러나 그런 공식은 따로 있지 않고, 과도한 의료조치를 적용해야 할 적당한 때는 언제이며 그것이 지나친 것은 언제인지 판단할 수 있는 복합적인 통찰력을 지니기란 그리 쉬운 일이 아니다. 이것저것 고려해야 할 요인들이 너무나 많다. 질병의 특질이나 예후뿐 아니라 가족의 감정과 환자 자신의 희망(알려져 있다면)도 고려해야 한다. 판단에 대한 의사의 책임을 덜어줄 수 있는 수학적 공식은 없다. 이것이 바로 토니의 사례에서 내가 의료 과장의 지시를 따르지 않았던 이유다. 나는 의료 과장이 스스로 판단을 내리는 대신에 공식을 적용하려 했다고 생각한다. 책임지지 않으려는 이런 행위에는 비윤리적인 무언가가 미묘하게 작용할 것이다. 언제 플러그를 뽑아야 할지, 컴퓨터가 결정하는 것은 가능할지도 모르겠으나 컴퓨터에 이런 일을 맡긴다는 것은 본질적으로 비인간적이라는 생각이 든다.

삶의 질

당시 스무 살이던 나는 할머니를 살리기 위해 의사들이 취했던 의료 조치가 지나치다고 생각했다. 그것은 할머니가 연로하신데다 너무 불행해 보였으며 치매기도 있었다는 것을 근거로 내 나름대로 내린 평가였다. 다시 말해서 할머니의 삶의 질이 너무 참담해 보였기 때문에 할머니를 포기한 것이었다.

다른 사람의 삶의 질을 평가하는 것이 얼마나 위험한가에 대해서는 뒤에서 깊이 있게 살펴볼 것이다. 하물며 다른 사람의 삶의 질을 놓고 생사를 판단한다는 것은 얼마나 위험한 짓인가.

내과나 정신과 의사는 물론이고 우리 인간은 성별, 나이, 피부색, 종교, 정신지체, 정신질환 등등 다양한 이유 때문에 여러 가지 방식으로 아주 많은 사람들을 포기하려는 경향이 매우 심하다. 그럼 노쇠라는 한 가지 이유만을 들어 간단히 얘기해볼까 한다.

할머니가 전에 없이 불평이 늘고 고집을 부리자 우리 가족은 단순히 할머니가 나이가 많아 노망이 난 모양이라고 생각했다. 할머니가 우울증에 걸렸을지도 모른다고 생각한 사람은 아무도 없었다. 할머니가 박테리아 감염에서 회복된 뒤로 환각 증세를 일으켰을 때도 의사들은 할머니의 뇌가 손상되었다고 생각했다. 수많은 내과적 임상 경험을 바탕으로 보자면 그때 할머니는 절대로 노망이 나거나 뇌가 손상된 것이 아니었다. 비단 할머니의 경우만이 아니다. 상당히 많은 노인들이 실제로는 치료가 가능한 우울증을 앓고 있을 뿐인데도 불구하고 불치병인 치매에 걸린 것으로 오진을 받는다.

우울증은 흔히 치매로 오인할 수 있는 원인이긴 하지만 결코 우울증이 치매의 원인이 될 수는 없다. 나는 한때 요양원에 들어가고 싶어서 거짓으로 노망이 든 것처럼 행동했던 노인에 대해 깊이 연구한 적이 있다. 그녀는 바람대로 수년간 요양원에 들어가 있었다. 이처럼 거짓 행세를 하는 경우는 매우 드물지만, 노망의 경우 대부분은 선택이라는 요소가 깔려 있다. 요양원에서 일했던 사람이라면 누구나 겉으로는 정신이 오락가락하는 많은 환자들이 '그럴 마음이 있을 때'라든가, 어떤 강한 동기가 있을 때 얼마나 정신이 또렷해지는지 알고 있을 것이다. 사실 우리는 과학적인 관점에서 규정하는 정확한 치매에 대해서는 잘 모른다(치매의 모호함을 더 깊이 알고자 한다면 내가 쓴 《창가의 침대: 신비와 구원의 소설 A Bed by the window: A Novel of Mystery and Redemption》를 보시기를. 이 책의 배경은 요양원이다).

그럼에도 불구하고 흔히 노망이 들면 누구나 그 삶의 질이 분명히 비참할 것이라고 여기게 마련이다. 이렇게 추정하는 데에는 지능이 감퇴된 것처럼 보이는 사람은 틀림없이 정신적인 삶도 피폐해졌다고 여기기 때문이다. 그러나 이것은 어디까지나 지능을 그 사람의 영혼으로 잘못 생각한 데서 기인한다.

나의 장모님은 치매에 걸려 돌아가시기 전까지 7년 동안 요양원에 있었다. 나는 물론 다른 의사들도 정확히 치매라고 진단했다. 요양원에 있는 동안 장모님은 노망이 들기 20년 전의 행복한 생활로 돌아가 있었다. 그러나 요양원에서 그녀는 거의 말을 하지 않았다. 릴리는 이때를 엄마의 '침묵의 시간'이라고 불렀다. 장모님은 말을 못한 것이 아니라 말을 하지 않기로 작정한 것이었다. 침묵하기로 마음먹은 이유를 밝히지 않았기 때문에 우리는 그녀가 왜 그런 결정을 내렸는지 알 수 없었다. 그러나 우리는 지난 수세기 동안 많은 사람들이 침묵을 선택했다는 것을 알고 있다. 몇몇 수도사와 수녀들의 경우 스스로의 영적 성장을 위해서 자발적으로 세상을 멀리했었다.

그러므로 여기서의 요지는 다른 사람의 삶의 질을 함부로 판단해서는 안 된다는 것이다. 우리는 눈에 보이는 육체적인 것은 쉽게 알 수 있다. 또 종종 신체가 언제, 어떻게, 왜 죽을 것인지에 대해 평가할 수 있는 입장이 된다. 이것을 근거로 우리는 과도한 의료조치를 취해야 할 것인가에 대해 정확한 판단을 내릴 처지에 놓이기도 한다. 그러나 삶의 질에 대한 추정을 근거로 (정말 추정일 수밖에 없는데도) 어떤 판단을 내리게 된다면 매우 위태로워질 것이다.

이와 관련해 홀로코스트의 사례를 기억해두면 도움이 될 것 같다. 홀로코스트는 실상 1941년에 시작된 것이 아니었다. 나치가 보호 시설에 있는 정신지체자들을 조용히 안락사 시키기 시작한 때는 1939년이었다. 이어서 나치는 독일의 정신분열증 환자들을 처리하기 시작했다. 다음 차례는 치매 환자들이었다. 이러한 조치를 끝내고 나서 나치는 마침내 그들의 죽음의 기술을 집시와 유대인들에게 사용했다.

나치가 정신분열증 환자, 정신지체자, 치매 환자들을 학살한 것은 무엇보다도 효율성과 경제성을 추구했기 때문일 것이다 그러나 나치는 희생자들의 삶의 질이 몹시 열악해 오히려 그들을 죽여준 것이 자비로운 행위라는 식으로 자신들의 무자비함을 정당화했을 것이라는 생각도 든다. 실제로 나치는 이 계획을 안락사 프로그램이라고 불렀다.

나는 확실히 불치병 말기 환자의 수명을 늘리기 위해 과도한 조치를 취하는 것에 대체로 반대하는 입장이다. 아니 애초에 이런 조치를 시도하는 것조차 반대한다. 일단 시작했다면 조심스럽게 중단하라고 권하고 싶다. 다시 말해 나는 의료적 이유로 플러그를 뽑는다는 문제에 관한 한 분명히 진보적이다. 적어도 의료적인 이유에 해당된 경우에는 그렇다. 환자의 삶의 질에 대한 추정은 의료적 이유와는 상관이 없다. 생명선을 끊는 행위를 이처럼 불확실한 추정에만 의존하는 것은 잠재적인 살인이며 정책적인 문제로서, 의료행위를 하는 의료진의 영혼에도 위험할 뿐만 아니라 이들이 속한 사회 전체에도 상당히 위험한 일이다.

과도한 조치란 무엇인가

일부 의료적 치료는 분명히 과도한 조치라고 할 수 있다. 토니와 같은 말기 단계의 환자의 경우 이런 치료는 불필요하고 어리석은 일인 데다가 심지어 지나치게 비인간적인 행위라는 생각이 든다. 그에게 인공호흡기를 단 것이야말로 거기에 해당된다. 토니의 상황에서 혈압을 유지하는 것은 별개의 문제다. 다른 방법이 전혀 없는 것도 아니었다. 코를 통한 튜브 섭식으로 영양을 공급하는 것도 그중 하나다. 더구나 신장 투석은 신장을 망가지게 하는, 훨씬 더 끔찍한 일이었을 것이다. 더 많은 예를 들 수 있지만 내 의도는 모든 의료 설비를 하나하나 설명하려는 것이 아니다.

다른 치료의 경우를 보면 더욱 모호할 만큼 과도하다. 암을 치료하기 위한 화학 요법과 방사선 요법이 그렇다. 이 요법들은 대부분 부작용이 따르며, 가끔 이런 부작용 때문에 환자가 몹시 고통을 겪을 뿐만 아니라 몸과 마음이 다 무력해진다. 만약 이런 치료를 통해 병이 낫고 점차 차도를 보인다면 보편적으로 이 방법을 과도하다고 여기지는 않을 것이다. 그러나 그저 일시적으로 회복한 것뿐이라면 이는 명백히 과도한 조치일 수밖에 없다.

우리는 보통, 늘 그런 것은 아니지만, 자신을 위해 결정을 내릴 정도의 의식과 능력이 있는 환자를 다루게 된다. 악성 뇌종양을 치료하기 위해 방사선 치료에 들어갔을 때 토니는 비록 의식은 있었지만 나는 토니가 자기 문제를 결정할 능력이 있었다고는 생각하지 않는다. 사실 방사선 치료가 지나치게 과도한 것도 아니었다. 방사선 치료는 아무런 효과가 없었다는 것이 판명되었지만 담당 의사는 그것을 예측할 수 없었다. 당시에는 이 치료가 검증되지 않았지만 놀라운 효과를 낼지도 모르는 일이었기 때문이다.

정신이 멀쩡한 암환자의 경우라면 방사선 치료나 화학치료를 거부함으로써 스스로 생명선을 끊을 수도 있다. 치료가 효과적이지 않다면 나는 환자의 이런 결정을 진심으로 지지할 것이다. 반면 치료가 상당한 효과를 내고 있다면 환자에게 치료를 고려해볼 것을 강력하게 주장할 것이다. 이처럼 서로 다른 감정이긴 하지만 어쨌든 나는 환자의 의사를 가장 존중할 것이다. 암은 결코 가벼운 질병이 아니며, 치료 과정에는 모두 위험이 따른다. 이 같은 상황에서 사람에게는 죽음을 선택할 권리가 있다.

그러나 목숨을 살리거나 생명을 연장하는데 비교적 위험하지 않은 치료들도 있다. 항생제가 대표적인 예다. 환자에게 항생제를 거부할 권리가 있는가? 내 생각으론 어떤 경우에는 그렇고 어떤 경우에는 그렇지 않다. 이런 모호한 입장을 설명하기 위해 두 명의 가상 인물을 만들어보자. 제임스와 테드는 둘 다 서른 살이다. 제임스는 에이즈로 죽어가고 있다. 제임스가 에이즈 증상으로 고생한 지도 거의 5년이 되어간다. 그의 몸은 몹시 쇠약해졌다. 제임스는 지난 30개월 동안 폐렴으로 다섯 차례나 병원에 입원했다. 그가 항생제를 거부하자 담당 의사는 나에게 정신과 상담을 의뢰한다. 제임스는 몸이 녹초가 돼 도저히 견딜 수가 없으며 죽을 때가 된 것 같다고 털어놓는다. 몇 가지 질문을 한 뒤 나는 그가 가족들과 잘 지내왔다는 걸 알아차린다. 우리는 내세에 대해서 이야기를 나눈다. 그는 나의 제안을 받아들여 참회와 마지막 의식을 위해 병원에 있는 목사를 만나지만 항생제는 계속 거부한다. 나는 목사에게 전화를 걸어 제임스를 매일 방문해줄 것을 약속받는다. 그리고 서면으로 담당 의사에게 제임스의 항생제 거부 결정을 전적으로 존중해달라고 강력하게 요청한다.

한편, 테드는 어머니의 약 상자에서 훔친 수면제를 과다 복용하여 무의식 상태로 중환자실에 입원한 환자다. 테드는 의식을 되찾은 뒤 정신과 병동으로 옮겨졌다. 특별한 만성 질환은 없었지만 나는 테드가 심각한 우울증에 시달리고 있으며 여전히 자살 충동을 느낀다는 것을 발견한다. 그런데 그 다음날 테드는 기침을 하면서 갑자기 고열 증상을 보인다. 내가 상담을 요청한 내과 전문의는 급성 폐렴이라는 진단을 내리고 아마도 의식을 잃었을 때 사용한 산소호흡기에 의한 흡입폐렴일 거라며 정맥 항생제를 권고한다. 테드는 항생제를 거부한다. 내과 전문의와 보조 의료진은 내 지시대로 테드의 팔다리를 묶고 그의 의지와는 상관없이 항생제를 투여한다. 나는 간호 보조사에게 계속 테드를 지켜보게 한 다음 응급조치한 내용을 기록했다. 그리고 간호사실로 가서 테드가 스스로에게 심각할 정도로 위험한 존재이며 강제 입원이 필요하다는 것을 입증하는 서류를 작성한다. 나는 주 정신과 병원에 전화를 걸어 폐쇄 병동으로 테드를 이송하기로 예약한다. 물론 테드는 응급차에 실려 안전장치에 묶인 채 정맥 항생제를 투여 받으면서 이송되는 것이다.

이 세상에 절대적인 것은 극히 드물다. 나는 과도한 조치에 대한 논의를 망라하는 것이 아니라 단순히 두 가지 요점을 말하려 한다. 하나는 매우 중요한 여느 문제와 마찬가지로, 의료 치료에 있어서 일반적인 경우, 과도한 경우, 지나치게 과도한 경우가 언제인지 결정하기에 애매모호한 거대한 중간 지대가 종종 있다는 것이다.

다른 하나는 이 모호함의 중간 지대에서 나는 대체로 환자가 자기 의사를 밝힌 경우 이것을 존중해야 한다고 생각한다는 것이다. 내 아내 릴리도 나와 같은 생각이다. 그래서 우리는 각자 생명의향서(본인이 직접 결정을 내릴 수 없을 정도로 위독한 상태가 되었을 때 존엄사를 할 수 있게 해달라는 뜻을 밝힌 유언-옮긴이)를 미리 작성했다. 우리가 만약 의식이 없거나 말을 못하게 되었을 경우에 생명에 관한 자신의 권리를 명확히 하기 위해서다. 그러나 우리는 이런 종이 한 장이 모든 걸 분명히 해주며 우리의 의견이 반드시 존중받을 것이라고 생각할 만큼 순진하지는 않다. 생명의향서는 의사, 가족 또는 의사와 가족이 합심하여 적절하게든 부적절하게든 지켜지지 않을 수도 있고 파기될 수도 있다. 그럼에도 불구하고 우리 부부는 나중에 우리가 '식물인간'이 되더라도 지금까지 인간의 생명을 대폭 연장시킨 현대 의술에 의해 인간의 존엄성이 훼손되면서까지 우리의 생명이 연장되는 것을 바라지 않는다. 우리는 이런 우리의 바람을 적법한 문자로 표현해왔다.

환자가 죽음을 결정할 수 있도록 돕는다는 것

실제로 맬컴 모리슨이라는 환자가 있었다.

1980년대 초 나의 정신과 실습이 끝나갈 무렵, 이 환자에 대한 상담을 의뢰받았다. 맬컴이 입원중인 병원 종양전문의의 공식적인 요청이었지만 사실 나중에 알게 된 사실로는 맬컴의 아내인 베티의 바람 때문이었다.

맬컴은 2년 전인 65세 때, 폐에 수술이 불가능한 종양이 있다는 진단을 받았다. 내가 상담 요청을 받았을 무렵 그는 세 번째 방사선 치료를 받고 있었는데, 방사선 전문의는 한 번만 더 방사선 치료를 받으면 종양이 약간은 줄어들 것이라며 그의 상태를 알려주었다. 맬컴은 거의 아무것도 먹지 못했다. 그 종양전문의는 베티에게 방사선과에서 미미하게나마 긍정적인 반응을 기대할 수 있다고는 하나 환자의 영양 상태가 좋아지지 않는다면 사망에 이를 수도 있다고 설명해주었다. 그러자 베티는 환자가 왜 아무것도 먹지 못하고 있는지 알 수 있도록 정신과 의사를 불러달라고 부탁한 것이었다.

흔히 일부 말기 암환자에게서 다른 증상과 함께 나타나는 몸이 쇠약해진 상태를 의학용어로 악액질^{cachexia}이라고 한다. 말 그대로 '나쁜 질병'이라는 뜻이다. 이것은 마치 암이 넓게 퍼지면서 환자의 모든 영양분을 소비하고 건강한 조직을 약화시키는 것처럼 보인다. 실제로 악액질은 가벼운 증상에서 심각한 수준까지 다양하게 나타날 수 있다. 가벼운 경우에는 환자의 영양 상태가 아주 좋아 보이면서도 볼이 좀 홀쭉해지고 왠지 어두운 그림자가 드리운 듯한 미묘한 느낌이 든다. 심각한 경우에는 환자가 거의 뼈만 남아 있는 정도다. 나는 먼저 병실 입구에 선 채로 침대 위에 누운 맬컴의 상태를 살펴보았다. 나는 지금까지 이보다 더 심한 악액질 환자를 본 적이 없었다. 또한 이처럼 심한 악액질 증세를 보이는 암환자가 살아 있는 것도 처음 보았다.

이어서 나는 상담을 요청한 베티를 만나러 대기실로 갔다. 나는 맬컴이 음식을 먹지 않는 이유는 정신적인 부분과는 전혀 상관없는 오직 육체적인 원인으로, 거기에는 적어도 세 가지 가능성이 있다고 생각하고 있었다. 베티는 강건하고 아주 신중한 60대 여인이었다. 나는 그녀에게 금방 호감을 느꼈다. 그녀는 그동안의 사정을 자세히 설명하면서 이렇게 말했다.

"사실 긴 싸움이에요. 하지만 아직 이길 거라는 생각을 하고 있죠. 지금 당장은 어려워 보인다는 걸 알아요. 그러나 맬컴은 전사戰士예요. 우리는 함께 이겨낼 거예요. 절대 겁쟁이가 아니니까요."

싸움이니, 전사니 하는 비유는 계속해서 이어졌다.

마침내 나는 떨리는 마음을 억누르며 그녀에게 말했다.

"베티, 맬컴과 당신의 그런 투지가 맬컴의 수명을 연장시키고 있는 것은 확실합니다. 당신은 훌륭하고 용감한 일을 하고 있어요. 하지만 과연 지금이 싸워야 할 때인지 나는 확신이 서질 않습니다. 이 시점에서 당신이 맬컴을 위해 할 수 있는 최선은 아마도 그가 이젠 죽을 수 있도록 당신이 허락해주는 게 아닐까 싶어요. 맬컴이 원하고 있다면 말이죠. 그 같은 일, 고려해볼 수 있겠어요?"

이 말에 그녀는 분명 충격을 받은 것 같았다. 그러나 베티는 알았다고 말했다. 어디까지나 그녀가 생각해볼 문제였다. 그때가 월요일 정오였다. 나는 그녀와 수요일 아침 일찍 병원에서 다시 만나기로 약속했다.

그리고 맬컴과 대화를 나누기 위해 그에게로 갔다. 움푹 꺼진 그의 눈은 보는 사람조차 고통스러웠고 목소리는 너무 희미하여 알아듣기도 어려웠다. 그런데도 그의 정신은 꽤 맑았다. 그는 자신이 왜 먹지 못하는지 정말 이유를 모르겠다고 말했다. 먹는 데 특별히 장애가 있는 건 아니고 다만 식욕이 없다고 했다. 하지만 그렇지 않았다. 그가 처한 상황은 그보다 더 안 좋았다. 그런 정도라면 그가 충분히 이겨낼 수 있을 것이다. 억지로라도 음식을 먹으려 할 때마다 음식을 입에 넣을 생각만 하면 이내 심한 메스꺼움을 느꼈다.

"당신은 분명 지쳐 있어요."

내 말에 그는 순순히 인정했다.

"죽고 싶은 마음은 안 들어요? 포기하고 싶지는 않나요?"

순간 맬컴의 얼굴에는 거의 공포에 가까운 심한 두려움이 스쳐갔다.

"아니오."

그가 소리를 질렀다.

"죽고 싶지 않아요. 나는 먹을 거예요. 먹을 수 있게 만들 거예요. 나는 겁쟁이가 아니란 말입니다."

"포기하는 게 마치 나쁜 것처럼 말하는군요."

그러자 푹 꺼진 두 눈에 당혹감이 떠오르며 그가 나를 올려다보았다. 마치 깜빡거리는 불빛 같았다.

"나쁜 게 아닌가요?"

그가 물었다.

"포기하는 게 나쁜 겁니까?"

내가 다시 물었다.

"네, 그렇지 않나요?"

"글쎄요. 굳이 얘기하자면 경우에 따라서 나쁠 수도 있고, 그렇지 않을 수도 있겠죠. 저는 15세 때 학교를 다니다 그만두었어요. 학교에 다니던 거의 2년 넘게 정말 불행하게 보냈거든요. 그때는 그 생활을 견디지 못했다는 게 죄스러웠어요. 그러나 지금 생각해보면 그때 학교를 그만둔 것이 인생에서 제가 내린 결정 중에 가장 훌륭했다고 생각합니다. 또 제가 오늘 여기서 지역 의사로서 당신과 만날 수 있게 된 건 10년 전에 워싱턴에서 공무원 생활을 그만뒀기 때문이지요. 지치다 못해 결단을 내리긴 했지만 그때에도 역시 죄책감이 들었죠. 어쨌든 정부를 실망시켰으니까요. 그러나 정부는 내가 없어도 아무 문제 없이 돌아갔고, 저는 그렇게 하길 잘했다고 생각합니다. 아무튼 지금 여기에서 당신과 함께 있어서 기뻐요. 맬컴, 포기하는 것이 꼭 좋다는 말을 하려는 것은 아닙니다. 어쩌면 나쁜 일이 될 수도 있을 거예요. 그래서 당신에게 어떻게 하라고 말할 수는 없습니다. 그건 정말 몹시 어려운 결정이죠. 순전히 당신의 몫이에요. 제가 말할 수 있는 건 포기하는 게 꼭 나쁜 것만은 아니라는 겁니다."

그렇게 말하고 나는 자리를 떠났다.

수요일 아침 베티를 다시 만났을 때 그녀가 말했다.

"지난 서른여섯 시간 내내 맬컴과 저는 함께 기도하며 울기도 많이 울었어요. 그리고 오늘 퇴원하기로 결정했지요. 지금 맬컴은 퇴원 준비를 하고 있어요."

나는 그녀에게 용기 있는 결단을 내린 거라고 말했다.

금요일 초저녁 베티는 나에게 전화를 걸어 맬컴이 그날 아침 집에서 평화롭게 눈을 감았다고 말했다. 나는 그녀에게 위로의 마음을 담은 편지를 보냈다. 2주 뒤 나는 그녀에게서 그렇게 해줘서 고맙다는 답장을 받았다. 나는 정신과 의사로서 평생의 다른 일들과 마찬가지로 이 짧은 경험에 긍지를 느꼈다.

안락사 논쟁의 핵심

이 장에서 나는 말기 환자가 의술에 의지해 생명을 연장하지 않고 자연스러운 죽음을 맞이하는 과정으로 '생명선을 끊다 혹은 플러그를 뽑는다'라는 표현을 썼다. 또한 이 문제는 모호한 면을 지니고 있다는 것도 분명히 언급했다. 중요한 것은 환자의 상태가 실제로 말기냐 아니냐에 관한 결정이 확실해야 한다는 것이다. 더불어 그런 결정은 과연 어떻게 내려야 하는가에 대한 방법적인 문제도 분명히 해두어야 한다. 과도한 의료조치는 상황에 따라 달리 적용되어야만 한다. 사실 나는 아직 자연적인 죽음과 인위적인 죽음 사이를 완전하고 명확하게 구분하지 못했다. 이에 대해서는 다음 장에서 보다 더 깊이 있게 다룰 작정이다.

물론 이 장에서는 그에 대한 모호함도 드러나지만 명료한 부분이 분명히 있다고 믿는다. 나는 이런 문제가 어떤 식으로든 논의되기를 바라며 아울러 생명선을 끊기에 적당한 때를 결정함에 있어서는 다음 네 가지 분명한 지침을 고려해야 한다고 생각한다.

첫째, 환자가 분명히 치명적인 병을 앓고 있으며 상대적으로 말기 또는 마지막 단계에 있는 경우에 한한다.

둘째, 죽음에 이르는 병의 육체적 요인을 고려하되, 그 외에 삶의 질에 대한 평가는 포함하지 않는 궁극적으로 의학적인 결정이어야 한다.

셋째, 결국 의학적 결정이므로 결정적 역할을 담당할 의사가 필요하지만 마찬가지로 환자와 가족 모두 똑같이 중요한 역할을 해야 한다. 서로 입장이 다르거나 사례가 특히 모호한 경우에는 의료윤리위원회가 그 역할을 맡는다.

넷째, 어떤 이익이나 인도적인 판단이 아닌 경우에는 공식에 따라 결정돼서는 안 된다.

안락사는 말 그대로 '편안한 죽음'을 뜻한다. 이런 의미에서 생명선을 끊는다는 것은 안락사에 관한 커다란 쟁점이 될 수밖에 없다. 거기에 대처하기 위해 나는 오로지 이 네 가지 지침 안에서만 판단할 뿐이다. 나는 집에서 조용히 생을 마감한 맬컴이 편안한 죽음을 맞이했다고 믿는다. 그러나 뇌에 종양이 있던 토니는 인공호흡기를 단 채 다량의 약물을 투여받고 있었지만 위엄 있고 편안하게 죽음을 맞이하지는 못했다고 생각한다.

미국 의료센터 다섯 곳에서 만성적인 심각한 질병을 앓고 있는 환자 9,000여 명을 대상으로 2,800만 달러의 비용을 들여 10여 년에 걸쳐 실시한 연구(로버트 우드 존슨 재단의 후원으로 《미국의학협회저널》에서 1995년 11월 22일에 발행함)에 따르면, 놀랍게도 많은 환자들이 불필요하게 수명을 지속하거나 종종 근거가 없는 과도한 조치로 인해서 고통스러운 죽음을 맞이한다고 한다. 이 연구는 한편으로는 우리가 다양한 의료적 환경을 선택할 수 있다는 것을 보여준다. 또한 이 연구 자체와 미국의학협회가 내린 주요 결론은 우리가 의료적 조치를 얼마나 잘못 시행하고 있는가를 말해준다.

나는 생명을 연장시키기 위한 과도한 의료조치가 언제 적용되며 또 어느 때는 불가한지에 관한 결정이 엄밀히 말해서 안락사, 즉 가능한 한 환자가 편안한 죽음을 맞이하도록 돕는 행위의 핵심이라고 말해왔다. 그렇다고 해서 이 말이 여전히 안락사 논쟁의 한 부분으로 간주돼야 한다는 의미는 아니다. 30년 전, 적어도 생명선을 끊는 행위가 입밖에 내서는 안 될 금기사항이었을 때는 그랬다. 당시 그 행위는 논란의 소지가 매우 많았다. 하지만 오늘날에는 그렇지 않다. 앞서 말한 존슨 재단의 연구를 통해 알 수 있듯이 어떤 면에서 전문 의료진들은 모호함을 보다 더 편안하게 받아들일 필요가 있다. 이것은 간호사와 의사에게 더욱 많은 훈련을 요구한다. 그럼에도 불구하고 나는 이 문제가 이제는 국가적인 합의 단계에 이르렀다고 믿는다. 과도한 의료조치를 중단하는 것이라든가 조금이라도 그 적용을 삼가는 것이 지금은 금기시되는 행위가 아니기 때문이다. 모호함은 얼마든지 해결할수 있다. 굳이 공식을 따르는 것이 아니라 가장 직접 관련된 당사자들에 의해 사례별 근거를 바탕으로 가장 적절하게 해결하는 것이다. 플러그를 뽑는 것이 허용될 수 있느냐 없느냐는 더 이상 대중적 논쟁의 문제가 아니다. 결론은 이미 나와 있다. 앞서 소개했던 지침 안에서라면 가능한 것이다. 실제로 그런 행위가 허용될 뿐만 아니라 종종 윤리적으로 의무화되기도 한다. 한편으로는 좋은 의술을 실천하는 일이기도 하다.

나는 이 문제를 보다 명확히 설명하기 위해 신중히 이 책을 쓰기 시작했다. 전반적인 사회 분위기가 달라졌다고는 하지만 많은 사람들의 마음속에 생명선을 끊는 문제는 여전히 안락사 논쟁의 한 부분으로 남아 있기 때문이다. 하지만 계속해서 논쟁의 한 부분으로 남겨두는 것은 이 문제를 더욱 모호하게 만들 뿐이다. 다행히 안락사 논쟁에서 이 문제는 더 이상 중요한 문제가 아니다. 이것은 중단될 필요가 있다. 이제 더 깊고 여전히 논의의 여지가 있는 문제로 시선을 옮겨보자.

02

———

육체적 고통

대부분의 사람들이 느끼는 가장 큰 두려움은 생명유지장치에 연결된 채로 죽는다는 것이 아니다. 그보다는 바로 오랫동안 육체적 고통을 겪다가 죽을 것이라는 사실이다. 고통은 오히려 이런 의료장치 또는 일부 다른 형태의 잘못된 의료적 판단 때문에 더 길어질 수도 있다. 치유하기 어려운 육체적 고통에 대한 두려움은 더욱 안락사 논쟁을 부채질할 수밖에 없다.

지금 시점에서 그런 두려움은 실제적일 수도 있고 그렇지 않을 수도 있다. 둘 중에 어떤 상태인지를 알기 위해서는 적어도 육체적 고통의 특성과 그 치료에 관련된 문제들을 깊이 이해할 필요가 있다.

축복은 잠재적 저주

오늘날 나병은 완치가 가능하지만 역사 전반을 통틀어 의학적 질병 가운데 가장 두려운 대상이었다. 사실 나병에 걸린다고 금방 생명을 잃게 되지는 않는다. 오히려 나병은 전혀 치명적인 병이 아니다. 나병을 두려워했던 이유는 이 병이 가차 없이 끔찍하고 만성적인 외형의 손상과 추한 기형을 유발시켰기 때문이었다.

　나병의 원인인 나병균은 박테리아의 일종이다. 이 박테리아는 사람의 몸에 침입하면 사람의 신경 섬유를 따라 서식하면서 특별히 통각을 전달하는 아주 미세한 신경 섬유들을 파괴한다. 나병 환자는 자신의 발목이 부러져도 마치 아무 일도 없다는 듯이 계속해서 걸을 수 있다. 발목에 무슨 일이 일어났는지 인식하지 못하기 때문이다. 나병이 발목에 있는 통각을 파괴시켜 뭔가 잘못되었다는 신호가 뇌까지 전달되지 못하는 것이다. 그리고 그 부러진 발목으로 계속해서 걸음으로써 이내 심각한 퇴행성관절염과 관절의 기형을 초래하게 된다. 또 나병 환자는 뜨거운 난로 위에 손이 닿아도 아무것도 느낄 수가 없다. 몇 분이 지나서 어쩌면 뭔가 타는 냄새를 맡게 될 것이다. 나병 환자는 그 냄새가 무슨 향인 줄 알고 즐기기 시작할지도 모른다. 실제로는 자신의 손이 구워지고 손상되고 있는 것인데도 말이다.

　사람들은 오랫동안 나병으로 인한 무서운 기형이 감염의 직접적인 결과라고 생각했다. 나병 환자의 눈에서 고름이 나오기 시작하다 결국 실명하게 되는 경우에도 환자의 눈에 그저 재가 들어갔을 뿐인데 그것을 느끼지 못해 발생한 일일지도 모른다는 걸 깨달은 사람은 아무도 없었다. 인도에서 의료 선교를 하던 미국인 폴 브랜드가 나병 환자의 신체 손상 대부분이 거의 국부적인 고통을 못 느끼는 데서 비롯된다는 사실을 발견한 것도 고작 수십 년 전의 일이다.

고통을 주신 하나님께 감사할 따름이다.

내 경험에 의하면 삶에 있어서 대부분의 축복은 잠재적인 저주다. 그 반대의 경우도 마찬가지다. 따라서 축복은 육체적 고통을 수반한다.

급성적인 육체적 고통은 그것이 가볍든 심각하든 사실 축복이라고 할 수 있다. 분명히 몸 어딘가에 문제가 있으니 주의가 필요하다는 신호이기 때문이다. 만약 이런 신호가 없으면 우리의 육체는 아주 빠르게 파괴되어갈 것이다.

그러나 고통은 오로지 어떤 문제, 즉 발목이 부러지거나 화상을 입고 혹은 눈에 재가 들어간 경우 등에 대한 신호일 때만이 유용한 것이다. 일단 문제가 무엇인지 밝혀지고 그에 대한 적절한 치료가 따르게 되면 그 신호가 계속되지는 않는다. 그때부터 고통은 그러한 유용성을 잃어버린다. 만약 고통이 계속된다면 그 축복은 저주의 전조인 셈이다.

그러나 다행스럽게도 고통, 즉 통증을 줄일 수 있는 약이 있다. 이런 약은 주로 양귀비라는 식물에서 얻는데, 모르핀 같은 강력한 진통제들은 모두 아편이나 그와 매우 유사한 합성물에서 만들어진다.

육체의 통증은 약함, 보통, 강함, 극심함 등 4가지 유형으로 구분할 수 있다. 약한 통증은 참고 지낸다든가 아스피린이나 타이레놀, 이브프로펜 같은 일반 의약품으로 적절히 완화시킬 수 있다. 보통의 통증은 몇 시간 또는 며칠 동안은 참을 수 있지만 일반적으로 계속 참아내기는 힘들다. 몸과 마음을 지치게 하기 때문에 통증을 줄일 수 있도록 조치를 취해야 한다. 다만 진통제의 일종인 코데인 같은 중독성 있는 진정제는 논란의 여지가 있다. 통증이 심해질수록 더욱 많은 용량의 강한 진정제가 필요하게 될 것이다. 정말 강한 통증이나 극심한 통증은 오로지 모르핀에 의해서만 완화될 수 있다.

통증은 또한 급성과 만성으로 분류할 수 있다. 급성의 단기적 통증은 보통 그 원인이 밝혀지고 적절한 치료를 시작하기 전까지는 통증 완화 약물을 투여하지 말아야 함을 명심해야 한다. 갑자기 심한 복통을 느끼는 환자에게 모르핀 주사를 처방해서는 안 된다. 우선 의사의 진찰을 받아야 한다. 모르핀은 오히려 병을 은폐할 수도 있다. 따라서 맹장 파열이나 그와 비슷한 상태에서 모르핀을 투여할 경우 환자가 죽음에 이를 수도 있다.

그러나 원인이 알려진 만성 또는 급성 통증은 전혀 다른 문제다. 다양한 강도의 통증을 약으로 적절히 치료하지 못하면 의료사고가 될 수도 있다.

앞서 말한 대로 약한 만성적 통증은 그럭저럭 참아가며 살 수도 있다. 수많은 관절염 환자의 경우처럼 나도 몇 년 동안을 그렇게 살아왔다. 그렇다고 해서 관절염의 통증이 항상 심하지 않다는 뜻은 아니다. 어쩌면 간혹 강한 통증을 일으킬 수도 있으며, 때로는 통증이 극심해지는 부차적인 상태를 유발할지도 모른다. 또한 약한 단계를 넘어 통증이 지속되는 시간이 길어지면 길어질수록 상태는 더욱 악화된다. 사람은 결코 고통에 익숙해질 수가 없다. 고통에 익숙해져야 한다고 생각한다면 그것은 사디즘sadism이다.

극심한 통증은 의료적으로 긴급한 상태에 해당된다. 이와 같은 통증을 호소하는 환자를 기다리게 해서는 안 된다. 바로 필요한 진단 절차를 밟아야 하며, 할 수 있는 한 빠르게 진단을 마쳐야 한다. 진단이 끝나면 서둘러 통증을 안전하게 줄일 수 있도록 약을 처방해야 한다. 이런 약은 필요할 때마다 적정량을 즉시 투여해야 한다. 만약 의료진이 환자의 극심한 통증을 쓸데없이 오래 지속되도록 놓아두게 되면 환자를 고문하는 것과 다름없는 죄를 저지르는 것이다.

가장 널리 행해지는 의료 범죄

고문? 의료 사고? 사디즘? 사실 이것들은 죄다 가혹하기 짝이 없는 단어들이다. 그런데 나는 지금 거기에 하나를 더 덧붙이려고 한다. 바로 '범죄'이다.

길거리에서 누군가 마구 얻어맞거나 심지어 성폭행을 당하는 여자를 보고도 사람들이 누구 하나 나서서 도와주지 않았다는 이야기를 들은 적이 있을 것이다. 무섭고 끔찍한 기분이 들었을 것이다. 내가 아는 상식으로는 곤경에 처한 사람을 나 몰라라 했다고 해서 기소되지는 않는다. 죄를 저지르는 위해서는 반드시 무언가를 행해야 한다. 물론 범죄를 사주하여 기소되는 사람들도 있다. 그런 경우 그들은 어떤 식으로든 그 범죄에 가담한 자들이지만 그저 방관하고 있던 사람들은 결코 가담자가 아니다. 그럼에도 불구하고 우리는 정서상 이런 목격자들도 유죄일 뿐 아니라 적어도 그들 중 일부는 적절한 처벌을 받아야 한다고 생각한다.

만약 옆에서 구경하던 이들에게 왜 아무런 행동도 하지 않았느냐고 물으면 그들은 대체로 두 가지 이유를 내세운다. 하나는 잘못 끼어들었다가 다치거나 죽을지도 모른다는 두려움 때문이다. 물론 이치에 맞는 말이다. 실제로 그들은 위험에 처할 수도 있다. 하지만 그런 위험은 아주 하찮은 것으로, 두려움 때문이었다는 변명은 설득력이 없다. 그들은 또 다른 변명을 늘어놓을 것이다. 그저 복잡한 사건에 휘말리고 싶지 않았다는 이유다.

그러나 병원 의료진이 극심한 통증으로 몸부림치는 환자들을 지켜보면서 그 통증을 줄여주는 아무런 노력도 하지 않았다면 이런 변명은 통하지 않는다. 그들은 관여하고 싶지 않을지도 모르지만 사실 이미 그 일에 관여한 상태다. 의료진으로서 그 일에 관여하는 것은 그들의 당연한 책무다. 게다가 통증을 줄이기 위해 환자에게 약을 투여하는 데 있어서 그들이 위험에 빠지거나 위험을 당할 일은 결코 없다. 하지만 지금 이 순간에도 전국의 수많은 의사와 간호사들은 말 그대로 육체적 고통에 시달리는 환자들에게 등을 돌리고 있다. 그 통증은 빠르고 쉽고 안전하게 가라앉힐 수 있는 것인데도 말이다.

통증에 대해 적절한 처치를 하지 않는 것이 오늘날 가장 널리 자행되는 의료 범죄다(로널드 멜자크Ronald Melzack의 〈불필요한 고통의 비극 *Tragedy of Needless Pain*〉 참조. 《사이언티픽 아메리칸*Scientific American*》 1990년 2월호).

설령 이것을 범죄라고 일컫는다고 해서, 물론 나는 정말 그렇다고 믿지만, 반드시 경찰이나 의료 사고 담당 변호사들이 이런 범죄를 찾아내기 위해 병원 복도를 누비고 돌아다니는 모습을 보고 싶다는 뜻은 아니다. 내가 바라는 것은 다만 범죄가 더 이상 일어나지 않는 것이다. 통증을 줄이는 문제에 관한 병원의 풍토가 하루빨리 개선되어 그런 범죄가 조용히 사라졌으면 할 뿐이다. 이런 변화는 주로 생명선을 끊는 문제와 관련해서 이미 일어났던 변화와 같다. 나는 의사나 간호사가 통증을 완화하는 조치를 취하지 않은 부적한 행위로 고소를 당했다는 이야기는 들어본 적이 없다. 나 역시도 소송은 싫어하지만 이런 고질적인 풍토를 개선하는 데 고소가 큰 도움을 줌으로써 정당화될 것이라고 믿는다. 하지만 굳이 법적인 절차를 밟지 않고도 다른 많은 사람들이 그렇게 행동하기를 바라며, 이 책이 그 같은 변화를 앞당기는 데 도움이 되었으면 한다.

내가 이 문제를 낙관적으로 보는 이유는 이미 여러 지역의 많은 병원과 병동에서 이런 풍토가 개선되었기 때문이다. 그러나 아직도 많은 특수 병동이나 종합병원, 특히 최고의 평판을 듣는 대학 '부속' 병원들이 과거의 풍토를 여전히 고집하고 있다. 통증에 대한 조치가 거의 암흑기의 수준과 다를 바 없다. 초가을의 어느 화창한 날, 나는 오늘날 수많은 병실이 어느 정도는 고문실의 기능을 하고 있다는 생각을 하며 이 책을 쓴다.

무엇 때문에, 어떻게 그럴 수 있는가? 정신과 의사들은 이런 현상이 우리 사회의 아주 많은 질병처럼 다양한 원인에 의해 '너무 부풀려졌다'고 말한다. 이제부터 내가 생각하는 가장 일반적인 의료 범죄의 그 주요 원인 다섯 가지를 차례대로 하나하나 분석할 참이다.

중독에 대한 오해

진정제들은 하나같이 중독성이 있다. 진정제는 대부분 효능을 높이기 위해 보다 더 강하게 사용되기도 한다. 현대 약리학은 아직까지 중독성이 없는 강한 진통제 개발에 성공하지 못했다. 물론 노력이 부족해서 그런 것은 아니다.

그렇다면 중독이란 어떤 의미인가? 두 가지로 말할 수 있는데, 하나는 모르핀 같은 중독성이 강한 약을 장기간 투여할 경우, 몸이 같은 상태를 유지하기 위해서 점점 더 많은 용량의 약을 필요로 한다는 것이다. 다른 하나는 약물을 중단했을 때, 비록 통증의 원인이 제거되었을지라도 그런 약에 중독된 환자는 금단 현상인 일시적인 고통 상태를 경험한다는 것이다.

다른 것들과 마찬가지로 중독성이 있는 약은 습관이 되기 쉽다. 다시 말하면 환자가 약을 습관적으로 복용하게 만든다는 것이다. 이것은 특히 진정제에서 두드러지게 나타나며, 그중에서 가장 강력한 것은 헤로인이다. 진정제는 육체적 고통을 완화시켜줄 뿐만 아니라 그 약을 복용하는 사람들은 대부분 희열을 느끼게 된다. 그 희열 때문에 사람들은 모든 정서적 고통에서도 벗어날 수 있게 된다. 심지어 그 약들은 더할 수 없이 들뜬 황홀감에 빠지게 만든다. 모르핀이든, 골프든, 장미 정원이든 사람을 즐겁게 해주는 모든 것들은 잠재적인 습관성을 지니고 있다.

이런 약들은 습관성이 강해 중독이 되기 때문에 이런 약을 복용하지 않아도 아무 문제가 없는 사람들 중에서도 많지는 않지만 일부는 (약 2퍼센트 정도) 강한 진통제의 유혹에 빠져들고 만다. 이런 사람들은 솔직히 약에 중독되거나 또는 '기분전환용'으로 약을 복용하는 것이 분명하다. 그들은 약을 얻기 위해 거짓말을 하고, 속이고, 꾀병을 부리고, 훔치고 심지어 살인을 할지도 모른다. 그렇기 때문에 이런 약은 강력한 법으로 복용이 통제되는 것은 물론 만들어진 뒤에는 철저히 보관된다. 의사조차도 이런 약을 처방하려면 특별한 면허증이 있어야만 한다. 나는 아주 적절한 조치라고 생각한다. 이처럼 잠재적으로 위험한 약의 복용을 규제하는 법은 어느 것 하나도 바꾸고 싶지 않다.

문제는 그 위험성이 일반 대중들의 생각뿐 아니라 이에 대해 더 잘 알아야 할 의료 전문가 대다수에게도 너무 크게 부풀려져 있다는 것이다.

그 원인은 무엇보다 가장 강력한 진통제와 다른 진통제의 습관성 정도를 동일하게 보는 데에 있다. 거기에 대해서는 나의 책《거석을 찾아서 In Search of Stones》에서 '중독'을 다룬 장의 내용을 옮기는 것으로 대신한다.

중독은 지나치게 과장되어 있다. 1970년에서 1971년 동안 베트남에 주둔한 미군의 약 절반 정도가 적어도 한 번쯤은 헤로인을 경험했다고 말했다. 이 통계 수치는 뜨거운 정치적 사안이 되었다. 이 문제와 관련해 경험이 부족한 의원들과 다른 정부 관료들은 병사 대부분이 상습적인 헤로인 중독자가 되어 귀국할 것이라고 추정했다. 그러나 당시 워싱턴에서 군 정신의학을 담당하던 내 상사와 나는 그러한 추정에 의문을 품었다. 거기에는 그럴 만한 충분한 이유가 있었다. 헤로인을 단순히 한두 번 사용하는 것으로는 중독이 되지 않기 때문이다. 시간이 지나자 우리의 생각이 옳았다는 것이 증명되었다. 일부 병사는 실제로 헤로인에 중독된 상태였지만 대다수는 베트남을 벗어나자마자 헤로인을 다시는 찾지 않았다. 중독성은 그 약 자체의 문제가 아니라 사회학적·심리학적·정신적·생물학적 요인도 포함되어 있기 때문이다. 이와 같이 중독은 너무 과장되어 있다.

국회의원들의 섣부른 추정과 마찬가지로 의사들이 진단 과정에서 얼마나 빈번히 잘못을 저지르는지 설명하기 위해 지금부터 진단 절차에 대해 서술해본다. 이런 진단 절차는 대체로 환자에게 심한 긴장과 고통을 주게 마련이다. 실제로 이것은 발륨Valium 같은 진정제와 데메롤Demerol 같은 진통제의 기능을 결합한 약물 조치 없이는 이루어질 수 없다. 만약 이런 조치가 없다면 환자는 고통으로 마구 몸부림칠 것이며 내부 장기는 진단을 하기 힘들 정도로 경련을 일으킬 것이다. 진단 절차에서 알아두어야 할 것은 이런 약을 사용하느냐 안 하느냐가 아니라 얼마나 많은 양을 사용해야 하느냐이다. 먼저 내시경 검사의 예를 들어보자. 내시경은 부드러운 관을 입 속으로 넣어 식도, 위, 십이지장, 그리고 어쩌면 췌장까지를 들여다보거나 항문을 통해 결장 전체를 검사하는 것이다. 의사는 이 관을 통해서 모니터에 확대돼 나오는 장기 내부를 관찰할 수 있으며 필요하다면 의심이 가는 부분의 조직을 떼어내 검사할 수도 있다.

의사는 내시경 검사를 하기 전에 정맥 주사를 통해 충분한 양의 진정제와 진통제를 투여할 수 있고 그렇게 함으로써 환자는 그다지 큰 고통을 겪지 않아도 된다. 그렇다고 환자의 의식이 완전히 없어지는 것은 아니다. 검사 과정에서 환자는 간단한 질문을 할 수도 있지만 보통은 가수면 상태에 빠지게 된다. 검사가 끝나면 주의사항을 듣고 나서 보호자의 부축을 받아 집으로 돌아가면 된다. 그 이후에는 잠을 자거나 편안한 기분으로 쉴 수도 있다. 물론 특별한 후유증도 없을 것이다. 만약 환자가 다시 이런 검사를 받아야 한다면 이 때문에 생기는 불편을 걱정하지도 않을 것이고 그것을 두려워하지도 않을 것이다.

그런데 같은 검사라 해도 또 다른 의사가 검사할 경우 전혀 다른 방식으로 진행될 수도 있다. 그는 환자에게 똑같은 약을 투여하지만 앞의 예에서 사용된 용량의 약 절반 정도만 사용한다. 그 용량은 단지 검사가 진행되는 동안에만 필요한 양이다. 그러나 환자는 가끔 강한 고통에 경련을 일으키거나 1시간가량 약한 통증에서 보통의 통증을 경험하면서 내내 불편해한다. 만약 의사에게 불편함을 호소할 경우 그는 적정량의 약을 투여했기 때문이라고 대답할 것이다. 또한 그는 검사를 하는 과정에서 더 나빠질 수 있는 환자의 증상까지도 놓치고 싶지 않아서라고 다른 이유를 덧붙인다(차폐遮蔽의 문제에 대해서는 다시 간략하게 언급할 것이다). 그러면서 일반적인 원칙에 대해 설명할 것이다.

"약물 투여량이 적으면 적을수록 더 좋은 겁니다."

의사는 이 약들을 마치 환자에게 황홀감을 줄 수 있는 특별한 마약류로 생각하고 있다. 이럴 경우 환자는 검사를 편안히 받을 수가 없다! 그는 환자에게 습관성 중독이 될 수 있는 길을 열어놓고서 환자를 거기에 끌어들인 책임을 지지는 않으려 한다. 그러나 그 의사는 환자가 검사를 다 받고 난 후 마치 폭력을 당했거나 거의 겁탈을 당한 느낌 때문에 눈물을 흘릴 수도 있다는 것을 깨닫지 못한다. 만약 또 그런 검사가 필요하더라도 환자는 다시는 검사를 받지 않으려 할 것이며, 그래서 너무 늦어지거나 혹은 간단히 치료할 수 있는 병이 불치병으로 악화되기도 할 것이다. 설령 의사가 그 사실을 알았을지라도 그것은 어디까지나 환자의 문제이지 자기 탓은 아니라고 여길지도 모른다.

헤로인을 복용하고 굉장한 황홀감을 경험했던 병사가 그것에 중독되는 일이 드물다면 환자가 의료조치를 받는 동안 그보다 훨씬 순한 마약 성분에 노출되었다고 해서 마약에 중독될 가능성은 극히 적다. 물론 그런 일이 절대 일어나지 않는다고 장담하는 것은 아니다. 다만 내 얘기는 만약 그 정도의 조치에 환자가 중독된다면 그건 의료적 도움이 없을 경우 언젠가는 틀림없이 마약류에 중독될 가능성이 높다고 할 수 있을 만큼 그 환자가 마약에 중독되기 쉬운 소인을 지니고 있기 때문이라는 것이다.

유감스럽게도 병원에서 종종 고문실 역할을 하는 것은 단지 진료실만이 아니다. 같은 이유로 일반 병실이 훨씬 더 자주 고문실이 되곤 한다. 또한 의사들은 환자가 중독되는 것을 두려워한 나머지 되도록 진정제를 가장 적은 양에 가장 적은 횟수로 처방할 것이다. 간호사는 보통 3시간마다, 어쩌면 4시간 또는 6시간에 한 번씩 정해진 시간에 맞춰 의사의 처방대로 진정제를 투여한다. 이 책을 쓰고 있는 순간에도 나는 전국 곳곳에 있는 병원의 환자들이 진통제 양이 적어 고통을 호소하고 있으며, 그럼에도 불구하고 간호사는 그들에게 "진통제를 맞으려면 1시간이 더 남았어요. 기다리셔야 해요"라는 말을 천연덕스럽게 하고 있다는 사실을 알고 있다.

앞서 말했듯이 다행히도 이런 풍토는 바뀌기 시작했다. 나는 그 가장 큰 이유가 어쩌면 모르핀 펌프라고 불리는, 약 10년 전에 발명된 기계 때문일지도 모른다고 생각한다. 이 기기는 다른 약의 조제에 사용되기도 하는데, 의사들은 이것을 자가통증조절기(PCA)라고 부른다. 자가통증조절기는 정맥 주사 점적 장치에 연결해서 이용하며 환자가 간단히 버튼을 누르기만 하면 기기에 정해놓은 일정량의 모르핀이 투여되기 때문에 환자가 원할 때마다 스스로 모르핀을 처방할 수 있다. 그렇다면 환자가 자신의 모르핀 처방 시간표에 따라 강한 진통제를 투여하는 일이 허용되었다는 것인가? 사실 그전에는 들어보지도 못한 일이다. 아무튼 이런 기기를 설계하고 처음에 이 기기를 과감히 사용한 사람들에게 경의를 표하고 싶다.

그 뒤 연구자들은 수많은 사례 분석을 통해 이 기기를 이용하는 환자들, 즉 주로 수술을 받은 환자나 암환자들이 몇몇 경우를 제외하고는 실제로 간호사와 의사의 처방에 따라 그들이 투여받는 양보다 더 적은 양의 모르핀을 투여할 것이라는 사실을 발견했다. 그리고 일반적으로 정말 훨씬 더 적은 양을 사용했다. 그렇다면 왜 이런 현상이 벌어졌을까?

그것은 바로 두려움 때문이다. 두려움은 보통 두 가지 방식으로 작용한다. 환자는 강한 통증을 두려워한다. 그래서 오로지 시계를 보는 일에만 정신을 팔게 마련이다. 만약 그들이 다음 모르핀 투여 시간이 오후 2시라는 것을 안다면 1시 50분에는 그것을 요청할 것이다. 비록 그때 통증을 느끼지 않더라도 말이다. 만약 오후 2시 20분쯤 통증이 시작되거나 하면 그들은 간호사가 와서 모르핀을 투여하기 전까지 적어도 20분 혹은 그 이상을 기다려야만 할지도 모른다고 생각한다. 그때쯤 되면 그들은 고통 속에서 몸부림을 치고 있을 것이다. 모르핀 펌프는 이처럼 시간만 기다리며 전전긍긍하는 상황에 놓인 환자를 완전히 구제해준다. 게다가 간호사의 업무도 훨씬 수월해진다.

또 다른 이유는 두려움과 육체적 고통이 상승작용을 일으키기 때문이다. 강한 통증은 통증에 대한 두려움을 낳고 그 두려움은, 특히 강한 육체적 통증의 두려움은 실제로 통증의 강도를 증대시킨다. 일부 의료 전문가들은 이런 사실을 비웃으며 자신의 환자들을 그저 겁쟁이 떼거리로 생각한다. 그러나 그들도 심각한 육체적 고통을 경험하게 되면 자신들 역시 똑같은 겁쟁이가 된다는 걸 알게 될 것이다. 고통과 두려움의 상승작용은 인간의 본성에서 비롯된 것이다. 따라서 통증이 시작될 때마다 단지 버튼을 누름으로써 아주 적은 양의 모르핀을 정맥 내에 스스로 투여할 수 있고 곧바로 통증이 사라진다는 것을 아는 환자는 두려움에서 벗어날 수 있다. 그 결과 통증이 훨씬 줄어드는 것이다. 그와 더불어 모르핀의 양 또한 한층 더 줄어들 수밖에 없다.

자가통증조절기는 지금은 거의 보편화되었다. 그러나 의사들은 가끔 수술이 끝난 환자들에게서 너무 성급하게 그 기기를 떼어내는 경우가 있다. 그리고 덜 강한 진통제로 대체해서 주사를 놓거나 복용시킨다. 이유가 무엇일까? 몇 가지 타당한 이유가 있을 수 있지만 흔히 중독에 대한 두려움 때문에 그렇게 하는 것이다. 그들은 자기 환자가 중독될까 봐 두려워한다. 그러나 중독은 점진적인 과정을 거친다고 했던 내 말을 기억하라. 중독은 갑자기 일어나는 것이 아니다. 어쨌든 의사들은 이것을 인식하지 못한다. 실제로 그들은 환자가 그 전날 맞은 모르핀 양의 반을 투여했다고 기기가 정확한 수치를 말해줄 때조차도 바로 이런 이유 때문에 환자가 원하는데도 단호하게 기기를 떼어내기도 한다. 환자가 중독되지 않았는데도 말이다.

이런 일들이 정당한 것은 아니지만 이해할 수는 있다. 그것은 의사가 수련의 과정에서 맨 처음 배우는 것과 관계가 있다. 바로 환자에게 '해를 끼치지 말 것'이다. 의사가 중독을 일으키는 것에 대해 조바심을 내는 이유는 바로 금단증상에 빠질 것이라는 두려움 때문이다. 이런 두려움은 대부분 전문적인 문헌이 아닌 영화관이나 상상을 초월하는 끔찍한 금단증상을 보여주는 헤로인 중독자에 대한 꾸며진 설명에서 비롯된다. 사실 나는 믿을 만한 헤로인 중독자들에게서 금연 후 금단증상이 헤로인 중독에서 벗어난 뒤의 금단증상보다 더 견디기 어렵다는 이야기를 여러 차례 들었다. 어쨌든 금단증상은 불쾌한 것이다. 특히 건강이 좋지 않은 사람에게는 위험할 수도 있다. 금단증상을 없애기 위해 다양한 약들이 사용되는데 이런 약들은 증상이 완화되는 정도에 맞춰서 약의 용량도 줄여가며 사용한다. 그러나 때로는 그 약들을 쓸 수 없는 경우가 있다. 의사들은 흔히 이런 생각을 할 것이다. '그래. 금단증상이 정말 불쾌하다면 다시 중독될 가능성은 줄어들겠지.' 사실 이러한 추정을 지지할 만한 확실한 증거는 없다…… 오히려 많은 정신 의학 이론에 따르면 그 반대일 경우의 가능성이 짙다.

지금까지 의료 절차나 수술에 따른 고통에서 기인하는 강한 통증을 어떻게 다룰 것인가에 대해 이야기했다. 그러나 그와는 달리 치료할 수도 없고, 심각하며, 고치기 어려운 만성적인 육체적 고통은 어떻게 할 것인가? 여기서는 주로 수술이 어려운 치명적인 암환자의 경우를 다룰 것이다. 물론 암으로 사망하는 환자 모두가 고통을 받는 것은 아니지만. 중독에 대한 두려움보다 더 어리석은 것은 없다, 나는 환자가 중독되는 것을 원하지 않는다는 이유로 고통스럽게 죽어가는 환자에게 적정량보다 적은 양의 진통제를 처방하여 오히려 그 고통을 연장시키는 의사들을 보아왔다. 정말 잔인하고 끔찍하게 슬픈 일이 아니라면 이건 우스운 일이 될 것이다.

기타 약물 부작용

비교적 약한 진통제라 해도 부작용이 있을 수 있다. 예를 들어 코데인

Codeine은 일반적으로 변비를 일으킨다. 그러나 장 기능이 정상적인 환자들의 경우 이 약의 진통 효과가 지속되더라도 보통 이틀 정도 지나면 변비 증세가 사라진다. 또한 진통제에는 기침반사.cough reflex를 억제하는 작용이 있어 그로 인해 환자가 경미한 폐렴에 걸릴 수도 있다. 하지만 코데인은 폐렴이라든가 고치기 어려운 불필요한 기침을 유발하는 다른 질병의 경우에는 아주 큰 도움이 되기도 한다.

이런 부작용들은 보통 내시경 검사 같은 간단한 의료 절차에서는 그리 큰 문제가 되지 않는다. 대부분 수술이 끝난 뒤의 회복 과정에서 더 중요한 문제가 된다. 예를 들어 복부 수술을 했을 경우 거의 예외 없이 일시적으로 장 기능이 마비된다. 바로 의사들이 말하는 장폐색 증상이다. 복부 수술 시간일 길수록, 외상 부위가 클수록 장폐색 증세는 더 오래 지속될 가능성이 크다. 그리고 또 다른 부작용이 우려된다. 이런 경우에 진통제 투여는 장폐색을 더 지속시킬 수 있는 요인이 된다. 이때 의사는 균형을 맞추려고 하는데, 일반적으로 그들은 환자의 고통을 적절히 줄이는 것보다 장폐색을 잡는 쪽을 택한다. 물론 어려운 결정을 해야 하는 상황이긴 하지만 나는 어쨌든 이런 균형 자체가 잘못된 것이라고 생각한다. 부작용과 상관없이, 강한 통증을 느끼지 않는 환자는 극심한 통증을 겪는 환자보다는 더 빨리 회복될 수 있다.

게다가 이런 부작용들은 대체로 막을 수 있다. 장폐색의 경우 고형 음식뿐만 아니라 유동 음식의 섭취를 엄격히 제한함으로써 진행을 상당히 늦출 수도 있다. 그러나 나는 복부 수술 후 실제로 장이 회복된 신호를 듣기도 전에 물을 마시려는 환자들을 본 적이 있다. 반면에 장의 기능을 원활하게 해주는 약들도 있다. 나는 또한 의사들이 진통제는 쓰되 장 기능 촉진제 처방은 고려해보지도 않고 장폐색 '치료'를 위해 적정량에 못 미치는 진통제를 투여하기 때문에 큰 고통을 겪는 환자들을 보아왔다. 아무튼 좋다. '약 처방이 적으면 적을수록 더욱 좋아진다'는 말이 꼭 경험에서 비롯된 나쁜 법칙이라고 할 수는 없다. 그러나 그것을 고집스레 받아들이는 의사들을 볼 때면 가끔 그들이 종교 재판소의 재판관처럼 보인다.

어쩌면 의사들이 가장 염려하는 강력한 진통제의 부작용은 정확히 말해서 부작용이 아니다. 진통제는 고통을 '없앰'으로써 '차폐'라는 문제를 발생시킨다. 예를 들어 정형외과에서 발목 수술을 받은 즉시 모르핀을 투여받은 환자에게 마침 치종양이 생겼다 하자. 여기서 문제는 치종양이 생긴 것을 환자 본인이 모른다는 것이다. 의사도 마찬가지다. 이는 발목의 통증을 느끼지 못할 뿐만 아니라 입에서도 아무 통증을 못 느끼게 되었기 때문이다. 그는 일시적인 나병환자가 된 것이다. 다시 말해 그 진통제가 새로운 질병의 시작을 감추고 있기 때문이다.

차폐는 일반적으로 그리 중요하지는 않지만 매우 현실적인 문제다. 그 환자는 진통제를 줄여갈 즈음 분명히 이렇게 말할 것이다. "발목은 이제 약간 욱신거리는 정도인데 가운데 윗니가 너무 아파요." 그러나 의사는 환자가 뭐라 하든 틀림없이 잠자코 자신의 일을 해 나갈 것이다. 그러면서 치과의사에게 그 환자의 진찰을 부탁할 것이다. 나는 이런 문제를 전혀 감추고 싶은 생각이 없다. 사실 농양은 환자가 고통을 느끼기 전에 신경을 죽이기도 한다. 게다가 치아에서 고름이 나오기 전까지는 자신도 알지 못하는 문제를 안고 있는 것이다. 차폐라는 문제는 드물게 발생하지만 분명히 존재한다.

수술 후에 느끼는 비교적 심한 통증의 경우, 의사는 적절히 균형을 맞추어 통증 완화에 집중하면서 비교적 작고 일시적인 차폐의 위험은 용인한다. 의사들이 흔히 균형을 잃는 경우는 만성적인 고통을 겪는 환자를 다룰 때다. 그중 하나가 바로 환자를 명확히 지도하는 데 실패하는 것이다. 예를 들어 의사는 심한 관절염을 앓는 환자에게 오랫동안 정기적으로 복용할 수 있는 코데인이나 퍼코댄Percodan을 적절하게 처방하면서도 자주 치과의사를 찾아가 엑스레이를 찍고 정밀 검사를 받아야 한다는 이야기를 해주는 일은 쉽게 무시해버린다. 환자도 차폐라는 문제에 당사자로 참여해야 하는 것이다.

다시 말하지만 가장 나쁜 경우는 환자에게서 어떤 새로운 병을 발견하는 걸 놓치게 될까 봐 보다 적은 양의 진통제를 처방해 환자가 끝없이 고통을 겪게 만드는 일이다. 특히 장기적으로 강력한 진통제를 투여해야 하는 환자는 보통 말기 증상인 경우다. 그러나 나는 끊임없이 의사들이 이렇게 말하는 것을 들어왔다. "저는 당신 어머니께 더 이상 모르핀을 처방할 수 없습니다. 만약 그렇게 한다면 미처 다른 문제를 발견하지 못할 거예요." 또는 훨씬 더 쉽게 이렇게 말하기도 한다. "그렇게 하면 환자분이 폐렴에 걸릴 수도 있습니다."

말기 환자의 경우 고통을 줄이기 위한 약 처방이 적확하든 그렇지 않든 일반적으로 암처럼 자신이 앓고 있는 주요 병인보다는 폐렴 같은 합병증으로 사망한다. 물론 적절한 진통제를 사용하다 합병증으로 인해 갑작스레 사망할 수도 있는데, 이를 '이중효과'라고 말한다. 이중효과에 대해서는 나중에 자세히 다룰 것이다. 어쨌든 이중효과를 피하기 위해 말기 환자를 육체적 고통 속에서 몸부림치게 만듦으로써 환자의 생명이 1주나 2주 정도 연장될 수 있다는 점은 인정한다. 그러나 이런 식으로 생명을 연장하는 일에 관여하는 것은 거의 예외 없이 부조리극의 배우 역할과 마찬가지라고 생각한다. 나 같으면 차라리 '나의 백성이 떠나게 하소서. 오, 주여, 나의 백성으로 하여금 이제 주께로 가게 하소서'라고 말할 것이다.

공식과 스케줄보다 환자의 통증이 먼저다

의사들의 머릿속은 공식으로 가득 차 있다. 그들이 그것을 의식하든 그렇지 않든 말이다. 또한 이런 많은 공식들은 틀림없이 통증이나 통증을 다루는 일과 관련되어 있을 것이다. 그러나 종종 틀린 공식들이 있다. '관절염은 경미하거나 보통 정도의 통증을 유발할 뿐 심한 통증을 일으키진 않는다'라든가 '골절은 심한 통증을 유발할 것이지만 적절히 깁스를 하면 이틀 이상은 가지 않을 것이다', '신장결석이 요관을 통과할 때 가장 극심한 고통을 일으킨다', '데메롤은 코데인보다 더 강한 진통제다', '데메롤의 효과는 3시간 동안 지속된다' 등등 이다.

　의사들은 이런 공식을 곧 처방전 또는 간호사에게 내리는 지시라고 생각한다. 처방전에는 '데메롤 50 mgm IM q3h prn'이라고 되어 있을 것이다. 이것을 해석하면 '데메롤, 필요할 때 3시간마다 50밀리그램을 근육에 주사할 것'이다. 간호사는 또 이런 지시를 보다 더 광범위하게 해석한다. '나는 환자에게 데메롤 주사를 맞히고 나서 적어도 3시간 전에는 그 주사를 또 맞힐 수 없다. 그것도 특별히 환자가 요청하는 경우에 한해야 한다.'

문제는 모든 환자들이 그 공식에 다 일치하는 것은 아니라는 것이다. 환자들의 병이 공식을 따르는 것도 아닐 뿐더러 약에 반응하는 방식도 제각각인 경우가 자주 발생한다. 진통제의 지속 시간이 환자마다 다를 때도 있다. 다음은 내가 경험한 몇몇 사례들이다.

몇 년 전에 일어난 일이다. 어느 날 아침, 사무실에서 뭔가를 쓰고 있는데, 갑자기 복부 왼쪽에서 보통 정도의 통증이 느껴졌다. 처음에는 장에 가스가 찼나 보다 생각했다. 그러나 그것은 가스와는 달랐으며 꽤 오랫동안 지속되었다. 그러자 원인이 무엇인지 궁금해졌다. 신장결석일 수도 있다는 생각이 들었다. 하지만 신장결석이라고 하기엔 공식이 맞지 않았다. 이건 단지 보통의 통증뿐이었다. 15분이 지나도록 그에 합당한 어떤 추측도 할 수 없었다. '어쩌면 정말 신장결석일지도 모르겠는데. 15분 정도 더 지속된다면 차를 타고 바로 응급실로 가야겠는걸. 좀 더 지켜봐야지.' 그런데 5분도 안 돼 언제 그랬냐는 듯 통증이 가라앉았다. 나는 하던 일을 다시 시작했고, 통증 따위는 금세 잊어버렸다.

그리고 2주 뒤, 화장실에서 소변을 보는데 얼얼한 느낌이 들었다. 이틀 뒤에 연구실에 가서 소변 검사를 해보니 검사 결과 소변에서 피가 검출되었다. 혹시 암이 아닐까 덜컥 겁이 났다. 이어서 엑스레이를 찍어 보고 원인을 찾아냈다. 다행히 암은 아니었고 비교적 작은 신장결석이 방광과 왼쪽 요관을 연결하는 부위에 달라붙어 있었다. 약 4리터 정도의 물을 쉬지 않고 마시면 쉽게 치료할 수 있는 정도였다.

그렇다. 만약 커다란 신장결석이었다면 정말 악몽 같은 기억이 되었을 것이다. 아주 작은 결석은 전혀 고통이 없다. 또는 내 경우처럼 비교적 작은 결석이라면 잠시 약간의 통증을 느낄 정도여서 금세 잊게 된다.

또 다른 종류의 예는 훨씬 더 흔한 치종양이다. 종양은 치아의 신경을 서서히 죽이기 때문에 진행 과정에서는 통증을 못 느끼기도 한다. 또는 매일 1초 남짓의 순간적인 극심한 고통을 유발하면서 신경이 죽기까지 수개월 동안 지속될 수도 있다. 그래서 이런 경우에는 진단하기가 매우 어렵다. 또는 신경이 죽을 때까지 밤새 끊임없이 강한 통증을 유발할 수도 있다. 이런 고통 하나만으로도 치아의 위급상황을 알 수 있다. 그렇다고 이것을 치료하기 위해 한밤중에 치과 의사를 찾아갈 수도 없는 노릇이다.

정신과 의사들은 효과가 나타나는 약을 선택할 때 안전장치가 있는 공식적 접근보다 주먹구구식의 투약 방식에 재빨리 익숙해진다. 환자 A와 B는 둘 다 정확히 비슷한 우울증을 앓고 있다. A 환자는 프로잭Prozac(우울증 치료제)에 전혀 반응하지 않는 것처럼 보이지만 엘라빌Elavil로는 놀라운 효과를 보인다. B 환자는 반대로 프로잭이 기적과 같은 효과를 보이는 반면 엘라빌은 전혀 쓸모가 없다.

진통제는 정신에 작용하는 약이다. 거기에 사용 기준이 없다는 뜻으로 말하는 것이 아니다. 일반적으로 데메롤이 코데인보다는 더 강력한 진통제다. 그러나 우연인지는 몰라도 내 개인적으로는 같은 표준 용량의 경우 데메롤을 복용할 때보다 코데인을 복용할 때 진통의 효과를 더 크게 본 경험이 있다.

환자들은 제각기 뇌가 다를 뿐만 아니라 대사율 또한 다르다. 데메롤은 진통 효과가 평균 3시간 정도 지속된다. 대사가 느린 환자는 3시간 30분이 될 수도 있다. 간호사는 이런 환자를 '좋은 환자'로 여길 것이다. 대사가 빠른 환자는 진통 효과가 2시간 30분밖에 지속되지 않는데 간호사들은 이런 환자를 대개 '나쁜 환자'로 치부할 것이다.

게다가 진통제의 지속성은 환자가 느끼는 통증의 강도에 따라 다양하다. 내가 보통 정도의 통증을 느낄 때 코데인을 다량 복용하면 적어도 4시간 정도는 진통 효과를 얻을 것이다. 하지만 더 강한 통증을 느낄 때는 같은 용량으로 2시간 정도밖에 진통 효과를 보지 못한다.

대부분의 의사들이 이 같은 사실을 알고 있지만 엄청난 압박감 속에서는 미처 충분히 생각하지 못한다. 하루 종일 환자 옆에 붙어 있을 수 없을 뿐 아니라 그들은 간호사들에 대한 처방 지시서를 모호하지 않고 정확하게 작성하도록 훈련을 받는다. 따라서 공식에 따라 움직이고 있음을 인식하는 순간조차도 그들은 별수없이 지시를 형식에 맞게 갖추어야 한다.

'데메롤, 50 mgm IM q3h prn.' 물론 그들은 이것으로 충분하지 않으면 간호사가 자신들을 찾을 거라는 것을 알고 있다. 간호사가 찾을지 안 찾을지는 별개의 문제이지만 간호사는 보통 환자가 꽤 오랫동안 고통 속에서 신음한 뒤에야 의사를 찾을 것이다. 그런 다음에도 의사의 도움을 받기까지는 상당한 시간이 필요할지도 모른다.

물론 간호사도 마찬가지다. 내가 지적한 대로 의사의 지시 사항인 'prn'(필요할 때)는 환자가 스스로 진통제를 요청해야만 하는 것을 의미한다. 환자가 진통제를 복용할 시간을 모르면 통증이 다시 느껴질 때 버저를 누를 것이다. 거기에 대한 응답은 평균 10분 이내인데 이때 나타난 사람은 간호조무사다. 간호조무사가 오면 환자는 이렇게 말할 것이다.

"통증이 다시 시작됐어요. 점점 심해지고 있고요. 진통제를 맞을 수 있을까요?"

그러면 간호조무사는 이렇게 말한다.

"간호사에게 말할게요."

다시 10분이 지난 뒤 간호사가 나타난다.

"진통 주사를 놓을까요?"

"네, 지금 정말 아파요."

그러고도 다시 10분이 지난 다음에야 간호사가 진통 주사를 들고 올 것이다. 환자가 버저를 누른 지 무려 30분이 지나서야…… 그것도 운이 좋을 때 얘기다.

하지만 운이 좋은 경우는 흔하지 않다. 때로는 간호사가 영 나타나지 않는 경우도 있다. 극심한 고통 속에서 환자는 다시 버저를 누른다. 또 다시 10분이 지난 다음에야 간호조무사가 나타난다.

"무슨 일이죠?"

간호조무사가 묻는다.

"아파 죽겠다고요."

환자는 간청을 한다.

"간호사가 진통 주사를 갖고 온다고 했잖아요?"

"아, 그런데 지금 응급실에 들어가 있어서 아주 바빠요."

간호조무사가 설명한다.

"환자분이 통증을 호소한다고 전달은 했어요. 끝나는 대로 곧 올 거예요."

마치 지어낸 이야기처럼 들릴 것이다. 그러나 이것은 흔히 볼 수 있는 각본이다. 누구를 비난해야 하는가? 어쩌면 간호사가 훨씬 더 위급한 상황 때문에 실제로 바쁠 수도 있다. 의사뿐만 아니라 간호조무사나 간호사도 기진할 정도로 과중한 업무에 시달리는 것 또한 사실이다. 마찬가지로 환자가 '필요할 때' 자신의 요구를 표현한 뒤 적어도 1시간 동안 진통제를 처방받지 못할 뿐만 아니라 의사가 지시한 시간이 됐을 때조차도 환자의 요구가 그 병동의 시간표와 맞지 않다는 이유로 1시간 동안 쓸데없는 고문을 당해야 한다는 것 또한 사실이다. 고통 속에 놓인 환자들이 그야말로 무력한 걸인 신세로 전락하는 것이 현실인 것이다.

그렇다고 해서 이 각본이 최악의 상황은 아니다. 스케줄이 항상 긴급 상황에 좌우되는 것은 아니다. 때로는 사소한 부주의에서 비롯되는 경우도 있다. 10년쯤 전, 나는 척추 수술을 받은 뒤 회복실에서 깨어났다. 마취 기운에서 완전히 깨어난 것은 아니었지만 나는 엄청나게 많은 양의 소변을 보고 난 뒤 말을 하기 시작했고 조금씩 몸을 움직일 수 있었다. 그런데 마취가 풀리자 통증이 느껴지기 시작했다. 전에도 같은 경험이 있었으므로 통증이 심할 거라는 것을 알았기 때문에 간호사를 불러 얼른 진통 주사를 놓아달라고 말했다.

"환자분은 2분 뒤면 병동으로 올라갈 거예요."

간호사가 말했다.

"그리고 도착하는 대로 거기에서 진통제를 놓아줄 겁니다."

일리가 있는 말이었다. 그래서 나는 기다렸다. 기다리고 또 마냥 기다렸다. 30분 정도가 지나자 처음에는 약했던 통증이 점차 강도가 심해지면서 강한 통증의 수준까지 이르렀다. 나는 다시 간호사를 불렀다.

"병동에 올라가는 대로 진통제를 맞을 거라고 했잖아요? 곧바로 병동으로 데려갈 거라면서요. 그게 30분 전 이야기예요. 도대체 언제 나를 데려갈 겁니까?"

"환자를 병동으로 데려갈 간호조무사가 막 점심을 먹으러 갔어요."

간호사가 침착하게 설명해주었다.

나는 도저히 침착하게 대응할 수 없었다.

"제길, 그럼 당신이라도 진통제를 놓아달란 말이야. 당장!"

내가 소리쳤다.

"아니면 지금 당장 나를 병동에 데려갈 다른 간호조무사를 부르든 가. 그것도 아니면 고소할 테니 알아서 하라고!"

어쨌든 그 간호사는 나를 즉시 병동으로 데려다줄 간호조무사를 가까스로 찾아냈다. 그리고 나는 병동으로 올라가 그곳에서 결국 진통제를 맞았다. 그런 상황에서 내가 효과적으로 대응할 수 있었던 건 어쩌면 내가 경력이 있는 의사였기 때문이었을 것이다. 나는 융통성 없는 지시뿐만 아니라 그런 지시조차 수행하지 못하게 만드는 점심 시간표 때문에 희생자가 되는 힘없는 사람들을 생각하는 것만으로도 끔찍하다. 점심시간을 지키는 것이 비현실적이라는 뜻의 얘기는 결코 아니다. 하지만 어찌 보면 신경을 쓰지 않은 것이거나 부주의한 행위일지도 모른다. 시간표는 얼마든지 조정할 수 있다. 하지만 통증은 그렇지 않다. 정해진 순서에 따라 짜놓은 시간표에 통증을 맞추려고 하는 것은 사디즘이 아니고 무엇인가.

물론 이 사례의 간호사가 실제로 사디스트라는 말은 절대 아니다. 단지 그녀는 부주의했을 뿐이다. 그러나 안타깝게도 현재 의료 행위의 실상은 정말 나로 하여금 사디즘을 다룰 수밖에 없도록 강요하고 있다.

사디즘은 근본적으로 그 기원이 알려지지 않은 아주 복잡한 정신질환이다. 사디즘의 복잡성을 나타내는 특성 중에 하나는 그 강도에 따라 커다란 차이를 보인다는 것이다. 어떤 사람들은 매우 온화하고 세밀하며 간헐적인 양상을 보이기 때문에 사디즘이라는 진단을 내리기가 애매하다. 그 경우는 대체로 전체 인구의 약 10퍼센트 정도에 불과하다. 약 1퍼센트 미만을 차지하는 다른 사디즘 환자들은 예외 없이 거의 살인자의 양태를 띤다. 그 분포가 어떻든 간에 다른 직종도 그렇겠지만 의료 직종에 종사하는 사디스트들도 많다. 내 말은 다소의 차이는 있지만 대략 의사, 간호사, 간호조무사의 1에서 10퍼센트는 사디스트들이라는 것이다. 그들은 '좋은 의료'를 시행한다는 구실로 자신들의 사디즘을 손쉽게 행사할 수 있기 때문에 그들을 찾아서 몰아내기란 매우 어렵다.

대부분의 사람들은 사디즘이란 오로지 타인에게 고통을 가함으로써 희열을 느끼는 것으로만 생각할 뿐 그들이 그런 희열을 가끔 의식하지 못한다는 사실은 알지 못한다. 사람들은 또한 그 문제의 심각성을 거의 50퍼센트도 인식하지 못한다. 사디스트들은 통제력을 행사해 타인을 지배하는 것을 매우 좋아한다. 누군가를 지배하는 데 있어, 환자에게 진통제를 투여하는 문제를 거의 완전히 통제하는 것보다 더 좋은 방법이 있겠는가! 오늘날 현대 의학에서 이성을 지닌 간호사들이라면 조금은 무력감을 느끼게 마련이다. 따라서 진통제를 통제하는 행위가 어쩌면 그들에게 남은 거의 유일한 힘일지도 모른다. 그러므로 평균적으로 간호사에게 사디즘 증세가 전혀 없다고 말하고 싶은 생각은 없다. 반면 드물긴 하지만 의사의 지시 없이 진통제 투여 시간표가 무자비하게 병리적 동기에 맞춰져 있거나 또는 병리적 동기로 확대되는 슬픈 현실은 인정해야만 할 것 같다.

한마디로 말해서 공식과 스케줄은 밀접한 관련을 맺고 있다. 그러나 통증이란 대개 공식을 따르지도 않고 스케줄과도 상관이 없다. 병원에서 진통제를 부적절하게 처방하는 주된 이유 중의 하나는 스케줄과 공식에 맞춰 병원 업무가 진행되기 때문이다. 뿐만 아니라 의료진은 과도한 업무에 시달리느라 가끔 부주의한 실수를 하며, 때에 따라서는 완전히 사디즘 성향이 있기 때문에 환자가 입는 손상에 맞춰주는 스케줄은 없을 것이다.

꾀병 부리는 환자는 극히 드물다

사립 문법 학교에 다니던 나는 10학년이 되자 학교 가는 게 지겨워졌다. 그러던 어느 날 기발한 장난거리를 찾아냈다. 솜뭉치로 콧구멍 두 개를 다 틀어막으면 코맹맹이 소리가 난다는 걸 우연찮게 알게 된 것이다. 아침 식사를 하기 전에 나는 이렇게 코를 막고 어머니에게 "으흥, 어험마" 하고 콧소리로 인사를 건넸다. 그러자 어머니는 "너, 감기 걸렸니?"라고 물었다.

"하마도요. 하지만 갠찮나요."

나는 이렇게 대꾸했다.

"학교에 가면 안 될 것 같은데."

"아냐에요. 움 정말 갠찬나요."

나는 마치 학교에 가고 싶다는 듯이 말했다.

"그래도 아무튼 오늘은 집에서 쉬려무나."

적어도 내가 11살 때까지는 어머니가 나를 이해해주셨던 것 같다. 학교에 재미를 붙이고 잘 다니던 그해 늦가을 무렵의 일이었다. 어느 토요일 늦은 오후 나는 우리 아파트 건물 벽에 공을 튀기며 놀고 있었다. 그런데 갑자기 걷잡을 수 없이 피로가 몰려왔다. 집으로 가는 동안에도 온몸이 아프고 쑤셨다. 난 집에 들어가기가 무섭게 뜨거운 물에 몸을 담갔다. 5분쯤 있자니 팔다리에서 느껴지던 통증이 배로 옮겨간 것 같았다. 나는 어머니에게 배가 아파서 누워야겠다고 말했다. 그러고 10분이 지나니 복통이 심해져서 도저히 참을 수가 없었다. 어머니가 체온을 쟀지만 열은 없었다. 다시 10분이 지난 뒤 나는 마구 소리를 지르며 고통을 호소했다. 어머니는 열도 없는데 그렇게 아파하는 게 이상하다고 말씀하셨다. 곧 나는 매우 날카롭게 소리를 질러가며 의사를 불러달라고 호소했다.

"배가 그렇게 아프다니 믿을 수 없구나. 배라는 게 그렇게까지 아플 리가 없는데."

나는 어머니가 의사에게 전화를 할 때까지 계속해서 1분에 한 번씩 전화해달라고 소리치며 한 시간 동안 복통을 호소했다. 그때는 왕진을 하던 시대였다. 의사 선생님은 금세 달려왔다. 내 상태를 살펴본 그는 외과의사에게 급히 전화를 걸었다. 1시간 안에 외과의사가 도착했고 통증은 곧 멈추었다. 열이 심하게 났지만 통증이 사라진 것은 아주 좋았다. 물론 나는 그때 맹장이 터졌다는 것을 알지 못했다. 하지만 외과의사의 진단은 맹장 파열이었고 그날 오후 5시에 나는 수술대 위에 있었다. 다행히 항생제도 사용할 수 있던 때라서 며칠 만에 나는 건강을 되찾았다.

첫 번째 규범: 사람은 꾀병을 부린다.

두 번째 규범: 실제로 아픈 경우라도 부모는 아이가 꾀병을 부리고 있

다고 생각하기 쉽다.

사람이 꾀병을 부리는 이유는 여러 가지가 있다. 게다가 비교적 통증이 아주 가벼운 경우를 제외하고는 약한 통증에서 보통 정도의 통증을 호소하는 외래환자 중에 누가 꾀병을 부리는지를 알기란 어려운 일이다. 병원을 찾아 이런저런 다툼을 벌이거나 비용을 들이기 싫어서 사람들은 대체로 병원에 가는 걸 미룬다. 대부분의 사람들이 더 이상 참기 어려운 지경이 되어서야 병원을 찾는다. 또한 치료에 적당한 시기를 넘기고 병원을 찾는 경우도 흔하다.

사실 극심한 통증을 거짓으로 호소하는 경우는 극히 드물다. 이런 통증을 위장하는 경우 당연히 그 장소는 대개 병원, 종종 응급실이 될 것이다. 거기에는 여러 가지 이유가 있겠지만 나는 그런 식의 꾀병이 전체 환자의 1퍼센트도 되지 않을 것이라고 추정한다. 다시 말하면 나는 강한 통증을 호소하는 100명의 환자 가운데 고작해야 1명만이 통증을 가장하거나 과장하는 거라고 생각한다. 그러나 의사와 간호사는 때때로 별 생각 없이 환자의 4명 중 1명이 꾀병을 부린다고 의심한다.

어떻게 그럴 수 있을까? 이미 언급했듯이 의료 전문가들이 중독을 두려워하기 때문이라는 것이 하나의 이유일 것이다. 그들은 심각한 고통 속에 있는 환자가 자신들을 속이려는 중독자가 되지는 않을까 끊임없이 염려한다. 두 번째 이유는 '동통 역치pain thresholds(고통을 느끼는 한계점)'에 대한 추정 때문이다.

사람마다 통증에 민감하게 반응하는 정도는 다소 차이가 있게 마련이다. 이로 인해 동통 역치의 개념이 생겨났다. 흔히 어떤 사람이 동통 역치가 높다고 말할 때는 그가 통증에 덜 민감하다는 뜻이다. 반면 어떤 사람은 그 수치가 낮아서 남보다 빠르게 통증을 호소한다. 이것은 상당히 어려운 연구 주제다. 연구 결과에 의하면 동통 역치의 높고 낮은 차이가 일반적으로 그렇게 크지는 않다. 이미 지적한 대로 겁이 많거나 소심한 사람들은 보다 더 민감하다.

의사와 간호사는 환자가 꾀병을 부리고 있다고 의심하면서도 실제로는 그 말을 입 밖에 내지 않는다. 대신 그들은 돌려서 이렇게 말할 것이다. "음, 환자가 느끼는 통증의 기준점이 아주 낮은 게 확실하군요." 이것은 또한 '나쁜 환자'를 가리키는 완곡한 표현이다. 좋은 환자란 진통제 처방 공식과 스케줄에 잘 순응하며 항의하지 않는 환자다.

나는 통증의 민감도에 관해 좀 더 명확한 견해를 갖고 있다. 이를 지지할 만한 확실한 연구는 없지만 나는 환자가 통증을 의식할수록, 지적 능력이 높거나 경계심이 많고 자아가 강할수록, 통증에 대한 민감도가 더욱 크다고 믿는다. 그와 반대로 환자가 의식을 덜 하거나 경계심이 적고 자아가 약한 경우에는 일반적으로 덜 민감한 편이다. 따라서 이상하게도 이런 환자들은 그것만으로도 좋은 환자가 된다. 기준점이 낮은가 높은가에 상관없이 환자가 고통을 느끼는 것은 사실이다. 물론 환자가 꾀병을 부리지만 않는다면 말이다. 꾀병을 부리는 경우는 아주 드문데도 불구하고 육체적 고통을 호소하는 환자들은 통증이 명백히 진짜라는 게 증명될 때까지는 흔히 죄인 취급을 받는다.

결국 의사와 간호사에게 당부하고 싶은 말은 동통 역치와 상관없이 인간애를 실천하라는 것이다. 고통스러워하는 환자에게 유리한 쪽으로 해석하는 게 중요하다. 만약 당신의 의심이 정말 진지한 것이라서 환자가 꾀병을 부린다고 믿을 만한 명백한 이유가 있다면 정신과 의사를 불러라. 아주 신속하게 말이다. 심한 통증은 의료적 긴급상황임을 잊어서는 안 된다. 환자가 꾀병을 부린다는 추정을 정신의학적으로 입증하지 못한다면 진통제 투여를 보류해서는 안 된다.

감정이입이 되지 않아서

육체적 통증에 대한 부적절한 의료조치의 주요 원인으로 꾀병과 중독의 문제가 거론되고 있지만, 나는 바로 공감의 부족이 훨씬 큰 요인이라고 생각한다.

32세의 잘생긴 유부남인 워런은 뛰어난 공군 중사였다. 그는 등에 경미한 통증으로 오랫동안 고생했으며, 등 아래쪽에는 통증이 좀 더 심했다. 그는 정형외과 병원에서 진찰을 받았다. 아스피린이나 타이레놀로도 효과가 없었고 엑스레이 결과도 정상이어서 의사들은 그가 꾀병을 부리거나 '이상한'(애매하게 불안정한)것으로 결론을 내렸다. 그래서 그곳 의사들은 오키나와 미군 기지의 정신의학과장이자 내 선배인 제시에게 그를 보냈다.

제시도 워런에게서 정신의학적 질환이라고 볼 만한 사소한 징후도 발견하지 못했다. 그는 대학에서 배운 모든 지식을 총동원해서 희귀병인 부르셀라병을 기억해냈는데, 어떤 것으로도 규명되지 않는 등 통증을 유발하는 원인으로 볼 수 있었다. 제시는 브루셀라병에 대한 피부 검사를 권하는 추천장과 함께 워런을 다시 그 정형외과로 보냈다. 놀랍게도 검사 결과 그 진단이 맞았고 워런은 마침내 적절한 치료를 받기 시작했다.

1년이 지난 뒤 치료 효과가 확실히 나타났어야 했지만 워런은 여전히 등에 통증을 느꼈다. 물론 아무런 조치도 취하지 않았다면 상태는 더욱 나빠졌을 것이다. 그러나 엑스레이 검사로는 여전히 아무 이상이 없었다. 정형외과 의사들은 다시금 그가 꾀병을 부리고 있다고 생각했고 그래서 이번에는 내게 정신 감정을 의뢰했다.

나 역시 워런에게서 특별히 정신적인 문제는 발견하지 못했다. 하지만 나는 이 사례와 관련해 나의 의학적 수련보다 더 오래된 특별한 경험을 갖고 있었다. 워런보다 나이는 한 살 어리지만 나 역시 퇴행성 디스크 질환으로 10년 이상 그 부위에 약한 통증을 느끼며 살아왔다. 그래서 개인적으로 그 통증이 어떠할지 얼마간 짐작할 수 있었다. 나는 그 질환이 미미하게나마 엑스레이 검사로 발견되기 전이라도 통증을 유발할 수 있음을 알았다. 또 워런이 의자에 앉았다가 일어나는 걸 보고 내가 고통받던 무렵과 비슷하다는 것을 발견했다. 그것은 결코 의사를 속이기 쉬운 행동이 아니었다. 때마침 나는 최근 들어 여러 가지 비스테로이드 항염제제 중 하나가 그 통증에 상당한 효과가 있음을 발견했다.

나는 워런에게 그 약을 처방해주고 나서 5주 후로 진료 예약을 했다.

"약을 꾸준히 복용하세요. 금방 좋아질 거라고 기대하지는 마시고요. 사실 적어도 3주는 지나야 효과가 나타나는 것 같더라고요. 물론 그때까지도 전혀 효과가 없을지 모르지만 5주 뒤면 그 약이 도움이 될지 어떨지 알 수 있을 겁니다."

그로부터 3주가 지나서 정신의학병동 접수 담당자가 나를 찾았다. 워런이 대기실에 앉아 있었다.

"진료 예약 날짜가 아직 2주가 남았는데도 환자가 고집을 부리고 있어요."

접수원이 말했다.

"선생님을 그냥 잠시만이라도 보고 싶어 합니다."

나는 알았다고 했다.

워런이 웃는 모습으로 사무실로 들어왔다. 그동안 환자를 맞이하면서 환자가 그렇게 활짝 웃는 모습은 처음 본 것 같았다.

"선생님, 선생님은 정말 대단하세요."

그가 소리쳤다.

"5일 전에 통증이 사라졌어요. 처음엔 믿을 수가 없었죠. 지금 딱 5일째예요! 지금 이 5일간이 2년여 만에 처음으로 고통 없이 지낸 시간이라는 걸 아세요? 선생님께 하나님의 축복이 있을 거예요."

가능하다면(그렇지는 않겠지만) 의과 대학의 이상적인 교수법은 모든 학생들에게 책에서 배우는 모든 질병을 잠시 동안 경험할 수 있게 해주는 것일 게다.

나는 통증을 네 가지 단계로 구분했다. 약함, 보통, 강함, 극심함. 물론 이런 범주는 임의로 정한 것으로서 통증의 정도는 이들 사이에서 연속성을 지닌다. 여기서는 극심한 경우에 대해 간단히 말할 필요가 있다.

어떤 사람들은 약한 통증을 '아무것도 아닌 것'으로 여길지도 모른다. 워런은 약한 통증을 느꼈지만 직장생활을 계속해 나갔다. 가벼운 감기처럼 그 지속 시간이 아주 짧을 때 통증은 거의 '아무것도 아닌 것'에 지나지 않는다. 그러나 그것이 만성이 되면, 즉 주마다 또는 달마다 혹은 해마다 계속해서 나타나면 그것은 경험해보지 못한 사람은 이해할 수 없는 방식으로 사람의 기운을 뺀다. 워런은 직장생활을 계속할 수는 있었지만 30대가 아닌 60대 중반의 사람처럼 기력이 달렸다. 그래서 가족을 신경 쓸 만한 여유가 없었다. 나중에 워런의 아내역시 나에게 고마움을 표시하고 싶어 했지만 그날 오후 워런의 얼굴에 드러난 순수한 기쁨만으로도 감사 표시는 충분했다.

보통 정도의 통증을 느낄 때 우리는 *끙끙* 앓는 소리를 낸다. 그리고심한 통증에는 내가 맹장 파열 직전 복부의 통증 때문에 몇 시간 동안그랬던 것처럼 소리를 지른다. 그렇다면 극심한 통증은 무엇인가?

나는 이런 경우를 딱 두 번 경험했다. 그저 하나님께 감사할 따름이다. 한 번은 팔, 또 한 번은 다리 때문이었다. 각각 같은 이유로 일어난 일이었다. 파손된 디스크의 날카로운 면이 가차 없이 주 신경근 중하나에 구멍을 내면서 척수를 자극했기 때문이다. 나는 정확히 설명할 수 있다. 마치 지글지글 끓는 납 용광로에 내 팔다리가 푹 빠진 기분이랄까, 잠깐 거기서 끝나는 것이 아니라 계속해서 그렇게 담겨 있는 것 같은 고통이었다. 정말 꼭 그 정도였다.

당사자가 아니면 보통 한 가지 방법을 제외하고는 강한 통증과 극심한 통증의 차이를 구별할 수 없다. 비명을 지르는 것은 거의 똑같다. 극심한 통증을 느끼는 사람이라 해도 강한 통증을 느끼는 사람보다 더 큰 비명을 지를 수는 없다. 그 차이를 구별할 수 있는 유일한 방법은 환자가 적어도 1~2분 동안 평온하게 잠들려면 모르핀을 얼마나 투여해야 하는가를 알아보는 것뿐이다.

그런데 이것이 왜 중요한 문제가 될까?

순회강연을 그만두기 전부터 2년 동안 나는 안락사를 깊이 연구했다. 그러면서 간간이 육체적인 통증에 시달리는 청중과 대화를 나누게 되었다. 청중은 그야말로 천차만별이었는데 평균 잡아 60퍼센트가 여성이었고 남성은 40퍼센트였다. 경제 수준은 하위 중산층에서 상위 중산층까지 다양했고, 연령층은 15세에서 90세까지 폭넓었는데 약 48세 정도가 가장 많았다. 이들과 대화를 나누면서 나는 깜짝 놀랄 만한 사실을 발견했다. 그들 중에 적어도 70퍼센트는 강한 통증이나 극심한 통증을 경험한 적이 없다는 것이었다.

강한 통증을 느껴본 적이 없다고 말한 사람들 중에는 출산의 고통을 경험한 여자들도 끼어 있었다. 좀 의아해보이는 결과지만 거기에는 여러 가지 이유가 있다. 일단 그들은 통증을 줄여주는 약물 치료를 잘 받았을 가능성이 있다. 또 하나는 출산의 고통은 비교적 짧고 주로 간헐적인데다가 흔히 좋은 결과를 맞게 되므로 그 고통이 얼마나 힘들었는지를 잊어버리는 경향이 있다(그리고 때때로 분만 시에 특별히 건망증을 유발하는 약이 투여되기도 한다). 그렇지만 그와 반대인 경우가 있다는 것도 알아둘 필요가 있다. 치료해야 할 중요한 시기를 놓치는 바람에 심한 통증을 견뎌야 했던 사람은 그 고통을 명확하게 기억할 뿐만 아니라 이후로도 그것이 또 발생할지도 모른다는 두려움을 느끼며 살게 된다.

이런 대화를 통해 얻은 비공식 자료를 가지고 추론하자면 적어도 의사와 간호사의 70퍼센트는 강한 통증이나 극심한 통증을 느껴본 적이 없다는 것이다. 나는 이 추론이 비교적 정확한 것이라고 믿고 있다. 만약 그렇지 않다면 기억하지 못하는 것일 수도 있다. 어쨌든 그들은 그러한 통증이 어떤 것인지를 전혀 모른다. 이런 고통을 느끼는 환자를 돌보면서 정작 자신은 한 번도 경험한 적이 없는 무언가를 목격하는 것이다.

감정이입은 극히 드문 예외로, 개인적 경험에 따른 선물일 뿐이다.

동정이 파괴적인 데 반해, 공감은 보통 자신만의 진짜, 진정한 고통의 시련으로 만들어져 개인적으로 습득되는 현상이다. 그러므로 대다수의 의료 전문가가 극심한 통증에 시달리는 환자를 다룰 때 감정이입이 어려운 것은 당연하다. 그렇지 않다면 어떻게 그런 행동을 할 수 있겠는가?

사디즘에 대해서는 잊는 게 좋다. 중독에 대한 지나친 걱정이라든가 공식과 스케줄에 대해서도 생각할 필요가 없다. 의료 전문가들이 극심한 통증을 부적절하게 다루는 가장 보편적인 이유는 단순히 공감이 부족하기 때문이다. 자신과 관계없는 것을 다루고 있어서다. 따라서 진짜 고통스러워하는 환자가 종종 의사와 간호사에게서 이런 얘기를 듣는 상황은 이상할 것이 없다. "그렇게 고통이 심할 리가 없는데." 혹은 더 심하게는 이런 경우도 있다. "그렇게 아프려야 아플 수가 없어요." 더욱 끔찍한 것은 이렇게 말하는 사람들은 정작 자신이 무슨 말을 하고 있는지 전혀 모르고 있다는 사실이다.

모르핀 알레르기

지금까지 의료 전문가들이 흔히 환자의 통증을 적절히 다루지 않는 문제에 대해 내 나름대로 깊이 있고 열정적으로 다루었다. 여기에는 두 가지 이유가 있다. 하나는 흔히 사람들은 죽음을 맞을 때 심한 육체적 고통을 겪을 것이라는 두려움을 갖고 있다는 것이다. 이 두려움은 안락사 운동을 촉진시키는 역할을 한다. 자연스러운 죽음을 맞는 과정이 오로지 공포스럽고 길며 쓸데없이 고통스러운 것이고 생각한다면, 그 전에 스스로를 죽음에 이르게 한다는 건 합리적인 것이 아니겠는가.

이 두려움은 결코 비현실적이지만은 않다. 어떤 사람들은 정말 불필요한 육체적 고통 속에서 죽음을 맞는다. 그 가족과 친구들은 죽어가는 그들을 그렇게 바라보았을지도 모른다. 앞서 얘기한 대로 어떤 사람들은 병원에서 겪지 않아도 될 고통을 경험하고 그것을 이겨내기도 한다. 그들의 경험을 한번 들어보라. 그리고 직접 경험하지는 않았더라도 지금도 그런 경험의 두려움을 아는 사람들이 말하는 끔찍한 이야기를 들어보라.

의료 전문가들이 환자의 통증을 적절히 다루지 않는 문제에 내가 주목하는 또 다른 이유는 바로 의사들이 태만하다는 것 때문이다. 실상 이런 경우의 고통은 불필요한 것이며 미리 충분히 막을 수도 있는 것이다. 피할 수 없는 것이 아니라는 말이다. 병원은 고문이나 고통을 연장시키는 장소가 되어서는 안 된다.

사실 의료 전문가들과 일반 병원들을 비난하고 싶은 의도는 전혀 없다. 이미 지적했다시피 지난 20년간 통증 완화에 관련된 풍토는 다양한 의료 시설에서 상당히 개선되어왔다. 앞서 말한 사디즘은 극히 드문 경우며 사소한 부주의도 잦은 편이긴 하나 보편화된 정도는 아니다. 실제로 의사와 간호사 대다수는 대단히 자비로운 사람들로 과도한 업무에도 배려심이 강하고 무척 세심한 사람들이다. 나는 그들을 매우 존경한다(덧붙여 통증을 적절히 덜어주는 문제가 전적으로 의료 전문가들의 의지에 좌우되지 않도록, 적합성을 비롯하여 관료주의적 불합리에 이르기까지 전문가들의 조치를 감시하거나 이를 규제하는 정부 차원의 방침이 필요하다).

어쨌든 요즘 대부분의 사람들은 전형적인 현대 병원이 만성 질병으로 죽어가는 사람들에게는 최적의 장소가 못 된다는 데에 동의한다. 캐나다의 사회학자는 치료와 간호 사이의 차이점을 사실적으로 설명하면서, 현대 병원이 치료에 중점을 둘 뿐 필수 사항인 간호는 어쩌면 그보다 뒷전이라는 점을 지적했다. 그 결과 죽음을 도와주는 새로운 시설이 곳곳에 세워졌는데, 바로 호스피스다. 호스피스에서는 간호가 우선순위에 있다. 큰 문제가 되지 않는다면 치료는 그 다음이며 무엇보다 적절한 통증 완화가 간호의 기본이다. 호스피스의 목적은 치료를 통해 환자를 죽음에서 구해내거나 생명을 연장하는 것이 아니라, 간호를 통해 환자가 자신의 죽음을 편안히 받아들이게 해주는 것이다.

1967년, 시실리 손더스 박사에 의해 런던에서 설립돼 그 다음해에 미국으로 전해진 호스피스는 특정한 장소라기보다는 접근 방법의 하나로 볼 수 있다. 호스피스는 자택 간호와 함께 되도록이면 환자가 집에서 품위 있게 죽을 수 있도록 돕는 일에 주안점을 두되 다만 그것이 가능하지 않을 경우 환자의 마지막 날을 위해 조용히 거주할 수 있는 장소를 제공하는 것이다. 호스피스는 육체적인 간호뿐만 아니라 정서적·심리적·정신적 간호를 제공한다. 이 장의 주제는 육체적 고통이다. 그리고 호스피스에서의 간호 중 하나는 환자에게 필요한 모르핀을 적절하게 공급하는 일이다. 말하자면 이들은 이중효과라고 불리는 문제를 중요하게 고려하지 않는다. 이에 대해, 일반적인 호스피스에 대해서는 마지막 부분에서 더 자세히 언급하도록 한다.

육체적 고통을 다루는 복잡성을 설명한 이 장에서 이제 남은 골칫거리를 살펴볼 차례다. 바로 신의 선물인 모르핀에 대해 일부 환자들에게서 나타나는 '알레르기 반응'이다.

여기서 내가 따옴표로 묶어 '알레르기'라는 단어를 사용한 이유는 이런 경우의 대부분이 실제 신체적으로 반응한 알레르기가 아니라 전적으로 심리적인 문제라고 추정하기 때문이다. 모르핀이나 다른 일부 진정제에 소위 알레르기 반응을 보이는 경우를 접해보면 환자들 대부분은 이렇게 말했다. "통제력을 잃은 것 같아요. 온몸이 축 처지네요. 안 자려고 해도 계속 잠이 쏟아져요. 머릿속이 흐리멍덩하고요. 두려운 건 아닌데, 확실히 명확하지는 않아요. 정신을 바짝 차리고 싶고 또 그래야 하는데. 이렇게 녹초가 되지 않는, 통증을 줄여줄 다른 약은 없나요?"

늘 그런 것은 아니지만 대화를 통해 이런 환자들을 '알레르기'에서 벗어나게 하려면 약간의 인내심이 필요하다. 나는 먼저 '모르핀'이라는 단어가 그리스 신화에 나오는 잠의 신의 아들이자 꿈의 신인 모르페우스Morpheus에서 유래한 말이라고 설명해준다. 졸음이 오는 것은 그 약이 지닌 아주 자연스러운 효과이며 오로지 졸릴 뿐이라고, 정말 원한다면 깨어 있을 수 있다는 것, 모든 주요 진통제는 유사한 진정 효과를 지니고 있는데 그래서 고통이 경감되는 것임을 설명한다. 나는 그들에게 이런 말을 해준다. "그건 통제력을 잃는 게 아닙니다. 본인이 그럴까 봐 두려워하는 거지요. 몽롱하거나 졸음이 올 때 뭔가 편안히 앉아서 즐길 수 있는 방법을 가르쳐드릴까요?"

때에 따라서는 보다 더 깊이 들어갈 필요도 있다. 나는 그들이 살아오면서 그동안 일시적인 기분을 어떻게 통제해왔는가를 알아내야 한다. 또 건강했을 때에도 밤에 잠자리에 드는 것을 두려워했는지, 그리고 자다가 혹시 죽을지도 모른다는 은밀한 두려움을 느낀 적은 없었는지 등등 각자의 역사를 들춰내야 할 수도 있다. 결국 이런 경험에 관한 심리학적 상담은 정신적인 상담으로 바뀌게 마련이다. 환자와 나는 때때로 죽음에 대한 공포와 사후 세계의 가능성을 두고 논쟁할 수도 있다. 또 통제력을 포기할 줄 아는 것은 건전한 죽음의 과정의 본질적인 부분일 뿐만 아니라 영적 여행과 지혜를 얻는 데 걸맞는 요소라는 것에 관해서도(이 주제에 대해선 뒤에 가서 심도 있게 살펴볼 것이다).

이런 심리적 영적 상담이 꼭 정신과 의사나 고도로 훈련된 정신 건강 전문가들에 의해서만 이루어질 필요는 없다. 간호사, 간호조무사, 호스피스프로그램을 이수한 일반 자원봉사자도 일상적으로 얼마든지 능숙하게 수행한다.

자원봉사자인 내 친구는 소위 모르핀에 대한 알레르기가 죽어가는 당사자보다 때로는 가족에게서 더 많이 나타나기도 한다고 말했다. 환자의 가족은 환자가 모르핀을 투여받은 뒤로는 정신이 흐려졌다며 불만을 털어놓았다.

"물론 우리도 그가 고통스러워하는 걸 원하지는 않아요."

그들은 이렇게 말할 것이다.

"물론 죽어가고 있다는 것도 잘 알고요. 하지만 통증을 줄여주면서도 졸지 않게 하는 다른 약은 없나요? 우리는 그가 죽음을 맞이할 때 함께 있고 싶지만 그때 제발 그의 정신이 맑았으면 좋겠습니다."

오, 주여, 부디 저들을 자유롭게 하소서.

그런데 실제로는 아주 드문 경우지만 모르핀에 대한 진짜 알레르기 같은 증상이 있다. 통제력 상실에 대한 두려움은 찾아볼 수 없을 뿐 아니라 오히려 약의 통제력을 벗어나는 경우가 바로 그것이다. 그런 증상을 보이는 사람에게 있어서 모르핀은 졸음을 일으키는 약물이 아니라 그 반대의 효과를 지닌 자극제가 된다. 그의 정신은 조금도 흐릿하지 않다. 오히려 활발하게 환각을 느끼고 있다.

이런 드문 환자의 경우 육체적 고통을 해결하는 데 모르핀은 답이 될 수 없다. 내 미천한 경험에 의하면 약간의 인내와 상상력, 관심을 기울인다면 최악의 육체적 통증을 완화하는 방법은 항상 존재했다.

무엇보다, 환자가 헤로인처럼 한층 더 강력한 일부 진통제를 포함해 모든 진정제에 민감한 반응을 보이는 것을 모르핀에 대한 알레르기로 해석하지는 않는다. 사실 이 같은 역반응은 대개 아편 제제의 특별한 변종에 해당한다. 또한 이것은 극히 개인적인 내 경험에서 나온 것이기도 하다. 나는 개인적으로 누구 못지않게 모르핀에 반응한다. 가장 효과적인 진통제로 알려진 모르핀에 말이다. 하지만 앞서 말했다시피 나는 남들과는 다르게 비교적 약한 진통제인 코데인에도 잘 반응한다. 중간 수준의 진정제인 퍼코댄에는 남들과 비슷한 반응을 보이며 데메롤에도 마찬가지다. 한편 일반적으로 사용되는 중간 수준의 또 다른 진정제도 있다. 이런 진정제도 다른 모든 약들과 더불어 나를 진통에서 벗어나게 해줄 것이다. 나는 일반적인 진정제에는 전혀 알레르기 반응을 보이지 않는다. 하지만 특정한 한 가지에는 매우 명확하게 알레르기 반응을 나타내서 완전히 정신이 혼미해질 뿐 아니라 한숨도 자지 못한다.

가라앉지 않는 심한 육체적 통증(그 원인이 밝혀진)은 의료적 긴급 상황을 나타내므로 모르핀에 대한 알레르기 또한 긴급 상황이나 마찬가지다. 그러나 어디까지나 처치가 가능한 긴급 상황이다. 다른 진정제로 대체하면 흔히 이런 문제는 해결할 수 있다.

이런 알레르기는 용량과도 얼마간 관계가 있다. 이미 지적한 대로 적은 양의 진정제는 (발륨 같은) 벤조디아제핀benzodiazepine에서 페노티아진phenothiazine을 거쳐 바르비투르산염barbiturate에 이르는 모든 범위의 진정제 혹은 안정제를 적절히 추가함으로써 그 효과를 놀랄 만큼 높일 수도 있다.

하지만 모르핀에 대한 알레르기의 문제는 모든 환자에게 동일하게 즉각적인 대체 공식으로 해결되는 것은 아니다. 환자 개인의 적절한 통증 완화를 위해서는 약간의 관심과 인내와 시행착오를 통해 아편제와 진정제를 말하자면 칵테일처럼 조합해 각각의 환자들에게 알맞게 대응해볼 수 있다.

통증의 대부분은 염증 혹은 신경 자극과 관련이 있다. 따라서 이런 혼합물의 효능을 더욱 높여주기 위해 장기적인 처방에 사용되는 항염증제(아스피린, 타이레놀에서 비스테로이드까지)를 추가하는 것도 좋은 방법이 될 수 있다. 단기적인 처치에는 프레드니손prednisone 같은 인공 스테로이드가 진정제만큼이나 꽤 효과적이며 혼합해서 사용할 경우에는 두세 배의 효과를 볼 수도 있다. 한편 통증을 다스리는 방법으로 비약물 치료도 있다. 이는 특정 기관에서 뇌에 이르는 통각의 신경 전달을 막도록 개별적으로 설계된 신경 외과적 조치로 비침습성(최면술)에서부터 가벼운 외과적인 방법(침술)까지 다양하다. 또한 암의 전이를 막지는 못하지만 통증에 민감한 부위의 통증을 즉시 중단시킬 수 있는 방사선 요법도 있다.

나는 심각한 만성적 통증을 겪으며 죽어간 환자들을 몇 명 알고 있다. 비록 제한된 경험에 의한 것이지만 내 나름대로는 그들이 그런 고통을 느끼며 죽어가야 할 이유가 없었다고 생각한다.

그런데 이 모든 것들이 안락사 문제와 어떤 관계가 있는가?

나는 지금까지 육체적 고통을 두 가지 이유에서 자세하게 살펴보았다. 그 하나는 만약 전혀 가망 없는 심각한 만성 통증 환자를 만났다면 나는 유효한 대안으로 의사의 도움을 얻어 자살하는 안락사를 고려해봤을 것이라는 점이다. 이러한 생각에 대해 아마도 환자가 나보다 먼저 선수를 칠지도 모를 일이다. 그는 내게 되도록 빨리 죽을 수 있게 도와달라고 간청할 것이다. 뒤에 다룰 갖가지 장기적인 정서적 고통과는 달리, 일단 육체적 고통을 유발하는 질병의 치료가 불가능하다는 진단이 내려지면 그 고통에서 구제될 방법은 전혀 없다. 그것은 오직 고문일 뿐이다. 누구를 막론하고 그 고문 앞에서는 이내 무너지고 말 것이다.

그러나 이미 말한 것처럼 그런 환자를 만나본 적이 없기 때문에 안락사에 대한 이런 정당화는 내게 단지 이론에 지나지 않는다. 그럼에도 불구하고 육체적 고통의 본질은 나로 하여금 본질적 문제에 접근하기에 앞서 이렇게 이론적 위험을 감수하도록 강요한다.

또 다른 이유라면 이런 경고가 그저 이론적이라는 점을 분명히 해두기 위해서다. 사람들은 자연사 과정에서 육체적 고통을 피하기 위해 두려움 속에 안락사를 생각해왔다. 하지만 그들의 두려움은 사실 불필요하다. 육체적 고통을 적절히 줄이는 데 이용할 수 있는 모든 의료 설비가 있고, 그런 의료 설비를 충분히 활용하는 풍토가 개선되고 있으며, 치명적 말기 질환으로 고통스러워하는 사람들에게 병원을 떠나 호스피스의 간호를 받을 수 있는 선택권이 주어져 있음을 감안하면, 그 누구도 해결 불가능한 고통을 느끼며 죽어갈 이유가 없는 것이다.

하지만 일부 환자들은 여전히 그렇게 죽어간다. 그렇다고 해서 이 문제에 대한 해답이 안락사라는 말은 아니다. 내 말은 어디까지나 이미 유용한 방법들을 활용하여 육체적 고통을 완화하는 의료적 행위의 연장선상에서의 개선을 지칭할 뿐이다. 이런 개선이 이루어질 때까지 육체적 고통에 대한 문제는 안락사 논쟁의 한 요소로 남을 것이다. 앞으로 더 자세히 알게 되겠지만 육체적 고통은 한낱 지엽적인 문제에 불과하다. 그러나 나는 비록 사람들의 관심을 돌릴 수만 있다 해도 그런 날이 오기를 손꼽아 기다린다. 머잖아 그런 날이 올 수 있기를 바란다. 육체적 고통이 결코 핵심은 아니기 때문이다. 진짜 문제는 정서적 고통이다.

03

———

정서적 고통

정서적 고통의 문제는 육체적 고통에 비하면 훨씬 더 복잡하다.

육체적 고통과 마찬가지로 정서적 고통 또한 무언가 잘못됐다는 신호다. 가령 우리가 슬픔을 느낄 때 그것은 보통 우리 삶에서 슬픔이 느껴지는 무언가가 있기 때문이다. 우울할 때는 우리를 우울하게 하는 어떤 요소가 분명히 있다는 말이다. 만약 화가 난다면 누군가 또는 무언가에 우리가 동조하지 않고 대립한다는 신호다.

육체적 고통과 함께 정서적 고통에 관한 신호에 제대로 반응하지 못한다면 그로 인해 재앙이 올 수도 있다. 예를 들어 조증이 있는 사람의 경우 자신이 마치 세상 꼭대기에 있는 것으로 알고 불과 1, 2주 만에 온갖 무모한 방법으로 전 재산을 날려버릴지도 모른다. 비록 그 사람은 행복할지 모르지만 정신적으로 병든 상태다. 가족이나 정신과 의사도 그가 병든 상태라는 것을 의심하지 않는다. 그러나 실상 정신병의 특징은 종종 고통스러운 것에 비해 고통의 실체가 없다는 것이다. 이런 점에서 고통 없는 정신병은 나병과 정서적으로 유사한 점이 많다. 그러나 육체적 나병이 드문 질환인 반면 정신적 나병은 불행하게도 세상의 먼지만큼 흔하고 어디에서나 볼 수 있다.

슬픔 또는 비탄에 빠지거나 우울하거나 화가 나고 걱정스럽거나 두렵거나 고통스러운 정서적 신호가 올 때 우리는 보통 그것을 줄이려면 무엇을 해야 하는지 막연하다. 이런 정서적 고통이 본인에게는 심각함에도 불구하고 육체적 고통이 심했을 때처럼 곧장 의사에게 달려가지는 않는다. 이런 일은 우리 삶에 일상적인 기복현상이다. 이런 정신적 고통은 대개 시간이 지나면 잊히기도 하고, 사람들은 나름 그것을 떨쳐버리는 방법을 알고 있다. 예를 들어 만약 이웃과 다투어 화가 났다면 그 이웃을 다시 찾아가 말로 해결하려고 시도해본다. 아니면 하룻밤이나 일주일 또는 한 달 내내 그 문제 때문에 밤잠을 설칠 수도 있다. 또는 상대방의 잘못이 명백한데도 순순히 용서하기로 마음먹을 수도 있다. 한편으로는 그 이웃을 고소하겠다고 위협할 수도 있다.

예외는 있지만 흔히 언제 치료를 받아야 하는지 그리고 치료를 받을 것인지 여부를 결정해야 하는 것이야말로 만성적인 정서적 고통이다. 갑자기 사랑하는 사람을 잃고 비통한 심정에 휩싸이는 것은 사실 건강한 감정이지 아픈 게 아니다. 만약 그 비통한 마음이 3개월 뒤에도 전혀 가라앉지 않는다면 뭔가 잘못된 것일지도 모른다. 6개월 뒤에도 여전히 달라지지 않는다면 분명 잘못된 것일 수 있다. 그런데 1년 혹은 2년 뒤에도 그렇다면 그건 틀림없이 잘못된 것이다. 반드시 정신과 의사를 찾아가야 한다.

그러나 정신과 의사도 분명 그 환자만큼이나 어쩔 줄 몰라 할 것이다. 무엇보다도 정서적 고통에 대한 정신의학적 진단은 육체적 고통에 대한 진단과는 달리 좀처럼 명확하지가 않다. 비정신의학적 원인에 대한 것 외에는 진단을 위해 혈액 검사나 엑스레이 검사를 하는 것도 아니다. 정신의학적 진단은 주로 환자의 병력, 관찰, 의사의 직관을 기초로 해서 내려진다. 경우에 따라서는 몇 초 안에 정확한 진단이 내려지기도 한다. 그러나 대부분은 몇 주나 몇 개월이 걸릴 수도 있고, 심지어 몇 년에 걸쳐 환자와 상담해야 하는 경우도 있다.

절차가 복잡하지만 진단은 적어도 두 가지 수준에서 내려져야 한다. 단지 '병명이 무엇인가'가 아니라 이 질환이 순전히 생물학적인 것인지 또는 순전히 심리학적인 것인지 아니면 두 개의 혼합인지를 검사해야 한다. 만약 혼합된 경우라면 그 비율을 따져보아야 한다. 50 대 50? 90 대 10? 10 대 90? 사회적 요인이나 영적 요인도 고려해야 한다. 나는 대부분의 질병이, 그것이 정신의학적인 것이든 그렇지 않든 생체 · 심리 · 사회 · 영적 질환biopsychosociospiritual이라고 주장할 수 있다. 육체적 고통에 대한 적절한 치료는 단지 신체나 생물학적 구성 요소와의 관계를 필요로 하지만 정서적인 고통에 대한 적절한 치료는 보통 이 네 가지와의 관계를 모두 망라한다.

결론적으로 정서적 고통에 대한 진단과 치료는 육체적 고통의 경우보다 더 복잡한 과정을 거칠 수밖에 없다. '과연 약만 쓴다고 될까?' 정신과 의사는 이렇게 자문해야 한다. '아니면 심리 치료나 두 가지를 혼합해야 하나? 약은 무엇을 써야 하지? 어떤 심리 치료를 해야 할까? 어떤 종류의 혼합 치료를 하고 또 언제가 좋을까?' 게다가 이런 질문에 대한 답은 육체적 고통 치료보다 훨씬 더 예측하기가 어렵다. 때로는 오로지 오랜 시행착오의 반복을 통해서만 나올 수 있는 답들이다.

만약 이 모든 것이 충분하지 않다면 담당 정신과 의사는 환자의 의지와 싸움을 벌여야만 한다. 정신적으로 앓고 있으면서도 실제로 고통을 느끼지 않는 많은 사람들이 정신과 의사를 찾아오는 경우는 대부분 친척이나 경찰에 의해 끌려오는 경우다. 이렇게 병원에 오면 드디어 전투가 시작된다. 육체적인 고통을 받는 사람들 중 극소수의 예외를 제외하면 대부분 진심으로 그 병이 낫기를 원한다. 반면 소수의 예외가 있다는 것은 같지만 정서적 고통을 겪는 사람들 대부분은 약간의 차이가 있을지언정 낫고자 하는 마음에 있어서는 상당히 미온적이다. 어떤 사람은 이상할 정도로 마치 그 고통이 오랜 친구라도 되는 것처럼 자신의 고통에 집착한다. 모두 다 그렇다는 것은 아니다. 환자들 대부분은 낫기를 원하지만 그러면서도 그들이 앓고 있는 고통의 원인에 거의 필사적으로 집착한다. 정말이지, 기분이 더 나아지길 바라지만 어떤 변화도 원하지 않는다. 그러곤 많은 이들이 필요한 치료를 받기보다 자신의 고통을 선호하면서 치료를 그만두는 것이다.

안락사의 쟁점을 공평히 다루려면 이런 복잡함 속으로 더 깊이 파고들 수밖에 없다. 하지만 이 같은 노력은 단지 피상적인 접근이 될 것이다. 정신의학에 대한 교본을 하나의 장章에 모조리 담을 수는 없기 때문이다. 그렇지만 안락사에서 긴급한 쟁점이 되는 문제는 주로 정서적인 고통에 관한 것이다. 따라서 우리는 실제 몇몇 사례를 조사함으로써 적어도 정신의학의 복잡함을 아주 조금이나마 알아야 한다. 실제로 보다 명확하게 이 문제를 바라보고 안락사의 정의에 확실히 도달할 수 있어야 한다.

정신분열증과 우울증

정신과 질환과 일반 의학적 질환의 구분은 상황에 따라 늘 달라진다. 1장에서 다룬 뇌에 악성 종양이 있던 토니의 경우를 떠올려보자. 그는 진료를 받기 위해 맨 처음 내과전문의도, 일반의도 아닌 정신과 의사를 찾아왔다. 그 이유는 분명히 그의 마음이 제대로 기능하지 않았기 때문이다. 그러나 사람들은 보편적으로 악성 종양을 정신과적 질환이라고 생각하지는 않는다.

알츠하이머 병도 이것의 다른 예다. 이 질환의 초기 증상은 보통 정신적으로 미묘한 이상을 나타난다. 그러다가 결국 환자의 질환이 뚜렷하게 정신적인 차원을 넘어서게 된다. 흔히 대다수의 알츠하이머 환자는 삼키는 능력을 잃게 돼 음식을 먹다가 잘못하여 질식해 사망한다. 이것을 정신적 문제라고 보기 어렵다. 그래서 종종 정신과 의사들이 처음 진단은 내리지만 더 이상 알츠하이머 병을 전통적인 정신과적 질환으로 여기지 않는 것이다. 그렇다고 해서 모호한 부분이 완전히 해소된다는 얘기는 아니다. 사실 알츠하이머 병은 정신적 요소가 큰 부분을 차지하고 있다. 심지어 악성 종양의 경우도 이와 마찬가지다. 하지만 요즘은 이런 질환을 주로 육체적인 질병으로 생각한다 (치매 구분의 모호함에 대해 좀 더 알고 싶으면 나의 소설 《창가의 침대》를 참조하길).

흔히 볼 수 있는 두 가지 질병으로 주로 육체적인 것에 속하면서도 확고하게 정신적 질환의 범주에 머물러 있는 것이 있는데, 바로 정신분열증과 우울증이 그것이다. 되도록 간결하고 단순한 설명을 위해 정신분열증의 몇 가지 측면에 대해서만 말하고자 한다. 하지만 워낙 특수하고 복잡한 질병이기 때문에 몇 가지 사례를 곁들일 것이다.

미국에서는 약 500만 명이 정신분열증으로 고통을 받고 있다. 각각 다른 500만의 사람들이 말이다. 정신과적 질병은 모든 증상이 한 환자에게 나타나는 것이 아니다. 다른 질환과 마찬가지로 정신분열증도 하나의 인격(그리고 영혼) 위에 포개져 나타난다. 때로 심각하고 만성적인 정신분열증을 앓고 있는 환자들의 경우 단 몇 초 만에 정확한 진단이 내려질 수도 있다. 앓고 있는 질환의 일반적인 파괴성으로 인해 쉽게 인지할 수 있다. 그런데 이 병은 대부분 그다지 심각하지 않아서 실제로는 그 증세가 미미하게 나타나기도 한다. 하지만 로저^{Roger}가 보여준 것처럼 파괴적인 경우도 있다.

내가 정신건강클리닉 소장으로 근무할 때 28세의 로저를 만났다. 그는 진료소에 찾아와 "기분이 굉장히 안 좋아요"라며 불편을 호소했다. 솜씨 좋은 목수였던 그는 일을 한 군데서 오래 지속하지 못하는 바람에 빈민구역에 있는 판잣집에서 가난하게 살고 있었다. 어찌 보면 그에게는 항상 일을 그만둘 수밖에 없는 사정이 있었다. 상사의 요구가 너무 심하다거나 고객이 지나치게 까다롭게 굴었던 것이다. 그런데 다른 한편으로 나는 일을 그만두는 원인이 사실 그 자신의 문제가 아닌가 하는 생각이 들었다. 하루는 그에게 일을 맡을 수 없어서 그렇게 기분이 안 좋은 것인지 물었다. 그러자 그는 "아니오. 그 반대예요. 기분이 안 좋기 때문에 일을 맡을 수가 없는 겁니다"라고 대답했다.

사실 로저가 정신분열증을 앓고 있다는 것을 다른 정신과 의사에게 확신시킬 방법은 없다. 증상이 아주 가벼웠기 때문이다. 잘생긴데다가 여자들이 매력을 느낄 만한 남자였지만 그는 좀처럼 데이트를 하지 않았다. 지적이고 재치도 있었는데 거의 사회와 단절된 생활을 하고 있었다. 자기 직업을 다루는 것만큼이나 사람들과 관계를 맺고 유지하는 것에도 서툰 것 같았다. 그는 마리화나를 피우는 친구들과 어울렸지만 마리화나가 가져다주는 뚜렷한 과대망상 때문에 정작 자신은 절대 마리화나를 피우지 않았다. 술은 잠시나마 마음을 가라앉혀주었다.

"술은 저를 무감각하게 만들어요. 그런데 숙취는 영 참을 수가 없습니다. 만약 알코올 중독자가 된다면 제 자신을 저주할 겁니다."

그는 늘 잠을 이루지 못했고 불규칙적인 수면 때문에 악몽도 자주 꿨다. 잠자는 것도 그를 편하게 해주지 못했다. 사실 그를 만족시켜주는 것은 아무것도 없었다.

나는 다른 정신과 의사에게 로저를 보내 약물 치료를 받게 했다. 또 정신 치료를 위해 여러 분야에서 경험이 풍부한 사회 복지사들과도 연결해주었다. 약물 치료를 맡은 다른 정신과 의사는 미묘한 정신분열성 장애라는 내 진단에 어느 정도는 동의했다. 이 정신분열성 장애는 이러저러한 종류의 정서적 고통이 뚜렷한 장애로 나타나는 정신분열증의 하나다. 필시 많은 정신과 의사들이 이 진단에 의문을 품겠지만 보다 더 확실한 진단을 내리기는 어려울 것이다. 그는 4년이 넘게 로저를 치료했다. 그러면서 이런 유형의 정신분열증에 사용되는 항정신병제제, 항우울제 그리고 이에 관한 모든 방식의 결합 약제 등 사실상 모든 약을 처방했다. 하지만 그 어느 것도 도움이 되지 않았다. 그중에 로저가 효과를 인정하는 것도 있었다.

"그 약들이 어쨌든 생각을 좀 정리해주는 것 같습니다."

그러고는 한마디 덧붙였다.

"하지만 기분은 훨씬 더 안 좋게 만들지요."

심리요법도 역시 효과가 없었다. 어떤 식으로 접근해도 로저는 치료에 전혀 몰두하지 못했다. 약을 복용하거나 예약 시간도 잘 지키지 않았다. 그는 몇 개월씩 진료소에 오지 않았고 결국 한참 지나서야 나타나 불편을 호소할 뿐이었다. 우리는 그가 보다 규칙적이고 열심히 치료에 임한다면 아마도 더 좋아질 수 있을 거라고 생각했다. 하지만 동시에 그의 불규칙적이고 무심한 태도도 어쩌면 그 질환으로 인한 증세일 수 있다는 것을 인정했다.

그 4년여 동안 나는 클리닉 정신과 의사의 수장으로서 이따금 짧게나마 로저와 상담을 했다. 어떤 식으로도 그는 우울증 환자처럼 보이지 않았기 때문에 나는 그를 볼 때마다 "기분이 엉망이에요"라는 단순한 말을 듣는 것보다 좀 더 구체적으로 그를 알고 싶은 호기심이 들었다. 그의 얘기는 그가 보인 여러 반응을 압축해놓은 것과 다름없다. "망상에 사로잡힌다는 말을 아시죠, 펙 선생님? 그래요, 저는 망상에 사로잡힌 것 같습니다. 저도 짜증이 납니다. 하지만 그런 건 아무것도 아니에요. 더 심각한 일이 벌어지고 있습니다. 벌레가 마치 제 안에서 독을 뿜고 있는 것 같아요. 그게 정말 벌레라는 건 아니지만 마치 독이 온몸에 퍼져 있는 것처럼 느껴집니다. 머리에만 있는 게 아니고 혈액 세포에도 있어요. 혈액 세포가 아주 엉망이 돼버렸다고요."

그렇게 4년이 지났고, 어느 날 로저는 또 다시 약속을 지키지 않았지만 우리는 별로 신경 쓰지 않았다. 늘 그래온 것처럼 한참 지나서야 불쑥 나타날 것이라고 생각했다. 하지만 우리의 예상은 빗나갔다. 그가 진료 약속을 어긴 지 6주가 지난 어느 날, 숲을 걷던 어떤 여행자가 판잣집 옆에 있는 나뭇가지에 목을 맨 채 죽어 있는 한 남자를 발견했다. 로저가 자신의 집 근처에서 스스로 목숨을 끊은 것이었다. 그의 나이 32세였다. 시체는 심하게 부풀어 있었다. 검시관은 그가 10일에서 14일 전 사이에 사망한 것으로 판단했다.

그동안 로저가 줄곧 호소해온 증상은 신체위화감(디스포리아dysphoria)이었다.

디스포리아는 유포리아euphoria(행복감)의 반대어다. 유포리아는 그리스어 'euphoria'에서 유래한 것으로 '좋은 기분'이라고 해석하지만 우리는 이를 단순히 좋은 것이 아니라 그 이상의 감정 상태를 표현할 때 사용한다. 보통 행복감을 느끼는 원인은 분명히 심리적인 데 있다. 이를테면 사랑에 빠진다든가 마치 테니스 윔블던 결승에서 우승한 것 같은 거의 외부적 사건에 대한 반응이다. 그러나 어떤 약물, 즉 모르핀, 헤로인, 덱세드린, 각성제, 코카인 등 뇌의 유포리아 중추를 자극하는 약물에 대한 반응은 분명 생물학적인 경우다. 또한 조울증이 있는 사람의 경우 조증이 나타날 때에 느끼는 행복감의 상태도 적어도 부분적으로는 생물학적 유포리아 상태라고 여겨진다.

그것은 디스포리아(불쾌감) 또는 '나쁜 감정'에서도 마찬가지다. 어떤 고통의 감정, 예를 들어 비탄, 슬픔, 우울, 분노 등을 경험할 때마다 우리는 디스포릭(기분 나쁜) 상태가 된다. 그 원인을 찾아보면 대부분 가까운 곳에 있다. 사랑하는 사람의 죽음, 사업 파트너의 배신, 실직 등이 바로 그것이다. 그러나 정신의학에서는 '디스포리아'라는 용어를 보통 반대로 사용하는데, 외부 사건에 대한 심리적 반응이든, 진단 가능한 육체적 질병의 고통이든, 어떤 것으로도 설명할 수 없는 불쾌감일 때에 쓴다.

나는 비록 물질적인 검사로 진단할 수 없다 하더라도 정신분열증은 주로 생리적인 질병이라고 주장해왔다. 로저의 디스포릭 상태를 정신분열증 때문이라고 단정하면서도 그에게 배 있는 불쾌감은 일차적으로 육체적인 것에 기원을 두고 있다고 생각한다. 정신분열증은 대체로 유전되기 때문에 유전 질환의 하나다. 나는 로저의 고통이 오직 그의 마음에만 있었다고 생각하지 않는다. 고통을 뇌에서뿐만 아니라 혈액 세포에서도 느낀다고 설명했을 때 그는 꽤 정확하게 자신의 상태를 진단했다고 믿는다. 또 그의 불쾌감을 완화시켜주기 위해 적용할 만한 육체적 수단이 없었다는 것을 제외하고는 그의 불쾌감이 만성적이고 심각한 육체적 고통과 흡사했다고 생각한다.

결론적으로 나는 심리적이며 이론적 이유 때문에 자살은 일반적으로 정당화될 수 없다고 주장한다. 그러나 애초에 말했다시피 자살을 비난할 생각은 추호도 없다. 또한 내내 그렇게 주장해온 것처럼 모든 것에는 항상 예외가 있다. 로저가 바로 그런 예외인 셈이다. 내가 만약 그였다면 아니, 보다 더 구체적으로 그의 몸이었다면 나 또한 목을 맸을지도 모른다. 나는 그의 시체가 거룩한 땅에 묻히는 것이 타당하다고 믿는다. 나아가 나는 그의 영혼이 천국 외의 어느 다른 곳에 있으리라고는 추호도 생각지 않는다.

(안락사의 가장 핵심적인 문제로서) 자살의 문제 중 하나는 그것이 그 과정에 남기는 죄책감이다(내 정신과 의사로서의 이력에서 단 두 명만이 자살했다는 것을 참으로 다행스럽게 여긴다. 로저가 그중 하나였고 또 다른 사례는 뒤에 짧게 설명할 참이다). 이런 죄책감은 사실 아무 쓸모없는 것이다. 그러나 자살은 정신 건강 전문가들로 하여금 환자에 대한 치료가 혹

시 어디에서 잘못된 것인지 엄격히 되돌아보게 만들 것이다. 로저가 죽었을 때 우리 중에 그를 치료했던 사람들은 비교적 죄책감을 느끼지 않았다. 우리는 할 수 있는 모든 정신과적 치료를 시행했고 아주 인도적으로 끝마쳤다. 우리를 비난하는 사람은 아무도 없었다. 그러나 나는 오랜 시간 로저를 생각하면서 이상하게도 20년 전 그가 스스로 목숨을 끊은 사실을 알았을 때보다 지금 더 많은 죄책감을 느낀다.

1장의 '플러그를 뽑다'에서 우리가 정신 질환자를 포기하는 방식에 대해 설명했다. 그때 나는 실제 경험을 서술했다. 로저가 진료를 받는 동안 내가 어느 정도 그를 포기했다는 사실은 지금도 내 마음속에 뚜렷하게 남아 있다.

나는 우리가 어떤 식으로든 로저에게 도움이 되지 못할 때에도 왜 그가 계속 또는 가끔씩이나마 진료소를 찾았을까를 자문해왔다. 그러면서 분명한 해답을 찾을 수 있었다. 그는 간절했던 것이다. 나는 앞에서 육체적 고통을 당하는 환자들에게 제대로 약을 처방하지 않는 일부 의료 전문가들을, 감정이입이 부족하다는 이유로 비난했다. 나역시 그때 로저의 절망에 제대로 공감하지 못했다고 생각한다. 그렇다. 우리는 그에게 모든 가능한 정신과적 치료를 시행했다. 그러나 그의 절망에 진실로 공감했더라면 적어도 용납할 수 없는 방식의 치료까지 진지하게 고려했을지 모른다.

요즘에는 '대안' 치료로 생약과 침술 요법이 주목을 받고 있다. 전통적인 서양의 의학적 치료 행위에 대한 일종의 대안이란 의미다. 그러나 우리 의사들은 학교에서 이런 대안들에 대해서 배운 적이 없다. 따라서 일반적으로 그에 대해 지속적인 지식을 갖추지 못했다. 오늘날 많은 의사들은 대안 탐구에 관심 있는 환자들의 의욕을 꺾지 않아야 한다고 배우지만 내가 로저를 치료할 때만 해도 흔히 그런 치료법은 용납할 수 없는 것으로 여겼다. 그러나 단지 그 때문에 내가 죄책감을 느끼는 것은 아니다. 로저는 내가 대안 치료에 대해 알고 있던 것보다 이미 더 많이 알고 있었다. 그는 절망 속에서도 자신이 알고 있는 거의 모든 대안 치료를 시도했다. 그러나 그 방법은 큰 도움을 주지는 못했으며 우리가 전통적으로 행해오던 치료법과 크게 다르지 않았다.

서구의 정신의학은 정신분열증과 우울증에 두 가지 급진적인 치료법을 개발했다. 20세기 전반에 널리 사용된 충격 치료와 전두엽절제술이 그것이다. 그러나 1950년대에 이르러 항정신병제제 및 항우울제들이 발견되면서 이런 치료법들은 거의 쓰이지 않고, 일반적으로 적용할 수 없는 치료법으로 여겨지게 되었다. 그러다가 아주 약하게나마 그런 추세가 다시 나타났다. 물론 더 이상 인슐린 쇼크 요법을 쓰지는 않지만 현대화된 전기충격요법은 대체로 우울증을 앓고 있으면서 다른 방법으로는 적절한 효과를 보지 못하는 환자 중에서 일부 선별된 환자에게 허용되는 치료법이다. 소문에 의하면 지금도 다른 방법이 없는 경우에 아주 드물게 전두엽절제술이 비밀스럽게 시술된다고 한다.

실제로 나는 로저에게 전기충격요법을 조심스럽게 제안했다. 하지만 그는 그것을 단호하게 거절했다.

"전기로 내 빌어먹을 뇌에 혼란을 주고 싶지는 않아요."

돌이켜보면 그때 내가 좀 더 집요하게 설득했어야 했다는 아쉬움이 남는다. 아마도 당시에는 신체 손상이 없는 시술인 전기충격요법을 시행하기 전에 신체를 훼손하는 전두엽절제술은 입에도 담지 않았을 뿐만 아니라 고려조차 못했을 것이다.

　언젠가 딱 한 번 어떤 여성 환자에게 전두엽절제술에 대해 슬그머니 내비친 적은 있다. 진찰 시간이라고 해야 고작 20분이었지만 그 동안에 나는 수년 전의 로저를 떠올렸다. 그녀를 만난 것은 오키나와에서 정신과 과장으로 있을 때였다. 아름답고 무척 매력적인 여성이었다. 정부 고위 행정관으로서 대외 원조 부서에서 유능하다고 소문난 45세 여성이었다. 베트남에서 미국으로 돌아가는 길에 그녀는 긴급으로 내게 진찰을 요청했다. 그녀의 신상에 대해 아는 것이 없었지만 이야기를 듣다 보니 그녀가 정신분열증을 앓고 있다는 걸 알 수 있었다. 나는 그녀가 자신의 지적인 언어로 격렬하게 떠들도록 내버려두었다.

　"장이 뒤틀리고 괴저壞疽(혈액 공급이 되지 않거나 세균 때문에 비교적 큰 덩어리의 조직이 죽는 현상 – 편집자)에 걸렸다는 느낌 때문에 20년 넘게 시달리고 있어요."

　그녀가 나에게 말했다.

　"그 고통은 이루 말할 수가 없답니다. 게다가 괴저의 악취는 대단해요. 제 몸에서 나는 그 냄새를 참을 수가 없어요. 지적으로 판단컨대, 실제로 장이 꼬이지 않았다는 건 잘 알고 있어요. 정말 그랬다면 전 벌써 죽었겠죠. 그렇게 죽기를 바라왔지만. 장이 꼬이지 않았다는 걸 확인하고서도 그런 느낌이 사라지지 않아요. 물론 의사들은 항상 나를 정신과 의사에게 보냈죠. 아마 정신과 의사 백 명은 족히 만나보았을 거예요. 그들은 제 증상을 '신체적 망상'이라고 하더군요. 정신분열증의 한 증상이라고요. 저는 그래서 적어도 처방을 받는 동안에는 정신분열증을 다루는 책에 나오는 모든 약을 복용했어요. 그러나 그 어떤 것도 제 기분을 안정시켜주지는 못했어요. 저는 두 차례에 걸쳐 꽤 긴 시간 동안 충격요법을 받았어요. 물론 효과는 있었지만 제 기억이 되돌아오자 다시 그런 느낌이 시작되었습니다. 저는 더 많은 충격요법을 받게 해달라고 요구했죠. 그러나 그들은 여생 동안 계속 병원에서 이틀에 한 번 꼴로 뇌에 충격을 주는 건 안전하지 않다고 말하더군요. 이제 저는 어떻게 해야 하는 거죠?"

"심리요법은 받아보셨나요?"

내가 물었다.

"죄송해요. 미리 말씀드렸어야 했는데. 저는 당연히 선생님이 알고 계실 거라고 생각했어요. 물론 지금까지 계속 심리요법을 받아왔어요. 처음 10년 동안은 10여 명의 심리치료사들을 만났죠. 그리고 최근 10년 동안은 워싱턴에 머물 때마다 매주 같은 선생님께 치료를 받고 있고요. 치료를 빼먹은 적은 거의 없어요. 별로 도움이 되지는 않았지만 어쨌든 그분은 정말 인내심이 강하고 친절해요."

"저는 좀 당혹스러운데요." 내가 말했다. "겨우 이틀 동안 여기 머무르시면서 굳이 저를 만나려고 한 이유를 모르겠어서요."

내 말에 그녀가 미소를 지었다. 그녀는 적어도 그럴 수 있었다.

"그걸 궁금해 하신다고 해서 선생님을 탓할 생각은 없어요. 사실 이런 행동 자체가 어리석은 일이죠. 선생님이 저를 도울 수 있다고 믿을 만한 어떤 근거도 없는데 말이에요. 하지만 저는 지금 간절합니다. 간절한 사람은 뭐라든지 잡고 매달릴 수밖에 없죠. 그것이 비록 어리석은 일이라 할지라도요. 이제 이해가 되셨나요?"

말을 마친 그녀는 손을 뻗어 자신의 가발을 벗었다. 그녀의 매력적인 모습은 순식간에 자취를 감추고 말았다. 군데군데 머리카락 뭉텅이가 남아 있을 뿐 대머리나 다름없었다.

"보세요. 제가 쥐어뜯은 거예요. 사실 저도 이런 제가 너무 싫어요. 하지만 이렇게 하지 않고서는 견딜 수가 없답니다."

(현재 정신과 의사들은 그녀의 병을 생리적인 질환으로 볼지언정 정신분열증이라는 진단을 내리기는 쉽지 않을 것이다. 또한 지난 30여 년 동안 약리 치료는 일부 발모벽trichotilomania의 경우, 효과를 보일 정도로 진전되어왔다. 발모벽은 자신의 머리카락을 뽑는 강박증을 가리키는 정신의학 용어다. 정신 지체의 경우에 때때로 이런 충동이 나타나기도 한다. 그러나 그녀는 드물게도, 정신 지체가 아닌 고통으로 인한 증상이었다.)

다행히도 그녀는 다시 가발을 썼다.

"정말 끔찍한 일이겠군요. 어떤 식으로든 도와드리고 싶지만 저로서는 마땅히 할 수 있는 게 없네요. 다만 제가 제안하고 싶은 것은 미국에 돌아가면 정신과 의사들에게 신경외과 수술이 어떤 도움이 될 수 있는지를 물어보시라는 겁니다."

그녀는 금세 내 말뜻을 알아들었다.

"전두엽절제술 말인가요? 그런 수술은 더 이상 안 하는 걸로 알고 있는데요."

"그들이 그걸 제안할지는 저도 알 수 없어요. 제가 꼭 그걸 권하는 것도 아니고요. 설령 효과가 있다 해도 아주 두려운 거래가 될 테니까요."

"이해할 수 있어요."

그녀가 말했다. 그리고 놀라운 말을 덧붙였다.

"고마워요. 선생님은 저를 위해 무언가를 해주셨어요. 제가 그것을 진지하게 고려해볼지는 모르겠지만 선생님은 적어도 제가 그것을 달리 생각할 수 있게 해주셨어요. 고마워요."

　전두엽절제술은 비교적 단순한 신경외과 수술이다. 이것은 전두엽과 뇌의 나머지 부분과의 연결을 차단하는 것이다. 달리 말하면 가장 진화된, 인간에게 있어 가장 중요한, 생각하는 부분을 소용없게 만드는 것이다. 수련의 시절, 육체적 망상 때문에 이 수술을 받았던 두 명의 환자를 보지 못했다면 나는 그런 극단적인 수술을 조심스럽게 내비치지는 않았을 것이다. 그 수술로 두 환자는 분명 판단력을 잃는 고통을 겪었고 그들은 약해졌다. 내가 느끼기에 그들은 미묘하지만 본질적인 인간다움의 일부를 잃어버렸다. 그러나 두 환자는 내게 전두엽절제술이야말로 삶에서 가장 좋은 일이었다고 말했다.

　나는 오키나와에서 아주 잠깐 만난, 장이 꼬이고 괴저에 걸렸다고 여기는 끔찍한 육체적 망상에 빠진 여자와 그로부터 5년 후에 만났던 로저, 지속적인 불쾌감에 시달리던 그 사이에는 뭔가 매우 유사한 것이 있지 않을까 생각한다. 로저의 불쾌감이 단순히 모호한 유형의 육체적 망상이었을 수도 있다는 생각 때문이다.

　우리가 어떤 것을 망상이라고 말할 때 그것은 실제가 아니라는 의미를 지니고 있다. 분명 그녀 스스로도 잘 알았듯이 그녀의 장은 실제 꼬였거나 괴저에 걸린 것이 아니었다. 그녀는 그런 종류의 육체적 질병을 앓고 있지도 않았다. 이제 우리는 정신분열증이 주로 생리적·육체적 질환이라는 것을 알게 되었다. 그렇다면 왜 로저는 '그의 생각을 뒤덮은', 가상의 독을 뿜어대는 것 같은 망상에 사로잡혀 극도의 불쾌감으로 고통스러워하면서도 마치 장이 실제로 꼬인 것처럼 느껴지는 그런 육체적 통증 같은 증상이 없었던 걸까?

　지금 내가 자문하는 것은 이것이다. 즉, 우리 의사들이 일상적으로 육체적인 통증을 모르핀으로 다루게 된 이후에도 왜 나는 어렴풋이나마 한 번이라도 모르핀으로 로저를 치료할 생각을 안 해봤을까. 또 헤로인은? 특히 이런 약들이 행복감을 느끼게 해주었다 해도 그는 불쾌감으로 고통스러웠을까? 대답은 명확하다. 이런 치료는 예전에도 (그리고 지금도) '용납할 수 없는 것'이었다. 그 이유를 납득하기 위해서는 어쩔 수 없이 중독에 대한 오래된 두려움으로 다시 돌아가야 한다.

로저는 나름대로 정신 수양이 돼 있는, 의지가 강한 남자였다. 술의 힘을 빌려 약간의 안정을 얻었지만 결코 알코올 중독자가 되도록 자신을 방치하지 않았을 것이다. 그렇다면 그가 가끔씩 불쾌감을 해소하기 위해 술과 유사한 방식으로 모르핀을 사용할 경우 어느 누가 중독을 걱정해 그래서는 안 된다고 말할 수 있는가? 설령 그가 중독이 된들 그것이 어떻다는 말인가? 그는 불쾌감을 막아주는 약의 용량을 계속해서 늘렸을까? 그랬을지도 모른다. 그러나 그렇지 않을 수도 있다. 이것은 우리가 지레짐작할 수 있는 문제가 아니다. 내가 아는 한 아편성 진통제로 육체에 기인한 정서적 고통을 치료하는 것은 과학적으로 연구조차 되지 않은 내용이다. 왜 그럴까? 이런 약은 중독성이 있다는 단순한 이유 때문에 실재하지 않는다고 생각되는 고통에는 허용할 수 없는 치료로 여겨져 왔기 때문이다. 그러나 돌이켜보면 중독이 자살보다는 더 나았을 것이라는 생각이 든다.

실제로 지금 로저를 치료한다면 나는 모르핀보다는 법으로 규제되어 있는 다른 종류의 약물을 시도해볼 것이다. 덱세드린이라든가 그보다 더 효과가 강한 메테드린(각성제)은 유포리아 같은 느낌을 줄 수 있는 비아편성 흥분제다. 이 약들은 분명 습관성이 될 수 있기 때문에 마약 단속국DEA(Drug Enforcement Administration)은 이 약들을 통제하고 있다. 덱세드린의 잠재적인 효능을 설명하기 위해, 정신분열증을 앓지는 않았지만 정서적 고통에 시달리던 한 환자의 임상 결과를 인용하고자 한다.

실습이 끝날 무렵, 당시는 상담환자만 진료할 때였는데 프레드라는 환자가 찾아왔다. 그는 자신이 우울증에 걸렸다고 말했다. 그 진단은 정확했다. 그는 정신 이상도 아니고 정신병도 없었지만 꽤 심각한 우울증을 앓고 있었다. 그가 어떤 위급한 상황을 설명하지 않았다면 나는 즉시 그를 다른 정신과 의사에게 보냈을 것이다. 45세인 프레드는 주요 공기업의 영업 부사장이었다. 그는 회사의 연간 판매 회의를 위해 바로 다음날 아침까지 시카고에 가야 했다. 그가 총책임을 맡은 그 회의는 아주 복잡하고 중요한 행사였다. 그는 깊은 한숨을 쉬며 하소연했다.

"이런 기분으로는 회의를 주재할 수가 없을 것 같습니다. 회의를 잘 끝낼 수 있도록 제발 도와주세요."

우리는 함께 모든 대안을 생각해보았다. 전통적인 항우울제는 그 효과를 발휘하려면 보통 3주가 걸리고 복용 초기에는 종종 심신을 쇠약하게 하는 부작용을 일으키기도 한다. 그는 사실 병원에 입원할 만큼 우울증 증세가 심한 것은 아니었다. 따라서 회의를 취소하거나 병가를 낼 수도 없었다. 나 역시 프레드가 우울증이라는 진단을 내렸지만 어쨌든 회의를 진행할 만한 사람은 그만 한 사람이 없다는 식으로 그를 격려해주었다.

"당신 기분이 엉망인 걸 알고 있어요. 그러나 민첩하고 명확하게 사고할 수 없다거나 전체적으로 일관성 있게 말할 수 없는 상태라는 증거는 전혀 찾을 수 없습니다."

그런데 이렇게 격려하면 할수록 프레드는 더욱더 불안해했다.

"못할 것 같아요. 단지 그 일을 두려워하는 게 아니에요. 정말 못할 것 같아요."

참고 견딜 수 있을 거라고 아무리 일러주어도 못해낼 거라는 생각만 굳어지는 것 같았다. 마침내 그의 확신에 두 손을 든 나는 그에게 보통 용량으로 6일치 덱세드린을 처방해주었다. 습관성 의약품이기에 정신과적으로는 용납할 수 없는 것이라는 것도 말해두었다. 어쩌면 그 약이 이 난관을 헤쳐 나가는 데 도움을 줄 것이라고 생각했다. 또한 그에게는 임의로 한 번만 처방하는 것뿐이라고 못을 박았다. 그러고 나서 우리는 6일 뒤에 다시 만나기로 했다. 그리고 6일 뒤에는 다른 정신과 의사가 순수하게 전통적인 치료를 해줄 것이라고 분명하게 말해주었다.

6일 뒤, 다시 만난 프레드는 원기가 왕성했다.

"선생님은 정말 대단하세요!"

그는 들뜬 목소리로 외쳤다.

"그 약은 꼭 마술 같아요. 기분이 무척 좋았어요. 회의도 매끄럽게 진행되었고요. 말도 아주 잘했죠. 고마워요. 오늘 아침에 마지막 한 알을 먹고 나왔어요. 어쩌면 기분이 이렇게 좋을 수가 있죠?"

"다행이군요. 그런데 어쩌면 내일은 그런 기분을 못 느낄지도 모릅니다. 본인은 미처 모르겠지만 당신의 상태는 지난주와 마찬가지로 우울해 보입니다. 입은 처져 있고 눈도 흐릿하군요. 말과 행동도 그때와 똑같아요."

"하지만 제 인생에서 이보다 만족스러웠던 적은 없었어요."

"그렇지 않아요. 당신은 그저 더 만족스럽다고 느끼는 것뿐이에요.

하지만 그 느낌은 오직 그 약 기운 때문이에요."

예상대로 그는 자신의 진료를 계속 부탁하며 덱세드린을 처방해달라고 간청했다. 하지만 나는 단호하게 그 청을 거절할 수밖에 없었다. 1년 뒤, 내 뒤를 이어 프레드를 맡아 치료했던 정신과 의사는 나에게 프레드가 표준 항우울제 복용과 정신과 치료를 병행하면서 아주 잘 해냈다고 말했다.

다시 로저의 경우로 돌아가보자. 이미 지적한 대로 만약 내가 지금 실제로 그를 치료하고 있다면 아마 덱세드린 또는 모르핀으로 실험을 할지도 모르겠다. 그러나 그 방법을 특별히 좋아하지는 않았을 것이다. 오히려 그보다는 종종 자살로 이어지는 생물학적 불쾌감 또는 육체적 망상을 겪는 환자들을 치료하는 데에 이런 종류의 약이 어떤 잠재적 효능을 발휘할지, 과학적으로 명확한 결론을 내리기 위한 실험을 선호했을 것이다. 그 실험은 충분히 많은 수의 적절한 환자를 대상으로 충분한 통제가 이루어지는 실험이어야 한다.

그러나 앞서 말했다시피 내가 아는 한 이런 실험은 이루어진 적이 없다. 우리는 육체적 고통의 강도를 과소평가하는 것보다 훨씬 더 많이, 특정 종류의 정서적 고통의 강도를 과소평가하기 때문이다. 우리는 정서적 고통이 전적으로 어떤 구체적인 사건이나 육체적 원인 때문이라고 생각하지 않는다. 따라서 어떻게든 이를 실재하지 않는 것으로 추정함으로써 지나치게 단순하게 처리한다. 그러면서 많은 환자들을 포기한다.

이처럼 환자를 포기하는 행위는 안락사를 이해하는 데에 있어서 아주 중요한 문제가 된다. 예를 들어 누군가의 자살 행위를 돕는 사람은 어떤 차원에서는 그 사람을 포기하는 것이다. 그리고 물론 안락사를 선택하는 사람도 결국 그것이 의미하는 것처럼 적어도 그 대상을 포기하는 것이다.

우리 정신과 의사들은 이보다 더 흔한 방식으로 고통과 상관없는 많은 환자들을 포기해버린다. 앞서 나치가 홀로코스트Holocaust(유대인 대학살)를 계획하면서 '자비로운 살해' 대상에 얼마나 많은 만성 정신분열증 환자가 있었는지를 언급한 바 있다. 오늘날 우리 문화에서 이런 포기는 더욱 교묘해졌다. 만성적인 정신분열증 환자들을 거리로 내몲으로써 그들을 간접적으로 살해하고 있다. 약으로 더 이상 증세를 호전시킬 수 없다고 판단되면, 우리는 대체로 더 관심을 가져야 할 가치가 있다고 여기지 않는다. 마치 산송장이라도 된 양, 마음속으로는 그들을 일종의 쓰레기통으로 규정하는 것이다.

우리가 그들에 관해 알 수 있는 것은 단지 그들이 정신분열증을 앓고 있다는 것뿐이다. 우리에게는 좀처럼 그들의 영혼을 들여다볼 시간이 없으며 그러기 위해 따로 시간을 내지도 않는다. 신의 은총인지 운이 좋아서였는지, 지난 20여 년 동안 나는 대략 1년에 두 차례씩 꾸준히 만성 정신분열증 환자를 진료하는 아주 드문 기회를 얻었다. 돌로레스를 처음 본 것은 지방 병원의 상담직을 맡고 있을 때였는데 당시 그녀의 나이는 30세였다. 그녀에 대한 진단은 의심할 여지가 없었다. 그녀는 사람들이 항상 자신에 대해서 쑥덕거린다고 생각했으며 아주 하찮은 일조차도 마치 자신에게 어떤 메시지를 주기 위해 벌어졌다고 믿는 '관련망상'으로 고통을 겪고 있었다. 그녀는 자주 우울해했고 아무 의욕도 없어 보였다. 또한 가끔씩 순간적인 망상에 빠지는 바람에 직장생활이나 대인 관계에 심각한 어려움을 느꼈다. 게다가 보통 사람들처럼 자신의 정서를 표현하다가도 갑자기 극단적인 사회 부적응 양상을 보이는 등 극심한 양면성을 드러냈다. 내가 처음 진료한 뒤 얼마 지나지 않아 그녀는 사회보장장애의 연금 수혜 대상이 되었고 그 이후로도 계속 연금을 받았다.

내가 병원에서 업무를 그만두자 돌로레스는 1년에 두 번씩 우리 집으로 찾아와 약 15분 정도 대화를 나누다 가곤 했다. 그녀는 더 오래 있지도 못했다. 어느덧 50세가 된 그녀는 아주 온화해졌으며 만성 정신분열증에도 잘 적응하고 있는 것처럼 보인다. 최근에 개발된 정신과 의약품을 복용하면서 병원 치료도 계속해서 받고 있지만 그녀는 나와 처음 만났을 때 보였던 모든 증상을 고스란히 갖고 있다. 그녀가 20여 년 동안 겪어온 이 병의 진행 과정은 일관되고 안정적이었다. 전통적인 정신의학적 관점에서 보았을 때 더 악화되지도 않았으며 그렇다고 어떤 진전이 있는 것도 아니었다. 따라서 그녀를 쉽게 만성적인 실패자로 간주할 수도 있을 것이다. 그러나 오랜 세월을 거치는 동안 그녀는 종교에 조금씩 흥미를 보이더니 회의적 사고에서 벗어나 깊은 믿음을 갖게 되었다. 돌로레스는 현재 적어도 매주 한 번씩은 미사에 참례한다. 그녀의 신학적 이론은 전혀 이상하지 않았으며 내가 아는 한 극히 전통적이고 건전할 뿐 아니라 꽤 세련되어 있다. 그녀는 내가 작은 도움을 준 것에 대한 답례로 자주 나를 위해 기도한다. 그러고 보면 내 쪽이 훨씬 더 수지맞는 장사인 셈이다. 그녀의 삶이 부질없다고 생각할 수도 있다. 그러나 내가 보기에 그녀의 영혼은 비록 정신분열증세가 개선되거나 사회성이 나아지지 않는 동안에도 놀랄 만큼 성장한 것 같았다. 아주 심오한 무언가가 그녀의 내면에서 서서히 일어나고 있었다(나는 1992년 5월 4일, 워싱턴, 미국정신의학회에서 '정신의학의 곤경'이라는 제목으로 돌로레스의 사례를 발표했다. 이 강연 내용은 《끝나지 않은 여행》의 후기에 수록되어 있다).

나로서는 아무런 의료적 도움도 주지 못한 입장이지만, 한편으로는 돌로레스가 뭔가를 가르쳐주기 위해 내게 온 것이 아닌가 하는 생각이 든다.

심신증적 정신질환

돌로레스의 사례는 명백한 정신분열증으로서 불과 몇 초 만에 진단을 내릴 수 있는 경우다. 하지만 로저의 경우는 훨씬 더 까다로우면서도 치명적이었다. 오늘날에도 그 진단을 위해 생화학적 실험을 개발할 수도 없고 그 증상을 설명하는 데에도 신경해부학적인 결점이 있지만 정신과 의사들은 점차 정신분열증이 주로 생물학적 질병이라는 것을 믿게 되었다. '주로'라는 말은 정신분열증에서 예외적인 몇 가지 경우에는 생화학보다는 심리역학이나 사회적 스트레스와 더 밀접한 관련을 맺고 있음을 의미한다.

물론 인간이 경험하는 정서적 고통의 대부분은 일차적으로 심리적인 현상이다. 그렇다고 곧 보게 될 내용처럼, 생물학적인 요소와는 전혀 무관하다는 의미는 아니다. 우리 뇌가 정상적인 기능을 한다는 전제하에, 정서적 고통은 명확히 생활에서 오는 스트레스 또는 그런 스트레스에 반응하는, 확실히 정립된 정신역학적 유형으로 완전히 설명될 수 있다는 것을 의미한다.

그러나 정서적 고통이 심리학적이며 생물학적인 기능 손상 때문인 것으로 보이는, 그 경계가 불분명한 상당히 넓은 영역이 존재한다. 그때의 고통은 분명 심신증心身症(욕구불만으로 인한 심리적 긴장 상태가 계기가 돼 일어나는 신체 질환 - 편집자) 증세다. 이런 환자는 프레드의 경우처럼 약물과 심리 치료를 병행해 치료하는 것이 이상적이다. 그러나 현실적으로는 이상적인 조치를 하기가 쉽지만은 않다. 환자가 심리 치료에 응하지 않거나 또 응할 수 없는 경우도 있다. 또한 약을 거부할 수도 있고 복용하더라도 약효가 없을 수도 있다. 치료는 때로 꽤 복잡해질 수 있다.

정서적 고통의 복잡한 특성을 설명하기 위해서는 무엇보다도 가장 일반적인 정신적 질환인 우울증을 고찰할 필요가 있다. 이 증상의 복잡한 특성을 아는 것은 특히 안락사를 이해하는 데에도 매우 중요하다.

우리 뇌의 중심 부위에는 신경세포더미, 즉 신경 중추가 있는 것으로 알려져 있는데 이것이 자극을 받으면 우울증이라는 고통스러운 정서를 유발한다. 또한 그곳에는 분노나 행복감 같은 다른 특정한 감정을 일으키는 중추들도 있다. 다른 중추와 마찬가지로 우울증을 느끼는 중추 또한 어떤 목적에 따라 작용하기 때문에 수천 년에 걸쳐 정교한 진화과정을 통해 형성되었다. 그 목적이란 어떤 것일까?

일상의 복합적인 관계와 그에 대한 정서적 반응은 사실 반드시 우울 중추를 자극함으로써 나타난다. 그 반응 중 가장 일반적인 것은 억누를 수 없는 화와 분노다. 삶에서 무언가가 우리를 화나게 할 때 우리는 그에 대해 어떤 식으로든 행동을 보인다. 예를 들어 가해자를 꾸짖거나 분노의 편지를 쓰는 일 등이다. 그럼으로써 우리는 대체로 우울한 감정에서 벗어날 수 있게 된다. 그러나 화가 수그러들지 않고 아무런 대응도 할 수 없는 속수무책의 상황일 때라면 계속 우울한 감정을 느끼게 된다. 만약 어떤 남자가 생계가 걸려 있는데다 나름대로 만족했던 직장에서 해고된다면 분노를 느끼게 될 것이다. 더구나 그에게는 상황을 되돌릴 만한 힘이 없다. 이럴 경우 그는 우울한 감정에 빠진다. 하지만 어느 정도 지속되는 약간의 우울증은 해고에 대한 극히 정상적인 반응이다.

사람들은 자신들이 빠져나올 수 없는 환경이나 덫에 걸렸다고 생각할 때 우울한 감정을 느낀다. 그러나 흔히 그 환경을 벗어나지 못하도록 막고 있는 빗장의 일부는 적어도 그들 스스로가 만든 것이다. 대부분 그런 빗장은 그들이 지나치게 집착하는 무언가를 나타낸다. 이를테면 임무나 사람이라든가 종종 꿈이나 허상 등이 거기에 해당된다. 우울증은 그 고통이 무언가를 포기할 필요가 있음을 알려주는 신호라는 점에서는 유용하다고 할 수 있다. 우울증은 우리에게 사람 또는 임무를 포기하는 심리적 노력을 하게끔 동기를 부여한다. 그래서 나는 '우울증의 유익'에 관한 글을 쓰기도 했다. 우울증은 흔히 우울증을 앓고 있는 사람들에게 심리적·영적 성장과 삶의 긍정적인 변화를 일으켜보려는 마음을 불어넣어준다.

가끔 우울한 감정은 아주 오래 지속되거나 더욱 심각해지기도 한다. 또는 그 두 가지 양상이 동시에 나타날 때도 있다. 이런 경우 정신과적 치료가 필요하다. 한편으로는 단순히 우울 중추의 과잉활동 때문일 수도 있다. 그럴 때는 환자가 자신의 중요한 생활을 바꾸려고 하기 전에 일단 약물로 우울 중추를 진정시키는 방법을 쓰기도 한다. 다른 한편으로는 어린 시절 겪었던 사건에서 비롯된 병적인 죄책감이라든가 수치심처럼 깊이 자리 잡은 심리역학적 요소가 환자의 변화를 막고 있을 수도 있다. 이런 요소들은 심리 치료의 도움을 받아야 한다. 정신과 의사들은 종종 우울증 환자를 언제 치료해야 하는지, 또는 심리 치료를 해야 할지, 약을 써야 할지, 아니면 둘 다 병행해야 할지에 대해 민감한 판단을 내려야만 한다.

마지막으로, 어떤 사람은 때때로 명확한 이유 없이 우울 중추가 활성화되기도 한다. 이런 사람은 눈의 띄는 사건이나 상황이 전혀 없을 때에도 우울증이 심각해진다. 이런 경우는 보통 심신증이 아닌 순수한 생물학적 현상으로, 종종 유전과 관련된 화학적 불균형에 기인한 것으로 추정한다. 설령 우리가 그 불균형의 정확한 특성을 이해하지 못한다 해도 말이다.

프레드와 마찬가지로 주요 공기업의 부사장이었던 45세의 하워드도 우울증 때문에 나를 찾아왔다. 두 사람의 유사점이라면 단지 그것뿐이었다.

프레드와는 달리 하워드는 나의 관심을 구하지 않았다. 대신에 그는 1월의 어느 추운 날 새벽 2시에 자신이 누군가를 죽였다는 자백을 하러 경찰서를 찾아갔다. 그는 심문을 받으면서 자기가 누구를 죽였고, 언제, 어떻게 죽였는지 그리고 그 시체를 어떻게 했는지에 대해서는 입을 다물었다. 그저 같은 말만 계속해서 늘어놓을 뿐이었다.

"나는 감옥에 들어가야 합니다. 나 같은 사람은 감옥에 있어야 한다고요."

그는 결국 마지못해 주소와 전화번호, 아내의 이름을 경찰에게 알려주었다. 경찰은 아내에게 전화를 걸었는데 정작 그녀는 남편이 밖에 나간 것조차 모르고 있었다. 급히 경찰서로 온 아내는 하워드가 지난 한 주 동안 심한 불면증에 시달렸다고 말했다. 동이 틀 무렵 경찰은 아내와 하워드를 병원 응급실로 호송했다. 그 시각이 바로 내가 전화를 받았을 때였다.

정장차림의 하워드는 살인자보다는 기업체 간부 쪽이 훨씬 더 잘 어울렸다. 하지만 심한 우울증 환자로 보이는 간부였다. 나를 보자 그는 언제 그랬냐는 듯 말을 바꾸었다.

"어쩌면 나는 아무도 죽이지 않았을 겁니다. 그냥 살인을 저지른 것처럼 느끼는 것뿐이지 싶어요. 이유는 모르겠습니다. 맞아요. 얼마 전부터 몹시 우울했어요. 1주, 어쩌면 2주 정도 됐겠네요. 왜 그런지는 잘 모르겠습니다. 그냥 멍청이가 된 것 같습니다. 나는 감옥에 갈 게 아니라 정신병원에 입원해야 할 것 같아요."

적어도 나는 그를 국립 정신요양원에는 보내고 싶지 않았다. 그는 기꺼이, 아주 적극적으로, 당시 내가 몸담고 있던 기부제로 운영되는 종합병원의 정신과 병동에 입원하고 싶어 했다.

어떤 면에서 보면 진단은 명백했다. 하워드는 정신병적 우울증을 앓고 있었다. '정신병적'이라는 말은 우울증이 너무 심각해서 환자가 현실성을 잃어버렸음을 의미한다. 한편으로는 다른 의미도 있는데, 정신병적 우울증은 특별한 경우여서 심리 치료나 약물 치료를 하기에는 어렵다는 뜻이다. 환자가 초기에 자살하지 않는다면⋯⋯ 어떤 식으로든 치료받지 않으면 6개월에서 1년 후 자살하는 경우가 종종 발생한다. 이런 경우에는 자살의 위험성이 매우 높다.

대부분의 정신병적 우울증은 순수하게 생물학적 질환에 해당한다고 여겨진다. 하워드나 그의 아내 두 사람 모두 그의 우울증을 자극했을지 모르는 삶의 변화나 사건, 요인을 설명하지 못한 것이 바로 이런 추정을 뒷받침해주는 셈이다. 나는 즉시 그에게 항우울제를 처방해주었다.

혹시 그에게서 생물학적인 조울증을 암시해줄 우울증의 전조나 기분의 변화가 있었는지 궁금했지만 나는 알아낼 수가 없었다. 또한 우울증과 관련해 가족력이 있는지도 알 수 없었다. 그는 왜 저지르지도 않은 살인을 자백하는 식의 기괴한 행동을 했을까? 하워드는 스스로 처벌받기를 원하는 것 같았고 뭔가 죄책감을 느끼고 있는 것처럼 보였다. 아니면 혹시 병적인 수치심이 있었는지도 모른다. 얼마 후 나는 그가 가난한 가정에서 태어났으며, 가끔씩 공사장에서 막노동을 하는 두 살 어린 남동생이 있다는 것을 알게 되었다. 하워드는 혹시 동생에 대한 살의를 마음속에 품고 있었던 걸까? 어쨌든 상당한 야망과 경쟁력 없이는 부사장 자리에 오를 수 없었을 것이다. 그가 이룬 경제적 성공이 동생의 그런 처지 때문에 어떻게든 동생을 죽이고 싶다는 마음을 품게 된 건 아닐까?

그러나 이 모든 것은 대체로 근거 없는 추론에 지나지 않았다. 사실은 극도로 우울해하는 많은 사람들처럼 그 역시 조심스럽게 말하자면 자기 보호벽으로 둘러싸여 있었다. 그는 아무것도 자발적으로 털어놓으려 하지 않았다. 아무리 애를 써도 하워드에게서 느낌이나 심리역학적 정보만으로는 아무것도 알아내지 못했다. 그는 내 질문에 짧게 대답했다. 흡사 바위를 앞에 두고 심리 치료를 하는 격이었다.

내가 하워드의 우울증에서 정신병적 요인을 의심했던 또 다른 이유가 있었다. 그에게서 사실상 아무것도 알아내지 못했으므로 그의 아내에게 정신 병력이 있는지를 알아보려고 애를 썼다. 그녀는 우울한 증세 따윈 전혀 보이지 않았음에도 불구하고 오히려 하워드보다 더 조심스러웠다. 그녀는 그들의 결혼생활이 '좋다'고 말했다. 또 하워드와 마찬가지로 스스로를 정서적 기계로 표현했다. 실제로 그녀는 남편을 특별히 걱정하는 것 같지도 않았다. 이렇게 냉담한 사람은 여태껏 한 번도 만나본 적이 없었다. 그녀가 지능이 꽤 높을 거라고 확신했지만 정서적으로는 이상하게 미성숙하다는 생각이 들었다. 하워드는 왜 이런 둔감한 여자와 결혼을 했을까? 그것이 궁금해졌다. 아마 하워드가 필요로 하는 유형의 아내였겠지만 만약 내가 그녀와 결혼했다면 분명히 무서운 덫에 빠진 기분이었을 것이다. 그렇다면 혹시 하워드가 살의를 품은 대상은 그녀가 아니었을까? 정말 그럴까? 알 수 없었다. 다만 내가 그런 덫에서 빠져나오지 못했다면 나 역시 정신병자가 됐을 것이다. 어쨌든 하워드 역시 자신의 결혼 생활이 '좋다'고 강조했다.

3주 동안 병원에 입원해 있으면서 별 효과 없는 심리적 질문 공세와 환경 요법, 또 가장 최근에 개발된 항우울제를 다량으로 복용하면서 힘든 치료를 받았지만 하워드의 우울증은 전혀 차도를 보이지 않았다. 그는 자신은 분명히 회사에서 해고될 것이라고 믿었지만 회사 임원들은 내게 그런 일은 없을 것이라고 장담했다. 하지만 어쩔 수 없는 경제적 부담이 도사리고 있었다. 하워드가 가입한 건강 보험은 정신과 입원 환자에게 1년에 6주까지만 보장해주는 상품이었다. 그래서 하워드를 전기충격요법 관리부서의 정신과 전문의에게 의뢰했다(내가 정신과 의사로서 지낸 10여 년 동안 이 시술을 권한 환자는 하워드뿐이다).

꼭 경제적인 부담 때문에 그런 결정을 한 건 아니었다. 그에게 설명한 것처럼, 충격요법이 어떻게 작용하는지, 왜 효과가 있는지 정확히 아는 사람은 없었지만 하워드 같은 환자의 경우 절반가량은 놀라운 효과를 보였기 때문이다. 나는 그에게 요즘 풋내기들이 상상하는 것과는 달리 그 치료는 보통의 마취 상태에서 잠깐 동안 시행되는 인도적인 절차라고 말해주었다. 그는 수동적으로 이에 동의했다. 물론 그는 자기 상태에 대해 끔찍한 감정에 휩싸여 있었기 때문에 어떤 치료라도 거의 수락했을 것이다.

충격요법은 이틀에 한 번씩 아침에 시행되었다. 세 번째 치료를 받고 깨어났을 때 그의 우울증은 사라진 상태였다. 나와 만난 지 한 달 만에 그는 처음으로 웃고 있었다. 그리고 나에게 무척 고마워했다. 우리는 그가 완전히 회복될 수 있도록 그 다음 주까지 세 차례 더 치료를 시행했다.

나는 그가 완전히 예전의 상태를 회복할 수 있다면 심리 치료도 해볼 만한 가치가 있을 거라는 희망을 품었다. 그러나 그렇게 되지는 않았다. 그는 웃으면서 직장에 다시 복귀하려고 애썼지만 전처럼 신중한 모습이었고 자신의 아내처럼 무감각하거나 쉽게 회피하는 태도를 보였다.

그렇게 나는 그의 퇴원을 준비할 수밖에 없었다. 그에게서는 간혹 충격요법 뒤에 일시적으로 발생하는 기억 상실이 뚜렷하게 나타나지 않았다. 그래서 그는 나를 완전히 이해해주었다. 나는 그와 같은 경우의 우울증은 재발할 수도 있으니 퇴원 후 적어도 몇 개월 동안은 내가 유심히 지켜봐야 할 것이라고 설명했다. 하지만 우울증이 재발하더라도 그리 심각한 문제는 아닐 것이라며 그를 안심시켰다.

"그와 비슷한 또 다른 충격요법이 사용될 거예요. 그건 외래환자도 받을 수 있는 거죠. 이따금씩 우리는 그런 방식으로 한 달에 한 번씩 환자들을 치료한답니다."

그는 내 말을 알아들었고, 특별히 겁을 먹은 기미도 전혀 보이지 않았다.

그러나 두 가지 걱정스러운 문제가 있었다. 하나는 하워드가 상상, 또는 망상의 살해를 자백하러 경찰서에 갔던 날 밤, 그가 자신의 처벌을 요구했었다는 점이다. 사실 그에게 충격요법을 제안할 아무런 징후를 발견하지 못했음에도 불구하고 나는 여전히 충격요법이 어떤 특정한 상황에서 그에게 작용했는지, 그러지 못했는지가 몹시 궁금했다. 하워드에게는 충격요법이 일종의 벌인 셈이었다. 나는 하워드와 함께 그 가능성을 차분히 검토했다. 그러다 보니 마치 그의 문제가 아니라 내 문제가 되는 것 같았다. 그는 이렇게 소리쳤다.

"처벌이라니, 말도 안 됩니다! 그건 구원이라고요."

나를 불안하게 만든 또 다른 문제는 하워드의 수동적인 태도와 간단한 심리 치료조차 몰두하지 못하는 무기력이었다. 확실한 이유도 없이 나는 왠지 그의 예후를 전혀 낙관할 수가 없었다. 그렇다고 내가 딱히 뭘 할 수 있는 것도 아니었다. 나는 그를 퇴원시키면서 1주일에 한 번씩 진료실로 찾아오라고 말했다. 항우울제가 어떤 도움을 줄지 믿음이 가진 않았지만 일종의 보험 같은 의미로 그 약들을 계속 처방했다.

1주일 뒤 나를 찾아온 하워드는 좋아 보였다.

"직장으로 다시 돌아가서 아주 기쁩니다."

예상했던 것처럼 그는 심리 치료를 받았을 때와 비슷하게 말했다. 우리는 다음 약속을 두고 실랑이를 벌였다. 나는 다음 주에 다시 보길 원했지만 그는 피닉스에서 자신이 빠지면 안 되는 업무 회의가 있음을 강조했다. 결국 내가 항복하고 우리는 2주 뒤에 다시 만나기로

했다.

만나기로 한 전날 하워드는 전화를 걸어와 회사 업무 때문에 다른 도시로 이동하는 중이라고 말했다. 그는 나에게 여전히 괜찮다고 말했고 내가 듣기에도 그런 것 같았다. 우리는 다음 주로 약속을 미루었다. 나는 그가 복용할 항우울제를 조정하기 위해 약국에 전화를 걸어 처방을 부탁했다.

하워드는 약속한 날짜에 찾아오지 않았다. 나는 시간을 내서 전화를 했다. 그는 집에 있으면서 약속을 깜박 잊어버렸다고 말했다. 우울한 감정을 부정했지만 그의 목소리에는 나를 불안하게 만드는 무언가가 있었다. 사흘 뒤에 보자고 하니 그는 그날은 무슨 일이 있어도 꼭 가겠다고 다짐했다. 이어서 나는 아내를 바꿔달라고 부탁했다. 그녀는 하워드가 우울증에 빠진 것 같진 않다고, 다음 약속은 반드시 지킬 것이라며 그때 그와 동행하겠다고 약속했다.

그러나 그들 부부는 오지 않았다. 나는 약속 시간에서 15분을 더 기다렸다. 그날 저녁 내가 집으로 가겠다 말하려고 전화기를 들려는 순간에 전화벨이 울렸다. 하워드의 아내였다.

"하워드가 오늘 약속을 지킬 수 없게 됐다는 걸 알려드리려고요."

"또 왜요?"

"자기 머리에 총을 쐈어요."

"오, 맙소사!"

나는 외마디를 내뱉었다.

"하워드는 괜찮습니까?"

"아뇨."

그녀는 사무적으로 대답했다.

"여기 의사들이 와 있어요. 하워드는 죽었어요."

일주일 뒤, 위로차 전화했을 때에도 그녀는 변함없이 사무적인 반응을 보였다. 그녀가 알려준 바에 의하면 경찰은 내가 하워드와 마지막으로 전화 통화를 한 날 오후 그가 총포상에서 총과 총알을 구입했다는 사실을 알아냈다고 한다. 남편과 함께 나를 방문하기로 한 날, 약속 시간 20분 전에 아내는 하워드에게 이렇게 말했다.

"여보, 펙 선생님을 만나러 지금 나가야 해요."

그러자 하워드는 화장실에 금방 다녀오겠다고 말했다.

"그는 욕실에서 자살했습니다. 화장실에 간 지 1분이 채 지나지 않아 총소리가 들렸죠."

그녀가 설명했다.

요즘처럼 정신의학 분야에 뇌화학적 개념이 지배적인 때에는 아마 정신과 의사들 대다수는 하워드의 우울증을 순전히 생물학적 현상으로 생각할 것이다. 나 역시 생물학적인 것이 포함은 되겠지만 그렇다고 그것이 전부는 아니라고 생각한다. 이 결론에 대해서는 이미 그 이유를 언급했다. 그러나 가장 확실한 이유는 이 사건의 끝에 가서야 그 모습을 드러냈다. 내 생각에 그 확실한 이유는 하워드가 사망한 시간으로 짐작할 수 있다.

그 시간을 보면 그건 단순한 사고라고 할 수가 없었다. 그것은 하워드의 뇌에서 비자발적인 화학물질의 변화가 일어난 차원이 아니었다. 어디까지나 의식적인 선택이었다. 그 선택의 저변에는 물론 우울증이 있었다. 그러나 우울증 때문에 그가 자살이라는 특별한 순간을 선택한 것은 아니다. 그가 그 순간 자살을 선택한 명확한 이유는 나를 다시 만나는 것에서 도망치고 싶었기 때문이다.

도대체 왜 그랬을까? 아무리 생각해도 전혀 모르겠다. 나에게 자신을 열어 보이길 꺼렸던 그의 수동성과 심리를 꿰뚫어보지 못한 나의 무능력 때문에, 나는 하워드의 마음에서 무슨 일이 벌어지고 있는지를 전혀 알지 못했다. 나는 오직 실험적인 추론을 할 수 있을 뿐이다. 그의 사망 시간에 관해서도 정신과 의사로서 내가 어리석은 행동을 한 건 아닌지, 하워드의 입장에서는 그것이 끔찍하고 수치스러운 일이라는 마음 깊이 자리한 비합리적인 느낌, 즉 심각한 우울증에 해당하는 감정이었는지 등등의 가정에 이르기까지 오로지 짐작만 할 뿐이다.

한편으로는 또 다른 작은 요인이 있다는 걸 깨달았다. 나는 지금까지 자살과 안락사 문제와의 관련성 때문에 이 장에서 내가 경험한 자살에 관한 문제를 집중적으로 다루었다. 이미 말했지만 자살을 비난하려는 것이 아니다. 어쨌든 수년간 로저와 하워드를 생각하면서 계속 이 두 남자의 죽음에 대한 내 느낌에 확실한 차이점이 있다는 걸 발견했다. 다른 사람을 도덕적으로 판단하는 일은 요즈음에는 그 누구든, 특히 정신과 의사라면 더더욱 좋아하지 않는다. 그러나 아무리 하워드의 뇌가 실제 화학적 불균형으로 뒤덮여 있었을지라도 자살 시간을 따져볼 때 어쩌면 아주 미미하게라도 겁이라는 요인이 작용한 것은 아닌지 궁금하다.

이런 식으로 판단하는 내 버릇을 용서해주시기를. 사실 나 자신도 이것 때문에 불편할 때가 있다. 그럼 이제부터 전혀 다른 유형의 사람에게서 나타난 아주 다른 종류의 우울증인 심신증적 우울증의 경우로 시선을 돌려보자.

나보다 다섯 살 아래인 안나는 내가 아끼는 친한 친구다. 그녀는 과거를 뒤돌아보면서, 그러니까 뚜렷하게 기억할 수 있는 정도의 어린 시절을 생각하면서 자신이 아주 오래전부터 일종의 우울증으로 고통을 겪어왔다는 사실을 알게 됐다. 물론 그녀가 그동안 전혀 행복하지 못했다는 말은 아니다. 그러나 20대 중반에 이를 때까지 삶에 대한 전망은 그 누구보다 암울했고, 머릿속에는 자살에 대한 생각이 끊임없이 도사리고 있었으며, 불필요한 것은 아니라 해도 결코 정상은 아닌 감정들 즉 분노와 죄책감, 절망을 끊임없이 격렬히 느끼며 살았다는 것을 알게 되었다. 또한 복용중인 항우울제가 도움이 되기 시작했다는 사실도 어렴풋이 깨닫고 있었다. 그러나 그녀의 첫 번째 선택은, 완전히 맹목적인 것은 아니었지만, (사실은 심리치료사인) 정신과 의사가 되는 것이었다. 그녀는 본능적으로 자신의 정신병을 직접 극복하려 했던 것이다.

곧 그녀는 그것이 쉬운 일이 아님을 알게 되었다. 심리치료사인 자신의 힘으로, 또한 이후 20년간 다른 심리치료사들의 도움으로 그녀는 자신이 애초에 보고 싶어 하지 않았던 많은 것을 보게 되었다. 부모의 폭력, 형제자매간의 경쟁, 자신의 거만한 성향, 가끔 이치에 맞지 않게 현실을 굴복시키려고 하는 지나치게 강한 의지, 성차별에 의한 희생, 성차별과의 결탁 등등이 그것이다.

이 기간 동안 그녀는 큰 깨달음과 강한 정신력을 갖게 됐다. 프레드와 하워드처럼 대기업의 임원이 되었으면서 그녀는 두 남자가 갖지 못했던 자기 업무에 대한 세련된 의식을 갖고 있었다. 그러나 그녀는 여전히 가끔씩 스스로 불행하다고 생각하며 심지어 자살 충동을 느끼기도 했다. 결국 그녀는 당시 흔히 사용되던 1세대 항우울제 몇 가지를 복용했지만 도움이 되지 않았다.

그렇게 20년이 흐른 뒤 안나는 더 현명해졌고 세계 무대에서 눈부신 성공을 거두어 많은 이들의 귀감이 되었다. 또한 그녀는 더 이상 정신과 의사나 전문가에게 의지할 필요가 없었다. 그들보다 더 많은 것을 알고 있다고 해도 과언이 아니기 때문이다. 그녀는 자신의 감정 하나하나의 원인을 거의 즉시 분석할 수 있게 되었다. 그런데도 이따금씩 여전히 자신이 인식하지 못하는 어떤 이유로 자살 충동을 느끼곤 했다.

그즈음 새로운 항우울제가 시중에 판매되었다. 프로잭이었다. 안나는 스스로 자신의 정신을 완전히 정복하려 했던 욕심을 버리고 담당 내과 전문의에게 그 약을 처방해줄 것을 겸손하게 요청했다. 그렇게 처방을 받아 복용하면서 가끔씩 거의 직관적으로 복용량을 조절하긴 했지만 그녀의 자살 충동 증상은 이내 사라졌다.

이 사례의 교훈은 안나의 말로 쉽게 요약될 수 있다. 그녀는 나에게 이렇게 말했다.

"프로잭을 주신 하나님께 감사해요. 하지만 더더욱 감사한 건 내 병이 처음 나타난 때부터 이 약을 주시지 않았다는 점이에요."

안나가 프로잭이 좀 더 일찍 나오지 않은 것에 감사한 것은 육체적 고통의 치료와 정서적 고통의 치료가 공통적으로 지니는, 차폐라는 문제를 지적한 것이다. 육체적 통증에 진통제를 너무 일찍 사용할 경우, 그때 당시 진단은 되지 않았지만 긴급히 치료를 받을 필요가 있는 어떤 질환의 증상이 가려지거나 숨겨질 수도 있다. 안나의 우울증은 확실히 심신증의 하나였다. 그녀의 질환은 생리적인 부분보다 심리적인 부분이 더 본질적이고 근본적인 이유였다. 만약 처음부터 프로잭으로 치료받았다면 그녀는 정말 빠르게 훨씬 더 나아지는 느낌을 받았을 것이다. 그러나 만약 그랬다면 실제 정서적 건강을 위해 했어야 할 극히 중요한 심리적·영적 활동을 스스로 계속해 나가지 않았을 확률이 높다.

어떤 전공이든 간에 전문의는 바쁘다는 이유로 약물을 자기 시간과 간호에 대한 대체제로 여기는 경향이 있다. 지난 20여 년 동안 불행하게도 이런 경향을 비롯해서 차폐 문제는 다른 의학 부분에서보다 정신의학에서 훨씬 더 큰 문제가 되어왔다. 이유는 복잡하다. 지금까지 점점 더 효과가 뛰어난 약물이 개발되어왔고 연구 결과 한때 주로 정신적인 것으로 여겼던 많은 질환이 적어도 부분적으로는 생물학적이라는 사실이 밝혀졌다. 조직화된 정신의학은 (내 생각으로는 맹목적으로) 소위 말해 의학적 모델에 점점 더 매달리게 되었다. 여기서 의학적 모델이란, 정신과 질환은 생물학적인 것에 원인이 있다는 시각인데 이 때문에 사회적·정신적·영적 요인들은 경시되었다. 결국 보험 업계는 의문의 여지가 있는 경제학에 기초하여 빠른 생물학적 치료는 보장하고 정신과 치료 보장은 기를 쓰고 반대했다.

이 문제는 한 권을 다 채우고도 남을 만큼 중요하다. 그러나 여기서는 결국 정서적 고통을 약으로 치료하는 사회는 점점 더 힘을 얻고 전문가의 도움을 얻은 정신과적 자가 진단은 경제적으로 힘을 잃어간다고만 말해두자. 이 문제가 유독 이렇게 혼란스러운 이유는 정서적 고통의 대부분이 주로 또는 전적으로 심리적 현상으로 취급되기에 이르렀기 때문이다. 정서적 고통이 안고 있는 이런 현상은 안락사의 주요한 동기가 된다.

신경증과 성격장애

심리적 고통의 대부분은 절대 질병이 아니다. 이것은 인간이 지녀야 할 조건으로서 고유한 부분일 뿐이다.

그렇다면 인간의 조건은 무엇인가? 보다 확실히 대답하려면 영혼에 관한 논의가 필요한데 이는 6장에서 다룰 것이다. 지금 여기서 필요한 부분은 정말로 아주 간단하다. 인간의 조건이란 종종 우리의 바람대로 흘러가지 않는 세상에서 우리가 의지를 지닌 존재로서 살아가는 것을 인식하는 것이다.

우리 의지가 외부 세계의 현실과 충돌할 때마다 우리는 심리적 고통을 겪음으로써 그 싸움을 경험한다. 그 고통은 싸움의 성질에 따라 다양하다. 만약 낯선 사람이 우리 집 정원에 들어와 우리 의지에 반해 꽃들을 꺾기 시작한다면 우리는 우선 분노라는 고통을 겪음으로써 싸움을 경험할 것이다. 만약 누군가 칼로 위협한다면 그것은 더 큰 두려움의 고통이 될 것이다. 깊이 의지하고 싶은 사람이 곁을 떠날 때 그 아픔은 보통의 아픔을 넘어 그야말로 비통悲痛이 될 것이다. 이 외에도 다양한 경우가 있을 수 있다. 또한 이런 고통스러운 느낌은 흔히 혼합되어 나타나기도 한다. 예를 들어 비통한 느낌에는 슬픔, 우울증, 분노가 섞여 있게 마련이다.

이런 고통에 대해 혼란스러워할 필요는 없다. 고통스러운 감정은 정상적이며 얼마간 필요하기도 하다. 흔히 현실과 의지가 싸우는 것은 인간이라는 존재가 지닌 고유한 특성이다. 그리고 우리는 이런 싸움을 고통스럽다는 이유로 '문제'라고 표현한다. 그렇다면 우리가 아는 한 삶은 만성적인 질병, 노화, 죽음의 문제를 포함해 수많은 문제로 가득 차 있는 셈이다. 따라서 이런 인생의 문제들과 부대끼면서 느끼는 고통을 '생존적 고통'이라고 부르려 한다.

육체적 고통을 싫어하는 것처럼 우리는 정서적 고통도 싫어하기에 우리의 본능은 이런 고통을 피하거나 되도록 빨리 제거하려 한다. 우리는 고통-회피형 존재인 것이다. 자신의 의지와 현실의 충돌로 인해 고통이 유발되는 것이기에, 이런 문제에 대한 우리의 일차적이며 자연스러운 반응은 자신이 원하는 모습과 현실이 일치되도록 자기 의지를 강제적으로 행사하는 것이다.

때때로 이런 식의 대처는 상당히 적절하다. 초대받지 않은 낯선 사람이 내 정원에 들어와 꽃을 꺾을 때 정원에서 나가라고 하는 것은 어쩌면 당연한 일이고, 만약 그가 말을 듣지 않으면 집 안으로 들어가 경찰에 신고하는 것도 적당한 대처다. 당연히 지배하려는 욕구가 나타나고 이어서 그 자매격인 경쟁심이 나타난다. 이것은 인간의 고유한 특성으로 잘못된 것이 아니다.

그러나 삶은 그렇게 단순하지만은 않으므로 또한 본질적으로 옳다고만 할 수도 없다. 아기가 육체적으로뿐만 아니라 정서적으로도 충족하기 위해 울음을 통해 부모를 지배하는 것은 정당한 일이다. 그러나 아장아장 걸으면서 컵을 집어 던질 수 있게 되었을 때 나타나는 아기의 지배는 위험하고 파괴적인 것이 될 수 있다. 이러면서 두 살이라는 무서운 시기가 시작된다.

"안 돼."

엄마와 아빠는 말한다.

"안 돼, 그러지 마. 아니, 그것도 하면 안 된단다. 아냐, 너는 대장이 아니라고, 네 마음대로 해선 안 돼. 너는 매우 소중하고 우리는 너를 정말 사랑하지만 그렇게 하면 안 되는 거야. 아니, 엄마아빠 말을 들어야지. 안 돼…… 안 된다고…… 안 된다니까……."

아이로서는 기분 상하는 말들이다. 기본적으로 평범하고 건강한 두 살짜리 아이 입장에서는 1년 사이에 심리적으로 대장에서 사병으로 강등된 것과 같다. 그 무서운 두 살은 당연히 우울하고 짜증나는 시기일 것이다! 그러나 이 시기는 필요한 과정이다. 이때가 바로 사회화의 시간이기 때문이다. 위대한 심리학자 에리히 프롬Erich Fromm은 사회화를 '반드시 해야 할 일을 좋아서 하도록 학습하는' 과정이라고 정의했다. 2세 아이가 느끼는 고통의 본질은 심리적 고통의 또 다른 형태인 굴욕감이다. 그러나 하나님은 우리가 그것을 겪도록 만드셨다. 그런 과정이 없었다면 인류는 오래전에 서로를 전멸시켰을 것이다. 우리들 대부분은 무서운 두 살의 시기에 얼마나 극심한 좌절을 겪었는지 기억하지 못한다. 하지만 겸손을 배우는 기본 학습에 포함된 그 커다란 고통은 우리의 생존적 고통에서 필요한 일부분이었음을 안다.

그러나 현실이 우리 의지를 강요할 수 있는 상황이 아니고, 그렇다고 그 상황을 기꺼이 받아들이거나 웃으며 참을 수 있는 것도 아니라면 어떤 일이 일어날까? 대답은 간단하다. 어쨌든 우리는 어떻게든 그 고통을 피하려고 애를 쓴다. 각자 나름대로 여러 가지 고통을 회피하는 방식을 알고 있다.

그중 하나가 정신과 의사의 진찰을 받는 것이다. 정신과에 오는 사람들은 대부분 마술 같은 해답을 기대한다. 그러다가 의사가 그런 해답을 갖고 있지 않다는 것을 깨닫는 순간, 그들은 대체로 조기에 치료를 멈추고 만다.

고통을 회피하는 가장 일반적인 수단은 각성제나 헤로인 같은 불법적인 약물을 복용하거나 그 고통을 줄이기 위해, 말하자면 그 문제를 잊어버리기 위해 술 같은 합법적인 것들을 사용하는 것이다. 그 효과는 결코 오래 지속되지 않으며 흔히 전보다 상태를 더 악화시킨다.

그러나 보다 더 일반적인 것은 단순히 그 문제에서 도망가는 것이다. 아내가 힘들게 하는가? 그녀를 떠나면 된다. 아이들이 귀찮게 구는가? 아이들을 버리면 해결될 것이다. 일이 스트레스를 주는가? 그만두라. 돈이 부족한가? 훔치면 된다. 그러나 이런 해답은 범죄를 일으킬 뿐만 아니라 훨씬 더 깊은 혼란 속으로 빠지게 만든다.

문제로 인한 생존적 고통을 피하는 가장 흔한 방법은 노이로제라고 불리는 일부 자기기만의 상태로 가는 것이다. 이것의 효과 또한 전혀 오래 지속되지는 않지만 우리에게는 자기기만을 반복적으로 행할 수 있는 능력이 있다. 이 경우, 노이로제는 매우 복잡해져서 결국 우리가 피하려 했던 원래 고통보다 훨씬 더 큰 고통을 유발할 수도 있다. 이런 복잡한 고통을 나는 신경증적 고통이라고 부른다.

카를 융Carl Jung은 한마디로 요약하기를, '노이로제는 마땅히 겪어야 할 고통을 회피한 결과'라고 했다. 내가 생존적 고통이라고 부르는, 즉 존재 안에 내재하면서 논리적으로 피할 수 없는 고통을 융은 마땅히 겪어야 할 고통이라는 말로 표현했다. 또한 그의 말 속에는 노이로제에는 항상 비합리적인 무언가가 존재한다는 것이 함축돼 있다. 노이로제는 단지 자기기만이 포함돼 있다는 이유도 있지만 사실 우리가 생존적 고통에서, 그리고 그것을 통해 배울 것이 많다는 이유 때문에라도 비합리적이다. 그러나 신경증적 고통은 아무것도 가르쳐주지 않는다. 오로지 우리의 학습을 방해할 뿐이다.

자기기만에 관한 개인별 특정한 복잡성은 각각 다르지만 노이로제는 이를 이해하는 데 도움을 주는 몇 개의 범주로 나눌 수 있다. 노이로제의 역동성을 설명하기 위해 신경증적 공포의 범주로 시작해보자.

프로이트Freud는 많은 공헌을 했지만 특히 이런 공포의 중심 동력을 처음으로 알아낸 사람이다. 그는 이것을 '감정전이'라고 일컬었다. 공포증이 있는 사람은 맞닥뜨리고 싶지 않은 생존적 두려움을 자기가 통제할 수 있을 것 같은 객체 혹은 물체로 대체시킨다. 의사 초년병 시절 나는 이 같은 경우를, 머리에 총을 쏘아 자살한 매부의 일로 사흘간을 공황 상태에 빠져 있다가 나를 찾아온 한 남자를 통해 경험했다. 이보다 더 분명한 사례는 없었다. 이 남자는 두려움 때문에 심지어 혼자서 진료실에 들어오지도 못했다. 그는 어쩔 수 없이 아내의 손을 잡고 들어와서는 자리에 앉더니 횡설수설하기 시작했다.

"아시겠죠. 제 매부가 자기 머리에 총을 쏘았어요. 제 얘기는, 그가 총으로, 그러니까 제 말은, 모든 건 단지 총 하나였어요. 제 말은, 그냥 손가락 하나 까딱한 것으로 그가 죽었다는 겁니다. 제 얘기는, 그러니까 그게 일어난 일의 전부라는 거죠. 그리고 제가 총을 가지고 있었다면, 제 말은, 저는 총이 없어요. 그런데 제게 총이 있었다면 그래서 자살을 하고 싶었다면, 제 얘기는 그러니까, 모든 것이 그대로였을 거예요. 무슨 말이냐 하면 저는 자살하고 싶지 않아요. 하지만 제 말은 모든 게 그냥 말한 대로라고요."

그의 말을 듣고 나자 그의 공포는 매부의 죽음으로 인한 슬픔 때문에 촉발된 것이 아니라 그가 평소에 갖고 있던 죽음에 대한 두려움과 직면했기 때문임이 확실해졌다. 그래서 나는 그에게 이런 내 생각을 말해주었다.

그는 즉시 내 말에 반박했다.

"아뇨, 저는 죽는 것을 두려워하는 게 아닙니다!"

그때 그의 아내가 끼어들며 말했다.

"그래요. 여보, 어쩌면 의사 선생님께 영구차와 장례식장에 대해서도 말하는 게 좋을 것 같아요."

그러자 그는 자신이 영구차와 장례식장에 대한 공포증이 있다고 설명해주기 시작했다. 실제로 그는 매일 직장까지 걸어 다니는데, 그 길목에 있는 장례식장을 피하기 위해 세 블록을 돌아 오는 것을 합치면 매일 여섯 블록을 돌아갈 정도로 공포증이 있다고 했다. 또한 영구차가 지나갈 때마다 그는 고개를 돌려버리고, 어떤 때는 문 안으로 숨거나 더 좋게는 남의 가게로 숨어버린다는 것이었다.

"당신은 정말 죽음을 대단히 두려워하고 있군요."

내가 말했다.

그러나 그는 계속해서 "아니오, 아니에요. 아니라고요. 저는 죽음을 두려워하는 게 아니에요. 나를 괴롭히는 건 단지 빌어먹을 영구차와 장례식장이라고요"라고 주장했다(이 사례는 《끝나지 않은 여행》에 자세히 설명돼 있다).

이 사례가 특히 이 책과 관련이 있는 것은 사안의 단순함과 어수룩함뿐만 아니라 두려움이라는 고통스러운 정서의 본질을 보여주기 때문이다. 그 본질은 죽음과 죽어가는 것에 관한 두려움이다. 실제로 자신 안에 있을지도 모르는 두려움을 들여다보라. 아마 그것이 죽음과 죽어가는 것에 대한 두려움으로 귀결된다는 사실을 금방 발견할 수 있을 것이다. 실직이나 주가 폭락이 두려운가? 그것은 결국 자신과 가족이 굶주리다 죽을지도 모른다는 걱정에서 생기는 두려움이 아닌가? 공포증의 대부분은 이런 기본적인 생존적 두려움에 기인한다. 인간이라면 죽음을 두려워하는 것이 당연하다. 이 두려움은 의식적 존재인 인간의 고유한 고통이다. 그러나 이 두려움을 어떻게 다룰 것인지는 선택의 문제다. 이 선택은 안락사 문제를 고찰해가면서 점점 의미심장해질 것이다. 바로 눈앞에서 두려움을 직시하며 그것을 통해 배움으로써 직접적, 실존적, 합리적으로 우리의 두려움과 대면할 수 있다. 아니면 일종의 공포증처럼 또 다른 신경증을 회피함으로써 두려움에서 도망갈 수도 있다. 바로 앞에 설명한 남자의 경우처럼 신경증의 해법은 근본적으로 더 비능률적이고 고통스럽다.

50년 전 정신과 의사들은 지혜롭게도, 비록 이후로는 지혜를 찾아보기가 쉽지 않아졌지만, 이른바 배타적 자아와 동조적 자아에 의한 신경증을 구분하는 데 익숙해 있었다. 배타적 자아에 의한 신경증이란 환자가 자신을 멍청이나 무능한 사람, 벗어나고 싶은 대상쯤으로 인식하는 것을 말한다. 동조적 자아에 의한 신경증은 에고, 즉 환자인 자신을 평범하고 건강하며 심지어 친절하기까지 한 사람으로 여기는 경우다. 예를 위해, 특히 뱀 공포증 같은 공포증에 대한 이야기를 다시 소개한다(이어서 등장하는 두 사례는《그리고 저 너머에》에 실려 있다).

먼저 뱀을 두려워하는 것은 정상이라는 것을 알기 바란다. 실제로 이런 두려움이 우리 유전자 안에 각인되어 있다는 몇몇 증거가 있다. 그러나 두려움을 실제 공포증으로 만드는 것은 당사자가 얼마나 강하게 두려움을 느끼느냐에 달려 있으며, 그보다 훨씬 더 중요한 요인은 두려움이 얼마나 그를 무기력하게 만드는가다. 오키나와에서 근무하던 3년 동안 나는 뱀에 대한 두려움 때문에 아무것도 할 수 없던 두 명의 여성을 보았다. 놀랄 일도 아니었던 것이, 오키나와는 방울뱀과 비단뱀 중간 크기의 커다란 독사 하부^{habu}의 서식지였기 때문이다. 하부는 낮에는 자고 밤에 활동하는데 대부분 오키나와 섬의 험한 야생 지역에서 발견된다. 미국인들은 밤에 정글 안 출입이 금지돼 있었으며, 장교들도 인구가 많고 잘 조성된 주거 지역 안에서 살았기 때문에 그 문제를 중요하지 않게 여겼다. 당시 그 섬에 살던 10만여 명의 미국인 중 단지 2년 6개월마다 1명꼴로 실제 하부라는 뱀에 물리는 정도였다. 게다가 항독소 혈청을 쉽게 접종할 수 있었기 때문에 나는 미국인 중에서 사망자가 발생했다는 소리는 전혀 들어보지 못했다.

내 고참 상사의 부인인 재니스는 공포증 때문에 나를 찾아와 정신과 치료를 부탁했다.

"저는 밤에 밖에 나갈 수가 없어요. 하부가 너무 무섭거든요. 우습게 들릴지 모르지만 사실이에요. 주거 지역에서 하부에 물릴 가능성은 극히 적다는 걸 알지만 그 두려움은 줄곧 저를 쫓아다니네요. 밤이 되면 남편과도 클럽에 가지 못해요. 또 저녁에 아이들과 영화 보러 나가지도 못하고요. 어두워지기 시작하면 집안에 불을 죄다 켜놓고 거실에 움츠리고 앉아 꼼짝없이 집에 틀어박혀 있는 거예요. 바보 같고 어리석고 정말 병이죠. 저는 이런 겁쟁이예요. 어떻게든 저를 좀 도와주세요."

재니스의 공포증은 분명 배타적 자아였다. 그녀는 두려움을 자신과 안 맞는 어떤 것, 이를테면 병이나 그녀가 원하지 않은 무언가로 보았다. 그녀는 또 자신이 처한 그 한계를 '우스운 일'로 표현했다. 그녀는 스스로를 '바보' 같다고 질책했고 자신이 다르게 행동하길 원했다.

기업체 간부의 아내인 힐다도 같은 이유로 밤에 집 밖으로 못 나갔지만 그녀는 자신의 노이로제에 꽤 만족했으며 심지어는 자랑스러워하기까지 했다. 그녀는 진료소에 오지 않았다. 나는 그들 부부가 집에서 파티를 열었을 때 딱 한 번 그녀를 만났다. 저녁 식사가 끝나고 대화를 나누었는데, 그녀는 하부 때문에 꼼짝없이 밤이면 집에 틀어박혀 지낸다며 자신이 얼마나 오키나와를 싫어하는지 얘기했다.

"다른 사람들은 밤에도 잘 나간다는 거 알아요. 하지만 그렇게 바보같이 행동하고 싶다면 그건 어디까지나 그들 문제죠. 그들은 뱀이 나뭇가지에 매달려 있다가 언제라도 떨어질 수 있다는 걸 모르는 걸까요? 으악! 정부는 왜 그 끔찍한 파충류를 전부 잡아 없애지 않는 건지 이해가 안 돼요. 맙소사, 저는 미국으로 돌아갈 날만 손꼽아 기다리고 있답니다."

힐다의 공포증은 분명히 동조적 자아다. 그녀는 그 공포를 이상하다고 여기지 않았다. 오히려 다른 사람들을 어리석다고 생각했다. 그들에게 문제가 있다고 본 것이다. 실제로 그녀는 자신의 한계조차도 문제 삼지 않았다. 모든 것이 하부와 오키나와 그리고 정부의 잘못이었다. 힐다의 경우 분명 자신의 공포증을 잘 통제하는 듯했지만 나는 나중에서야 그것이 부부가 사회활동을 하는 데 있어 남편을 무척 괴롭혔고, 남편 또한 그것이 자기 경력에 불리한 영향을 끼치지 않을까 걱정했음을 알게 되었다.

동조적 자아에 의한 공포증 환자는 그들의 신경증을 자신들이 원치 않는 것으로 보지 않기 때문에 실질적인 도움을 주기가 불가능하다. 재니스는 내게 도움을 요청했으므로 그와는 다른 경우였다. 함께 치료를 해나가는 동안 그녀는 자신이 죽음과 재앙, 피해를 입는 것, 자신의 통제 능력 밖에서 벌어지는, 선한 이들에게 닥칠 나쁜 일 등을 뱀에 투영시켰음을 점차 인식했다. 그녀는 서서히 인생에서 처음으로 죽음과 재앙에 관한 실존적 문제에 대해 직접 말할 수 있게 되었다.

그로부터 9개월 뒤 귀국할 때까지 비록 걱정이 많긴 했지만 그녀는 남편이나 아이들과 함께라면 밤에도 외출할 수 있게 되었다. 그녀를 치료하는 데 있어서 내가 한 일은 별로 없지만 어쨌든 그녀의 치료는 잘 이루어졌다.

2차 세계대전 뒤로 정신과 의사들은 동조적 자아 노이로제를 점차 '성격장애'로 일컫는 추세를 보이고 있다. 전에도 말했듯이 노이로제와 성격장애를 책임감에 관한 질환으로 보는 것이 유용할 것이다. 이처럼 그 두 유형은 세상을 바라보는 시각에 있어서 서로 상반되는 사람들이다. 세상과의 갈등에 마주할 때마다 신경증이 있는 사람은 자동적으로 자기 탓이라고 생각하는 경향이 있다. 한편 성격장애가 있는 사람은 그럴 때마다 즉시 그것은 세상의 잘못이라고 여긴다.

일생을 살면서 겪는 생존적 고통에는 우리 책임인 것과 우리 책임이 아닌 것을 늘 정확히 구별해야 하는 데서 오는 고통이 대부분을 차지한다. 신경증과 성격장애 둘 다 이런 생존적 고통을 피하려는 것이라고 볼 수 있다. 균형 감각을 갖춘 사람에 비해 신경증 환자는 불필요한 신경성 고통을 포함해 훨씬 더 많은 고통을 경험한다 할지라도, 정작 당사자는 단순히 모든 일이 자기 책임이라고 여기기 때문에 책임 소재를 구별하는 데서 오는 고통을 느끼지는 않는다.

신경증 환자들은 고통 때문에 힘들어하면서도 그 일을 스스로 책임지려고 하기 때문에 배타적 자아 공포증인 재니스처럼 종종 혼자서 심리 치료도 받고 또 치료법을 스스로 발견하기도 한다. 반면 성격장애가 있는 사람들은 스스로 책임지려고 하지 않아 고통도 거의 없으므로 치료를 받으러 가는 일이 훨씬 드물다. 그들이 치료를 받는 경우는 그것이 너무 힘들게 생각될 때다. 어떤 의미에서 성격장애 치료의 핵심은 환자의 고통을 줄여주기보다 차라리 더 고통스럽도록 도와주는 것이다. 당연히 이런 치료는 너무 어려워 지속할 수가 없다.

성격장애가 있는 다수의 사람들은 앞서 언급했던 심리적 나병환자나 다름없다. 그렇다고 해서 정서적 질환에서 기인하는 고통 자체가 전혀 없다는 것을 의미하지는 않는다. 그들 자신은 거의 고통을 경험하지 못할 수도 있지만 오히려 그들은 다른 사람들을 매우 고통스럽게 한다. 그들은 끊임없이 타인을 비난하고 그들 자신의 책임을 다른 사람에게 전가한다. 사소한 부주의에서 범죄에 이르기까지 그들은 수많은 방식으로 문제를 만들어 실제 골칫거리가 되기도 한다.

나는 마치 성격장애와 노이로제가 선택 사항인 것처럼 얘기해왔다. 물론 이것들은 선택 사항이기도 하다. 그러나 중요한 것은 이런 유형의 선택은 보통 어린 시절에, 간혹 엄청난 압박을 받을 때 이루어진다는 사실이다.

아이에게 주어진 적정량의 생존적 고통을 덜어주는 것이 부모의 임무는 아니다. 그러나 그것을 불필요하게 증대시키지 않는 것은 부모가 해야 할 일이다. 물론 이것을 완벽하게 할 수 있는 부모는 없다. 그러나 많은 부모들이 이런 임무에서 큰 낭패를 경험한다. 모든 가족이 얼마간 잘못을 저지르지만 경우에 따라선 너무 잘못된 방식으로 다루는 바람에 아이가 견디기 어려울 만큼 심각한 존재적 고통을 유발시킨다. 이런 경우 아이들은 고통에 대항해 이를 회피하는 전략, 예컨대 여러 전략 중 하나인 감정전이 외에는 다른 선택을 할 여지가 없어져 결국에는 신경증이나 성격장애로 발전하게 되는 것이다. 심리 치료를 받는 환자들 대부분은 자신의 결정적 선택을 기억하지 못한다. 너무 오래전에 이루어졌기 때문이다.

여전히 그것은 선택 사항이며 또 언제든 원상태로 되돌릴 수 있다. 나는 변변한 재산도 없고 극심한 학대가 행해지는 가정에서 자란 환자가 심각한 노이로제를 극복하고 심지어 치료가 매우 어려워 보였던 성격장애마저 극복한 사례들을 보았다. 반면 치료에 대단히 유리한 상황임에도 불구하고 자기 생각을 바꾸지 않고 그 질환에 더욱더 매몰되는 사람들도 보았다. 어떤 사람은 그처럼 강한 의지로 변화를 이끄는 반면 어떤 사람은 왜 그렇게 의지가 부족한 것인지 나는 그 이유를 모른다. 어쩌면 그것이 인간이 지닌 최대의 미스터리인지도 모르겠다.

노이로제 또는 성격장애는 항상 마땅히 수용해야 할 고통을 다른 무엇으로 대체하려는 증상이므로 심층적인 심리 치료가 해야 할 근본 역할이 뚜렷하다. 바로 환자가 자신의 고통을 회피시킨 대체물에서 빠져 나와 그가 생존하고 있는 현실과 직접 맞닥뜨리게 하는 것이다. 내가 사용한 공포증의 사례를 예로 들면 뱀이나 장례식장에 대한 비합리적인 두려움에서 빠져 나와 죽음과 재앙의 현실을 대면하는 것이다. 이런 변화를 통해 크게 성장할 수 있다. 죽음과 재앙은 무서운 현실이지만 그런 생존적 두려움과 함께 살아갈 수 있다면 우리는 그것에서 많은 것을 배울 것이다. 장례식장을 피하기 위해 길을 돌아가거나 혹시라도 정원에서 뱀과 마주칠지 몰라 매일 밤 집 안에 틀어박혀 있는 것으로는 아무것도 배울 수가 없다.

현실과 함께하는 삶을 쉽게 배울 수만 있다면 좋겠지만 실제로는 그렇지 않다. 생존의 고통을 회피하는 유형이 대체로 무의식적이며, 왜곡된 측면에서 효과적이기도 하고, 오랜 동안 신어온 낡은 신발처럼 잘 맞기 때문에 모든 환자들은 심리 치료에서 요구되는 성장에 대해 저항한다. 저항의 강도는 경우에 따라 다양하게 나타난다. 대부분의 경우 이런 강도가 심리 치료의 성공과 실패 여부를 결정하는 주요인이 된다. 또한 이런 강도는 바로 환자의 의지에 달려 있다. 의지가 강한 환자는 최고 아니면 최악의 사례가 된다. 앞서 언급했듯이 정말 수수께끼 같은 일이지만 어떤 환자에게는 긍정적인 변화를 일으킬 만한 대단한 의지가 있는가 하면 또 어떤 이에게는 그런 변화를 일으키지 못하게 하는 대단한 의지가 있다.

《아직도 가야 할 길》 앞부분에서 나는 충격적일 수 있는 말을 했다. '완전한 훈육을 통해 우리는 모든 문제를 해결할 수 있다.' 이 말이 충격적으로 느껴지는 것은 어떤 문제에 대한 해결 방법이 없을 수도 있다는 현실을 인정하지 않기 때문일 것이다. 내 경험상, 가장 심하게 저항하는 환자들은 본질적으로 이런 현실을 전혀 수용하지 않는다는 특징을 보인다.

그중에서 지금까지 재닛만큼 이런 특징을 뚜렷이 내보인 환자를 본 적이 없다. 38세의 여성 재닛은 4개월 동안 치료했지만 결국 성공하지 못한 환자였다. 그녀의 고통은 심각한 우울증에서 기인했고, 그것은 12년 동안 같이 산 남편, 랠프가 그녀를 떠나던 날 시작되었다. 나와 처음 만났을 때 그들은 곧 이혼할 참이었다. 재닛을 보면서 몹시 놀라웠던 것은 그녀가 이혼을 전혀 받아들이려 하지 않는다는 것이었다.

결국 두 사람은 이혼했고 그 뒤 3개월이 지난 어느 날, 그녀가 나를 찾아왔다.

"당신은 마치 랠프가 지금 이혼을 하려는 것처럼 현재형으로 말하고 있어요. 그러나 현실에서 이혼은 이미 과거의 일이 됐습니다. 당신은 랠프와 이혼했어요. 끝난 거라고요. 완결된 겁니다. 그런데도 마치 그 일이 아직도 진행중인 것처럼 느끼고 있어요. 물론 이해할 수는 있습니다. 변화를 받아들이는 게 쉽지는 않을 테니까요. 하지만 계속 우울해하는 이유가 바로 그것 때문이라는 게 문제죠. 당신이 이혼을 과거지사로 받아들일 수 있도록 돕는 것 말고는 우울증을 멈출 방법이 없을 것 같습니다."

"저는 그 일을 과거로 생각하고 싶지 않아요."

재닛은 조금도 주저하지 않고 말했다.

그녀의 솔직한 발언에 깜짝 놀란 건 이제껏 복잡한 미로 같은 신경증 환자에게 익숙해 있었기 때문일 것이다. 한참 뒤에야 나는 겨우 이렇게 대답했다.

"그래요, 그것도 이해할 수 있어요. 하지만 그러면 우리 모두 힘들어집니다. 그렇지 않을까요? 지금 당신이 원하는 것과 가능한 것 사이에는 충돌이 있습니다. 당신의 의지와 현실처럼 말이지요. 그 충돌이 바로 당신 우울증의 '이유'입니다. 그리고 현실을 받아들일 때까지, 심지어 랠프를 용서하는 시점에 이르기까지 당신은 분명 계속해서 우울증에 빠져 있을 거예요."

"그를 용서하느니 차라리 우울증에 빠져 있는 게 나아요."

그녀는 쌀쌀맞게 대답했다.

이번에는 나도 본능적으로 대답했다.

"성경에, 정확히 어느 부분인지는 잘 모르지만, 이런 구절이 있습니다. '원수 갚는 것이 내게 있으니 내가 갚으리라고 주께서 말씀하시니라.' 이 말이 무엇을 의미한다고 생각하세요?"

140

"그딴 종교적 헛소리라면 듣고 싶지 않아요."

재닛의 태도는 강경했다.

그녀는 치료가 '효과가 없었기' 때문에 세 번 만에 치료를 중단했다 (이 사례는 《곧 만날 세상 *A World Waiting to Be Born*》에 훨씬 더 심도 있게 설명되어 있다).

재닛이 말한 '그딴 종교적인 헛소리'로 끝이 마무리된 건 우연이 아니었다. 저항이 현저하게 심각해질 때마다 나는 최소한 심리적 문제만큼 영적인 문제도 심각한 상태라고 느낀다. 사람은 자기보다 높은 어떤 힘에 의해 약간이라도 자존심이 상하는 것을 원하지 않는다. 심지어 그 힘이 순전히 '삶' 또는 '현실'이라는 이름일 때도 말이다. 이런 태도를 취하는 사람은 세상과의 관계가 아주 극단적인 단계까지 심각하게 나빠져 있는 것이다.

처음부터 밝혔지만 이 장에서 정신의학 교과서를 쓸 생각은 아니다. 게다가 정서적인 고통 대부분이 전적으로 심리적이라는 사실을 고려하면 지금까지 내가 심리적 고통을 다룬 범위는 극히 짧고 피상적이다. 하지만 어떤 고통, 즉 죽음에까지 이르는 심리적 고통을 깊이 고찰할 때 우리는 다시 그 개념으로 돌아갈 수밖에 없다. 이는 죽음과 관계된 생존의 고통이 안락사 논쟁에 관한 핵심 문제이기 때문이다.

그러기에 앞서 간단하나마 정서적 고통의 한 유형으로 속죄의 고통을 언급할 필요가 있을 것이다. 이 고통은 생존에 관한 것이기도 하고 안락사에 관한 논의와도 관계가 있지만 정신의학 교과서에는 나오지 않는다. 그러나 분명히 독립적으로 다룰 만한 가치가 있는 고통이다. 속죄의 고통은 누군가 타인의 정서적 고통을 떠안음으로써 고통받은 이가 어떤 식으로든 치료되거나 구제받을 때 일어난다.

어떤 면에서 속죄의 고통은 꽤 단순한 편이다. 당신이 내 절친인데 현재 당신은 어머니의 죽음으로 정서적 고통에 빠져 있다고 가정해보자. 당신은 내 친구이므로 나 또한 고통스럽다. 그러나 나는 그것을 고통으로 여기고 싶지 않다. 그래서 내 기분도 좀 나아질 겸 친구의 고통을 달래주려는 마음으로 위로의 말을 건넨다.

"어머니 일로 너무 슬퍼하지 마. 어머니는 분명 천국에 가셨을 거야."

기분이 어떤가?

아마 훨씬 더 안 좋아졌을 것이다. 외로움과 오해와 무시를 당한 기분을 느꼈을지도 모른다. 그게 정상이다. 내 말의 진의는 당신을 보살피려는 마음이 아니라 나 자신을 위한 것이었기 때문이다.

이런 상황에서 내가 할 수 있는 진정한 사랑의 행위는 오직 당신의 고통을 기꺼이 나누려 하고 당신이 느끼는 고통을 함께하며 진실한 마음으로 이렇게 말하는 것이다.

"이럴 수가! 정말 가슴 아프다. 너한테는 분명 감당하기 어려운 고통일 거야. 잠시라도 너와 함께 있고 싶은데…… 아니면 혼자 있는 게 더 낫겠니?"

이런 반응 역시 당신에게 아무런 도움이 안 될지도 모른다. 그러나 이 말은 적어도 당신이 존중받고 있으며 적어도 혼자라는 느낌을 덜어줄 가능성이 훨씬 높다.

속죄의 고통에 특별히 의문스러운 점은 없다. 그렇지만 어떤 부분에서는 꽤 이해하기 어렵다고 생각될 만한 이유가 있다고 본다. 그래서 사실 말하기가 망설여지기도 한다. 사람들이 무의식적으로, 심지어 자신이 무엇을 하고 있는지 또는 왜 고통을 겪어야 하는지도 모른 채 타인의 고통을 나누어 짊어지는 것이 가능할까? 그것이 자신을 위한 일일까? 그러리라는 추측은 할 수 있지만 정확히 증명할 수는 없다. 타인의 고통을 얼마간 나누어 갖는 것은 가능할지 모른다. 하지만 그렇게 하는 것이 과연 효과적인 속죄가 되는 것인지는 잘 모르겠다.

하지만 많은 사람들이 실제로 친한 친구나 친지의 죽어가는 과정에 깊이 관여함으로써 이상하리만치 고양되고, 어떤 의미에서는 구원을 받는 것 같았다고 이야기한다. 그리고 그들은 한결같이 그들의 죽음을 '훌륭한 죽음'이라고 말한다. 그렇다고 이것이 안락사로 인한 죽음을 의미하는 것은 아니다. 오히려 그 반대로, 곧 알게 되겠지만 안락사는 그 과정에서 항상 깊은 양면성을 남기는 것 같다. 그들이 말하는 죽음은 어떻든 다음의 여섯 가지 기준에 부합하는 죽음이다.

1. 자살이나 살인의 결과가 아닌 자연스러운 죽음이다.
2. 육체적 통증이 없어야 한다. 자연적인 것이든 고통을 완화시키는 적절한 약효 덕분이든 관계없다.
3. 타인과의 용서와 화해가 잘 이루어진 상태에서 맞이하는 죽음이다.
4. 의식적으로 죽음에 대해 마음의 준비가 돼 있어야 한다. 즉, 자신의 죽음이 임박했음을 부인하지 않는다.
5. 어떤 방식으로든 죽음을 맞을 준비가 되어 있음을 표현하고 작별인사를 한다.
6. 이렇게 할 수 있는 이유는 죽음을 온전히 받아들이는 데 필요한 생존적 고통을 경험했기 때문이다(이런 유형의 경험은 7장에서 깊게 다룰 것이다).

죽음이 이 모든 기준을 동시에 충족시킨다는 것은 놀랄 일이다. 그럼에도 불구하고 상당수가 이런 죽음을 맞이하며 그럼으로써 어떤 속죄의 기능을 수행하는 것처럼 보인다. 어떻게 보면 어둠이 내려앉은 이 시간을 더 연장시키는 것은 불필요하다. 더불어 나는 인간이 생존적 고통을 겪을 때 비록 타인을 구원하지는 못하더라도 최소한 자신은 구원한다는 것을 확신한다.

04

살인, 자살 그리고 자연사

나는 정서적 고통과 육체적 고통, 그리고 생명선을 끊는 일이 대개는 복잡한 문제라는 것을 보여주고 싶었다. 안락사 같은 아주 중요한 주제에 너무 단순하게 접근하는 것을 반대하기 때문이다. 이 장에서는 살인과 자살, 자연사의 차이점을 살펴보는 것으로 그 복잡성에 대한 이야기를 마무리할 것이다. 많은 이들이 처음에는 복잡한 차이가 있다고 생각하지 않겠지만 이런 죽음들 사이에도 서로 모호함이 내재되어 있음을 곧 알게 될 것이다. 마침내 이 장의 끝부분인 안락사의 정의에 도달하기 전까지 우리는 이런 모호함과 씨름해야 한다.

살인 - 낙태와 안락사, 사형제도에서의 살인

살인과 자살은 모두 죽음의 형태이다. 그러나 이에 대한 우리의 태도는 현저하게 다르다. 우리는 보통 살인자에게는 분노를 느끼며 처벌을 원하지만 자살에 대해서는 오히려 동정심을 느낀다. 미국에서는 자살 자체가 더 이상 불법이 아니다. 그래서 자살을 시도했다가 공식적인 재판에 회부된 사람은 없다. 자기 의사와는 무관하게 병원에 입원될 수는 있어도 결코 구속되지는 않는다.

왜 이런 차이가 존재하는가? 이것은 명백히 의지의 문제다. 살인을 저지르는 사람은 타인의 의지에 반해 그 생명을 빼앗는 것이다. 자살은 어쩌면 자기-범죄지만 피해자의 의지와 일치하는 범죄다. 그러나 살인은 그렇지 않다.

따라서 살인의 정의는 간단해 보일 것이다. 타인의 의지에 반해 다른 사람의 생명을 빼앗는 행위. 그러나 이것은 그렇게 간단하지 않다.

먼저 합법적인 절차에 따라 살인자를 재판에 회부하는 문제를 생각해보자. 이것은 유죄냐 무죄냐의 단순한 문제가 아니다. 거기에는 모든 범위의 판결이 가능하다. 1급 살인죄 또는 2급 살인죄, 모살에 의한 유죄가 아니라 과실치사죄, 정신이상으로 유죄를 판결할 수 없는 경우 등 다양하다(실제로는 드물게 발생하지만 이 마지막 판결을 다루는 것은 상당히 어렵다. 내 생각에는 살인을 저지른 정신이상자도 똑같이 살인죄를 범한 것이다. 나는 이런 경우 사건에 대한 책임이 아니라 살인자가 어떻게 다루어져야 하는가가 핵심이라고 믿는다).

물론 살인은 충동적으로 일어나는 경우가 많다. 술을 마시지도 않은 운전자가 밤에 도로를 달리다 어두운 색 복장의 자전거를 타고 가는 사람을 치는 것도 그 사람의 의지에 반해 생명을 빼앗은 것이다. 그러나 운전자에게는 죽일 의도가 없었고 게다가 부주의하지도 않았다. 따라서 살인은 희생자의 의지뿐만 아니라 가해자의 의지와도 커다란 관계가 있는 것처럼 보인다. 심지어 그 운전자는 기소되지 않을 수도 있다.

군인의 경우도 마찬가지다. 국가를 위해 전장에서 의도적으로 적을 죽이는 행위로는 기소가 되지 않을 것이다. 군인은 적을 죽이려는 매우 강한 의지를 지니고 있지만 그런 행위의 결과는 처벌이 아닌 훈장이 될 것이다. 전시에는 살인의 개념이 다르게 적용되기 때문이다.

하지만 모든 경우에서 다 똑같은 것은 아니다. 요즘에는 전투원과 비전투원 사이를 구별하려고 한다. 비무장 민간인을 죽인 군인은 실제 전쟁 범죄로 재판을 받을지도 모른다. 그러나 이런 차이점 역시 전쟁이 격렬할 때에는 원칙에서 벗어나는 경향이 있다. 게다가 전투원과 비전투원을 구별하는 방법도 항상 명확하지는 않다. 결국 히로시마와 나가사키의 핵폭탄과 드레스덴과 도쿄의 소이탄 폭격으로 일어난 참극처럼, 옳은 결정이라고 판단되는 상황일지라도 민간인 밀집 지역을 파괴시키는 결과를 초래할지도 모른다.

성문윤리와 상황윤리의 차이에 관한 논의는 어쩌면 해묵은 것이다.

어떤 행위가 일어난 전체적인 상황이나 맥락을 고려하지 않고 그 행위에 대해 도덕적인 판단을 내릴 수 없다는 것이 상황윤리의 논지다. 예를 들어 면허증을 소지한 정상적인 정신 상태의 운전자가 밤에 자전거를 탄 사람을 치어 사망케 한 일이 그런 경우에 해당한다. 만약 그 운전자가 술에 취해 있었고 면허도 없는 상태였다면 이것은 음주

및 무면허 운전에 의한 살인 사건으로 앞의 경우와는 또 다른 것이다.

성문윤리는 상황윤리의 반대다. 함무라비 법전과 십계명은 상황에 관계없이 그 자체로 해서는 안 되는 특정 행동을 규정한 고대 도덕률의 대표적인 예다. 예를 들어 십계명의 여섯 번째 계명은 단호하게 이렇게 말한다. '살인하지 마라.' 절대로 이렇게 말하는 것이 아니다. '블레셋인 외에는 살인하지 마라' 또는 '전쟁할 때 외에는 살인하지 마라' 또는 '정당방위의 경우를 제외하고는 살인하지 마라.' 오로지 '살인하지 마라'고 할 뿐 더 이상 아무것도 덧붙이지 않는다!

수백 년 동안 우리 사회는 성문윤리에서 상황윤리 쪽으로 진화되어 왔다. 변호사 사무실을 방문해보라. 한쪽 벽 책장에 가죽 장정의 커다란 책들이 빽빽이 채워져 있는 모습을 볼 수 있을 것이다. 이런 책들에는 다음과 같은 판례들이 있을 것이다. '존스 대 스미스 사건과 같은 경우를 제외하고 계약을 파기해선 안 된다…… 또는 리보이츠 대 오라일리건과 같은 경우를 제외하고 계약을 파기해선 안 된다…… 또는 호사카 대 시우 사건과 같은 경우를 제외하고 계약을 파기해선 안 된다…….' 이런 판결들은 법전에 적용되지 않는 상황을 기술하고 있기 때문에 정확하게 선례를 정하고 있다.

대체로 나는 이런 사회적 변화를 열렬히 찬성한다. 이것은 일반적으로 극히 단순한 것에서 벗어나 더욱 복합적인 방향으로 진행되는 문명의 진화다. 그러나 사려 깊은 사람들이 말하는 소위 종교적 정의처럼 나 또한 자못 염려되는 부분이 있다. 그것은 상황윤리가 실제 무슨 일이든 허용되는 특정 상황을 만들게끔 부채질할지도 모른다는 것이다. 전쟁이 바로 그렇다. 전쟁이 모호함으로 가득하다는 것을 고려하면 전시의 상황윤리는 결과가 수단을 정당화한다는 명제 쪽으로 우리를 몰아가다시피 할 것이다. 그러나 이것은 대부분 불안정한 명제다. 누군가 이런 의문을 던진 적이 있다. "만약 목적이 수단을 정당화하지 않는다면 무엇이 정당화시킨단 말인가?" 또 다른 한편에서는 전쟁 범죄자와 싸우기 위해 자신 또한 전쟁 범죄자가 될 때 그것이야말로 진정한 타락이라는 말도 있다. 물론 여기서 정의로운 전쟁 같은 건 있을 수 없다고 말하는 것이 아니다. 그러나 나는 오로지 근본적이고 절대적인 성문윤리인 '살인하지 마라'만이 전쟁에 돌입하기 전에 우리를 잠깐 멈춰 세우고 적어도 이것이 정의로운 것인지 정의롭지 못한 것인지를 생각하게 만든다는 것을 믿는다.

정당방위와 전쟁에 더하여, 미국은 주마다 정도의 차이는 있지만 가치의 양면성을 지니고 있는 '살인'을 합법화시키고 있다. 낙태와 사형제도가 그것이다.

내가 '살인'이라는 단어에 인용부호를 사용한 이유는 그것을 정당화시키고 있는 법률의 윤리적 판단에 가장 많은 의문을 품고 있기 때문이다. 실제로 미국은 보편적으로 낙태와 사형을 정당화한다. 이는 두 결정에 상황윤리를 깊이 적용하기 때문이다. 미국은 임신이 매우 부담스러운 상황이 될 수 있기 때문에 그런 경우 생명의 존엄성이 적용될 필요가 없다고 생각한다. 마찬가지로 어떤 범죄는 너무 극악해서 생명을 박탈하는 복수가 정당화될 수 있다고도 생각한다.

그러나 이런 문제에서 성문윤리를 적용할 것이냐 상황윤리를 적용할 것이냐의 논의는 그 적용의 일관성 때문에 주목받아온 것은 아니다. 낙태를 찬성하는 많은 사람들(상황론자)은 사형에 있어서는 가장 강력한 반대자이다. 반대로 절대론자의 성문윤리에 기초하여 생명의 존엄성을 들어 낙태를 반대하는 많은 사람들은 대부분 범죄자의 사형 집행에 있어서는 그 제한규정을 완화하자는 의견에 찬성한다.

일관성을 주장하는 수많은 미디어 해설가와 일부 법률 전문가들은 이미 안락사 논쟁과 낙태 논쟁을 연계시켰다. 만약 한 여성이 의료 전문가의 도움으로 태아를 중절할 수 있는 권리가 있다면 '왜 개인은 의학적 도움을 빌어 자기 생명을 마칠 똑같은 권리를 가져선 안 되는가?'라고 주장할 수도 있다. 그러나 나는 여기서 '어리석은 일관성은 옹졸한 도깨비'라고 표현한 에머슨Emerson의 말이 떠오른다. 물론 그가 다소 강하게 표현했다는 것은 인정한다. 어쨌든 나는 일관성을 위한 노력이 타당하다고 믿는다. 그러나 우리가 일관성을 하나의 우상으로 받아들인다면 이것 또한 어리석은 일이 될 것이다. 특별히 이런 경우 낙태와 사형, 그리고 안락사의 문제를 억지로 연결시키면 판단이 더욱 어려워질 수밖에 없다.

이제 곧 알게 되겠지만 일부 신학적인 입장에서는 안락사와 나머지 두 사안이 같이 논의되는 것을 우려한다. 사실 이 문제들이 연계성을 가지고 논의되어야 할 필요가 있는 것은 아니다. 그렇게 하면 오히려 본질이 흐려지고 각 논쟁의 가치도 떨어질 것이다. 나는 미완의 상태를 바라는 것이 아니다. 물론 생명의 존엄성에 관한 문제는 세 논쟁 전부의 핵심일 뿐 아니라 또 각각 고려되어야 한다. 이것은 또한 동물의 권리, 식물의 권리 그리고 환경 보호에 관한 문제에서도 아주 중요한 부분이다. 동시에 낙태와 안락사, 사형 모두 제각기 심오한 쟁점이 있다. 이 책의 주제는 어차피 안락사이므로 이 세 가지 논쟁을 공평하게 다룰 수가 없다. 내 생각엔 낙태와 사형은 적절한 사회적 관심을 받고 있지만 안락사는 그렇지 못하다. 따라서 변덕스럽게 여겨질지 모르나 나는 여기서 낙태 또는 사형에 내재된 강한 모호성을 파헤칠 의도는 없다(《끝나지 않은 여행》에서 낙태의 모호함에 대해 간단히 언급했다).

그러나 사형과 낙태에 대해 대중적 토론이 활발하게 이루어지는 것을 기쁘게 생각한다는 점은 밝혀두고 싶다. 어느 토론이든 한쪽이 극단으로 치우치거나 다른 한쪽이 완전히 승리한다면 이는 끔찍한 일이 될 것이다. 나는 어느 정도 비관론적 입장에 속한다. 나는 가끔 이 사회가 영락의 길을 향하고 있다고 말하는 종말론자이기도 하다. 이런 논쟁이 비록 불편하고 어렵다 할지라도 나는 이런 주제의 토론이 이루어지는 사회가 자랑스럽다. 이런 논쟁의 복합성을 피해 가려고 하지 않기 때문이다. 이 두 문제에 관한 한, 적어도 이 나라 국민의 한 사람으로서, 우리는 지금 아주 적절히 공동적으로 우리들의 합법적 고통에 대하여 생존적 작업을 수행하고 있다고 믿는다.

소위 자비로운 살인에 해당하는 영역은 어디까지인가?

나는 살인이란 '의도적으로 타인의 의지에 반해 다른 생명을 빼앗는 행위'라고 정의했다. 따분한 일일지도 모르지만 우리는 이 정의의 단어 하나하나를 보다 더 면밀하게 들여다보아야 할 필요가 있다.

우선 '생명'과 '빼앗는 행위'를 살펴보자. 만약 '생명'이 무의식 상태에서 크고 무거운 여러 생명유지장치에 의존한 채 살아가는 말기 환자에게서도 측정되는 심장박동과 뇌파의 존재로 정의된다면, 그리고 '빼앗는 행위'가 부분적으로 그 생명유지장치 중 하나를 제거하는 것으로 정의된다면, 나는 30여 년 전 아침, 신경정신과 병동에서 토니의 정맥주사관의 죔쇠를 돌린 행위로 살인죄를 범한 것이 될 것이다. 그러나 나는 내가 그 환자를 '살인했다'고 생각하지 않는다. 생명을 빼앗는 것과 죽음을 허용하는 것 사이에는 결정적인 차이가 있다. 그처럼 명확한 환경에서 과도한 조치를 제거하는 것은 살인이 아니라고 믿는다. 절대로 살해가 아니다. 따라서 그것은 자비로운 살해도 아니다. 또한 내가 궁극적으로 안락사라고 정의하려는 것도 살해가 아니다. 그것은 단순히 이미 죽어가고 있는 누군가의 생명선을 끊거나 자연스러운 죽음을 허용하는 것이다.

나는 앞서 1939년 9월말부터 1941년 8월초까지 독일의 나치 정부가 정신지체자, 정신분열증 환자, 치매에 걸린 사람 7만 명을 선별해 그들을 가스와 독극물 주사로 학살한 사실을 언급했다. 그들은 이 계획을 안락사 프로그램이라고 불렀다. 여기에서 생명을 빼앗은 것은 의문의 여지가 없다. 희생자들은 죽음을 허용한 것이 아니라 살해당했다. 그런데 나치는 스스로 그 행위를 자비로운 살인이라고 말했다. 그들은 희생자들의 삶의 질이 너무 열악해서 죽는 게 더 나을 것이라는 추정 하에 저지른 살인 행위를 자비로 간주했다.

그러나 추정은 항상 의문을 남기게 마련이다. 보다 명확한 의문으로 다음과 같은 점을 들 수 있다. 그 희생자들의 의지는 무엇이었나? 나치의 관료들은 어쩌면 희생자들을 일컬어 자신의 의지를 표현할 수 없을 정도의 정신이상자들이라고 강변할 수도 있다. 그러나 그들은 죽기 전까지 배급된 음식과 음료를 허기진 듯, 갈증에 급급해 주는 대로 다 먹었다. 그들은 생명유지장치에 의지하고 있지도 않았다. 적어도 그들이 우울증을 앓았거나 자살 충동을 느꼈다는 어떤 증거도 없다. 따라서 우리는 당연히 그 희생자들이 그들의 의지와는 상관없이 살해당했다고 추정할 수 있다. 그와 더불어 나치가 그런 짓을 저지른 것은 자비를 베풀려는 마음보다 경제적 이유가 훨씬 더 컸다는 추정도 가능하다.

하지만 오늘날 더러 일어나는 사건인, 여전히 허기와 갈증을 느끼고 있지만 오랫동안 불구의 몸으로 살아온 아내를 살해한 남편의 동기는 무엇일까? 아내의 동의는 구한 것일까? 남편은 "저는 끔찍한 상황에서 그녀를 빼내야만 했어요. 자비를 베푼 거라고요"라고 말할 것이다. 사실이 아니라는 증거는 없지만 그가 벗어나게 해주고 싶었던 끔찍한 환경은 아내가 아니라 바로 자신이었고, 따라서 그가 말하는 자비는 살인자의 자기변호에 지나지 않는다.

그렇다면 자살을 돕는 행위는 어떤가? 그것도 살인일까? 이럴 경우 상황은 더욱 애매해진다. 분명 어떤 사람이 죽기를 원할 때 그것을 도운 사람은, 만약 조금이라도 그가 유죄라면, 피해자 없는 범죄를 저지른 것이다. 피해자가 없는 범죄를 과연 살인이라고 단정 지을 수 있을까? 미국의 일부 주에서는 그것을 범죄로 단정하긴 하지만 정말 그게 범죄일까?

사실 이런 질문들은 매우 복잡한 문제여서 당장 답을 내리기는 어렵다. 결국 나는 여러 견해를 제안할 것이다. 하지만 그러기 전에 우리는 다른 많은 문제를 살펴볼 필요가 있다. 예를 들어 우리는 아직 자살에 대해서 또 그것이 어떻게 자연사와 구별될 수 있는지조차 자세히 살펴보지 않았다. 더불어 여러 쟁점들이 뒤따를 것이다. 안락사의 정의도 그중 하나다. 자살을 돕는 행위에 대한 문제는 이 책에서 언급될 가장 마지막 사안이 될 것이다.

자살 — 그 선택을 존중해야 하는가

살인의 정의가 얼핏 생각하는 것처럼 그렇게 명확하지 않다는 것을 알게 된 지금 우리는 자살에 대해서도 같은 사실을 발견하게 될 것이다.

가끔은 실제로 자살(자기 살해)과 살인(타인 살해)을 구별하는 것이 불가능할 때가 있다. 심사숙고 끝에 자살특공대에 자원하는 군인이나 테러리스트를 생각해보자.

인간이 살면서 보일 수 있는 행태는 거의 무한에 가깝다. 나는 수십 년 전 신문에서 한 남자의 이야기를 읽은 적이 있다. 그는 사막에서 자신을 죽여줄 범죄자를 계속해서 고용했다(그들은 멍청이들이 아니었다. 범죄자들은 의뢰받은 일을 완수하지 않은 채 너도나도 보수만 챙겨 도망쳤다). 이것은 극단적인 사례다. 그러나 매년 수천 명의 사람이 더 교묘한 방식으로 자신이 죽게 되는 상황을 연출한다. 그들은 일반적으로 자살을 거부하지만 그들을 진찰한 정신과 의사들은 이와 다른 생각을 갖고 있다. 그들에게는 죽고 싶은 욕구가 무의식 깊은 곳에 강하게 자리잡고 있을 수도 있다(자살의 모호성에 대해 흥미가 있는 사람들은 존 도넬리John Donnelly가 엮은 철학 시리즈 중 현대의 쟁점,《자살: 옳은가 그렇지 않은가Suicide: Right or Wrong》를 읽어보는 것도 좋을 것이다).

또한 자살과 살인은 문화와도 관련이 있는 것처럼 보인다. 살인율이 높은 문화에서는 자살률이 낮은 편이며 그 반대의 경우도 마찬가지다. 예외는 있지만 대체로 자살률이 높은 나라에서는 살인 발생률이 낮다. 자살과 살인을 꼭 동전의 양면이라고 할 수는 없지만 어쨌든 그 둘은 일종의 혈연관계나 마찬가지다.

그렇다면 살인의 경우처럼, 자살에도 정당화되는 경우와 정당화될 수 없는 경우가 존재할까? 자살은 법에 저촉되는 것이 아니기 때문에 합법성의 문제는 아니다. 그렇기는 하지만, 나는 어떤 자살은 다른 것보다 좀 더 정당화될 수도 있다고 믿는다. 나는 로저의 자살과 하워드의 자살에 대해 서로 다른 감정을 느끼며, 만약 내가 로저처럼 도무지 어쩔 수 없는 불쾌감을 지니고 살게 된다면 나 역시 스스로 목을 맸을 가능성이 매우 컸을 것이라고 말했다. 한편, 나는 또한 하워드가 자신을 쏜 일, 적어도 이 부분은 하워드가 나와의 만남을 피하기 위해서였다는 것과 그의 행동에는 겁이라는 요소가 포함되었었다는 것을 완곡히 언급했다. 많은 정신과 의사들이 둘 중 하워드가 더 심각한 정신병을 앓고 있었다고 생각하겠지만 나는 내게뿐만 아니라 다른 많은 일에 대해서도 드러났던 그의 회피성이 바로 삶을 포기한 주요 원인이었다고 생각한다. 어쩌면 안락사 현상을 이해하는 데에 있어서 우리는 회피와 포기의 문제에 더 많은 관심을 기울이게 될 것이다.

물론 로저와 하워드의 자살은 안락사의 경우가 아니다. 그리고 우리의 주제는 일반적 자살이 아닌 안락사다. 그렇다면 안락사가 아니면서 그것에 가장 가까운 자살의 경우를 생각해보자.

나는 가정의학과 의사인 친구 제이슨에게서 빅토리아의 이야기를 들었다. 제이슨에 의하면, 가정의학과 쪽에서는 이와 유사한 이야기가 전혀 없는 건 아니라고 했다.

빅토리아는 여러 모로 볼 때 성공한 여성이었다. 네 살 연하인 남편 아서는 젊은 시절에 굉장히 큰돈을 벌었다. 그녀는 딸 셋을 낳아 키웠는데 딸들도 각자 독립해서 잘 살았다. 인생의 막바지에 이르렀을 무렵, 빅토리아에게는 훌륭하게 장성한 7명의 손자가 있었고 이들은 머지않아 그녀에게 증손자들을 안겨줄 예정이었다. 그녀가 이 집의 군주임은 분명한 사실이었다.

그러나 그녀의 인생은 그리 단순하지 않았다. 비록 정신과 치료를 받지는 않았지만 그녀는 30대와 50대에 2년 동안 심각한 우울증을 앓았다. 이 우울증은 어쩌면 그녀와 아서의 관계가 소원해진 것과 관련이 있을 것이다. 아서는 65세에 은퇴한 뒤로 술을 마시는 일에도 흥미를 잃었다. 오랫동안 그의 마음은 다른 곳에 있었다. 이처럼 그의 마음이 가정에서 멀어진 이유는 어찌 보면 빅토리아에게 다소 지배적인 성향이 있었기 때문인지도 모른다.

딸들과 그녀의 관계는 양면적이었다. 딸들은 빅토리아의 위엄을 존경했고 가정을 이끌어가는 능력은 물론 자신들에게 쏟은 명백한 사랑의 헌신에 감사했다. 그러나 한편으로는 교묘하거나 아니면 노골적으로 자신들을 통제하는 그녀의 행동에 종종 화가 났다. 이성적으로, 때로는 비이성적으로 빅토리아는 모든 것을 자신의 뜻대로 하고 싶어했다.

79세 때 뇌졸중으로 오른쪽 팔이 완전히 마비된 것은 그녀에게 특히 고통스러운 사건이었다. 그래도 1년 동안은 그럭저럭 잘 지내는 것처럼 보였다. 그러나 그 뒤 그녀는 또 다시 심각한 우울증에 빠지게 되었다. 한 손을 쓸 수 없었기 때문에 옷을 갈아입을 때마다 가정부나 아서의 도움을 받아야만 했다. 이런 현실 때문에 그녀는 매일 억누를 수 없는 분노를 느꼈다.

괴로워하던 빅토리아는 내 친구 제이슨을 찾아와 의료적 도움을 요청했다. 그녀에게 우울증이 있는 것을 알아차린 제이슨은 그녀를 한 정신과 의사에게 보냈다. 하지만 그 의사는 그녀를 감당할 수가 없었다. 그래서 그녀는 계속해서 제이슨을 의지할 수밖에 없었다. 81세가 되자 빅토리아는 일 년 동안 마술 같은 해결책을 얻기 위해 다른 숱한 정신과 의사들을 찾아다녔다. 그 과정에서 다양하고 많은 양의 약물 치료를 받았는데 그중 대부분이 진정제였다.

82세가 되자 그녀는 이런 약들을 과다복용하기 시작했다. 남편은 가끔씩, 가정부는 보다 더 자주 아침에 혼수상태나 반혼수상태로 침대에 누워 있는 그녀를 발견하곤 했다. 그럴 때마다 그들은 딸들을 부르거나 보통 제이슨을 불렀다. 가끔 상황을 설명할 때 보면 빅토리아는 노망이 든 것처럼 행동하기도 했다. 무슨 약을 복용했는지 또는 얼마나, 왜 복용했는지 어떻게 기억할 수 있었을까? 어떤 때 딸들은 빅토리아가 자살하려는 의도를 감추느라 기억을 못하는 척할 뿐이라고 여겼다.

빅토리아는 83세가 되자 거의 일주일에 한 번꼴로 약물 과다복용 문제를 일으켰다. 결국 딸들은 사랑하는 엄마의 삶에 '개입'하기 위해 한자리에 모였다. 그들은 빅토리아에게 더 이상 약을 조절할 능력이 없는 게 확실하다고 말했다. 적정량의 약을 복용하는 문제나 목욕, 옷 갈아입는 일에 도움을 받으려면 그녀에게는 24시간 곁에서 돌봐줄 간병인이 필요했다. 간병인을 채용하는 것은 쉬운 일이었다. 그러나 빅토리아는 반대했다. 결국 자살 문제가 불거졌다. 그녀는 자신이 정말 치사량의 약을 복용하면 어떻게 될지 물었다. 몹시 세속적이었던 빅토리아와는 달리 딸들은 종교적인 편이었다. 그들은 자연스러운 죽음의 때가 오기 전에 빅토리아가 죽는 것을 보고 싶지 않다며, 자살이 왜 파문이 되는지 확실한 신학적 이유를 일러주었다. 빅토리아는 그 말을 알아듣는 눈치였다.

이후 빅토리아는 이틀 동안 딸들이 고용했던 세 명의 간병인을 해고해버렸다. 다시 개입할 수밖에 없었다. 딸들은 비록 빅토리아의 호소를 들어주긴 했지만 이제 간병인을 해고할 수는 없다고 말했다. 그 말에 빅토리아는 불같이 화를 냈다.

"나를 아예 요양원에 보내버리지 그러니?"

그녀는 바락바락 소리를 질렀다. 딸들은 자신들이 세심하게 보살필 것이므로 그럴 필요는 없을 것이라며 반박했다.

그 이후로 약물 과다복용이나 해고는 더 이상 없었다. 빅토리아는 풀이 죽고 거의 넋이 나간 것처럼 보였다. 3주가 지나자 약간 기운을 차린 것 같더니 점차 음식을 멀리하기 시작했다. 뇌졸중 때문에 식성이 까다로워져 비쩍 마른 그녀는 식욕이 없다고 말했다. 그녀는 점점 쇠약해졌다. 딸들은 그녀가 죽으려고 일부러 굶는 건 아닌가 의심했지만 그녀는 그에 대해서는 끝까지 함구했다.

빅토리아가 굶주림으로 거의 죽어갈 무렵 딸들은 제이슨을 불렀다. 그는 방에 혼자 들어갔다. 빅토리아는 제이슨을 경계하는 눈치였다. 그들이 나눈 대화는 매우 짧았다.

"음식을 드시지 않으면 돌아가실지도 몰라요."

제이슨이 그녀에게 말했다.

그녀는 그를 아주 날카롭게 쏘아보았다.

"제대로 봤어요. 내가 원하던 바예요."

제이슨은 거실로 나와 딸들에게 빅토리아와 나눈 대화를 들려주었다. 그들은 그녀에게 선택권을 주기로 결정했다. 그리고 48시간 뒤, 거의 반혼수상태로 불안해하던 그녀는 마치 악몽을 꾸는 듯 죽어갔다. 딸들은 차마 그 모습을 지켜볼 수 없었다. 그녀가 숨을 완전히 거두자 가족들은 생전에 그러했듯이 죽음도 그렇게 선택한 대단한 여성으로서 그녀에게 경의를 표했다.

빅토리아의 죽음은 여러 이유로 안락사의 사례라고 보기는 어렵다. 그녀는 치명적인 질병을 앓고 있지 않았다. 또한 실제로 그녀는 자신의 육체가 죽어가는 과정을 회피하려고 노력하지 않았다. 우울증이라는 뚜렷한 정신질환이 있을 뿐이었다. 실제로 우울증의 일반적인 증상 중 하나는 심각한 식욕 부진인데, 그녀가 자살 수단으로 굶주림을 선택한 이유도 이것과 어느 정도 관련이 있었을 것이다. 그녀의 죽음을 자살로 보는 것은 분명 타당했으며 이 일은 그렇게 마무리되었다.

한편 이 사례는 자살을 도운 경우라고도 할 수 없다. 하지만 여기서 상황이 애매해지기 시작한다. 보통 안락사에서처럼 자살을 돕는 경우를 제외하면 친척들과 의료 종사자들의 통상적인 반응은 자살을 막기 위해 최선을 다하는 것이다. 그러나 이 경우, 의사인 제이슨과 빅토리아의 딸들은 모두 그것을 막지 않기로 결정했다. 왜 그렇게 방치했을까? 자살은 범죄로 간주되지 않는다 해도 그것을 돕는 것은 범죄에 해당한다. 그럼 방치한 것은 어떻게 되는 것일까? 제이슨과 빅토리아의 딸들은 방치라는 죄를 지은 것일까?

나는 그들이 죄를 지었다고 생각하지 않는다. 물론 그들의 고의적인 수동성에 범죄의 여지가 전혀 없다고 생각하는 것은 아니다. 하지만 그들은 곤경에 빠진 상태였다. 나는 오랫동안 우울증을 앓고 있는 데다가 불구의 몸 때문에 가능한 한 빨리 죽을 결심을 굳힌 83세의 인간에게 강제로 음식을 먹이는 과도한 조치가 훨씬 더 큰 범죄였을지 모른다고 생각한다. 어떤 의미에서 그들은 빅토리아가 자신의 생명선을 끊는 것을 허용했던 것이다.

어쨌든 살인과 자살의 차이를 보더라도 삶의 범주란 우리 생각대로 항상 명확한 것은 아니다. 이런 경우 우리는 고전적인 안락사와 고전적인 자살 사이, 알 수 없는 그 어딘가에 있는 것이다. 실제로 그것이 맞는 이유는 빅토리아의 사례는 앞으로 우리가 더 논의해야 할 여러 고전적인 안락사의 특징을 보여주기 때문이다.

이 사례가 한 가지 우리에게 보여주는 것은 자살하려고 마음먹은 자의 대단한 의지다. 어쨌든 최악의 방식은 아니었고 제이슨의 말처럼 전혀 들어보지 못한 방법도 아니었지만, 이렇게 스스로 굶어죽는 것은 서서히 죽어가는 방법이다. 빅토리아의 경우에는 3주 이상이 걸렸다. 그럼에도 불구하고 그 시간 동안 그녀의 의지는 전혀 흔들리지 않았던 것이다.

이 의지가 과소평가 되어서는 안 된다. 좀 더 이해를 돕기 위해 내가 들었던 등골이 서늘해지는 이야기를 소개해본다. 두 명의 동료 이야기인데, 이들은 자살을 시도했다는 이유로 정신병원에 감금되어 있었다. 그러나 그들은 끊임없이 어떻게 해서든 잔인한 방법으로 자살을 시도했다. 그중 젊은 남자는 무작정 고개를 숙이고서 복도를 내달려 맞은편 쪽 벽을 들이받고 자신의 두개골을 깨뜨려 자살했다. 다른 동료는 중년의 여성이었다. 그녀는 어느 날 오후 환자 둘과 간호사 한 명과 함께 브리지 게임을 하고 있었다. 그녀는 자신이 더미dummy(브리지 게임에 쓰이는 용어로 자기 패를 파트너에게 공개하고 게임에서 빠지는 사람-옮긴이)가 되자 조용히 자리에서 일어나 화장실에 다녀오겠다고 말했다. 한참이 지나도 돌아오지 않자 간호사는 그녀를 찾으러 화장실에 갔다. 간호사는 그곳에서 그녀가 죽어 있는 것을 발견했다. 부검 결과 그녀는 목구멍에 화장지를 쑤셔 넣어 숨통이 막혀 질식사 한 것으로 드러났다.

이 사례들을 보면 모든 자살을 사전에 막을 수 있는 것은 아니라는 사실을 알 수 있다. 안락사는 헴록 안락사협회Hemlock Society(미국에서 안락사 합법화를 추진하는 단체-옮긴이)가 이를 장려하기 오래전부터 있어 왔고, 협회가 사라지더라도 오랫동안 계속해서 이어질 것이다. 이 책을 쓰게 된 현실적인 동기도 안락사를 모두 금지하려는 데 있는 건 아니다.

아내와 나는 둘 다 낙태를 찬성하지만 버스라이트Birthright라는 단체에도 약간의 후원금을 보내고 있다. 버스라이트의 목적은 낙태한 사람을 비난하는 것이 아니라 낙태를 선택하지 않도록 여성들을 지원하는 것이다. 우리가 그 단체에 가입한 이유는 선택권을 믿기 때문이다. 이처럼 이 책의 목적도 바로 그러하다. 안락사를 선택하거나 심지어 이를 돕는 사람들을 비난하려는 것이 아니라 자연사의 선택을 장려하는 것이다.

자연사-인생의 은총

'살인'과 '자살'처럼 '자연사'도 그저 간단히 정의할 수 있는 것이 아니다. 나는 스스로를 계속해서 죽음의 위험 속에 빠뜨리는 사람들을 언급했다. 실제로 다양한 자기파멸적 생활 방식이 거의 무한하게 존재한다. 그 예로 내 이야기를 해보겠다.

나는 13세 때에 담배를 배웠다. 그 이후로 지금까지 47년 동안 계속해서 하루에 한 갑씩을 피우고 있다. 몇 번이나 끊으려고 노력했지만 성공하지 못했으며, 이제는 금연을 시도할 생각도 없다. 오히려 하나님께 결코 그럴 일이 없게 해달라고 기도한다. 지금 나는 흡연을 매우 즐긴다.

니코틴과는 달리 알코올에는 중독되지 않았지만 나는 습관처럼 술을 마신다. 거의 예외 없이 매일 저녁 그것도 꽤 많은 양의 술을 마신다. 이 또한 매우 즐긴다.

물론 이렇게 오랜 기간 술과 담배를 즐긴 결과, 내 몸에는 이들이 끼친 악영향이 아주 분명히 드러나 보인다. 나는 60세의 노인이다. 정확히 말하자면 나는 녹내장과 심각한 퇴행성 척추 디스크 질환 외에도 여러 다른 만성 질병을 갖고 있다는 얘기를 덧붙여야 할 것이다. 하지만 이런 증상들이 나쁜 습관과 관련된 것은 아닌 것 같다(만약 내가 가진 나쁜 습관이 무얼까 궁금해서 좀이 쑤시는 독자라면 나의 자전적인 책 《거석을 찾아서》와 특히 그 안에서 중독에 관해 서술해둔 장을 읽어보면 좋을 것이다).

어쨌든 직접적이든 간접적이든 술과 담배와 관련된 어떤 이유로 일찍 죽는다면 그것은 소위 자연사가 될까? 아니면 자살로 여겨야 할까? 술 담배를 즐기는 것이 죽음을 재촉하는 것과 같다면 지금 나는 나 자신에게 안락사를 시행하고 있는 게 아닐까?

이런 질문에 답하기 전에 우리의 인생사를 부분적으로나마 살펴볼 필요가 있다. 이렇게 함으로써 나 자신을 정당화시키려 한다고 생각할지 모르지만 어차피 나를 사례로 제공하는 대가일 수도 있다. 그러나 나로서는 내 편견에 대해 미리 솔직해질 필요가 있다.

우선 인생이란 그저 험난한 것만은 아니다. 온통 스트레스로 가득차 있다. 수면 외에 알코올과 담배는 이런 스트레스에 대처하는 내 나름의 주요 수단이 되어왔다. 이들은 내게 있어 목발이나 다름없다. 나는 내 강연에 온 청중에게서 흡연과 관련하여 이런 질문을 자주 받는다.

"선생님은 정신과 의사이신데, 왜 그런 것에 의지하세요?"

그러면 보통 그 사람의 눈을 들여다보며 이렇게 대답하곤 했다.

"아예 못 걷는 것보다는 때로는 목발을 짚고 걷는 게 더 나으니까요."

우리는 모두 상처를 입은 채 걸어간다.

가끔은 중독의 본질에 훨씬 더 깊이 파고들어 비약물성 중독을 얘기하기도 한다. 손을 자주 씻는 습관이라든가 컴퓨터 게임에 중독된 것 같은 중독은 비교적 치료가 어렵지 않다. 그러나 어떤 것들은 약물 중독보다 훨씬 더 파괴적이다. 예를 들어 돈, 권력, 지배, 자아도취, 독선에 대한 중독 등이 그렇다. 대답을 마치고 청중에게 이렇게 묻곤 했다.

"여기 계신 분들 중에 어떤 것에도 중독되지 않은 분, 손 좀 들어보실래요?"

언제나 손드는 사람은 아무도 없다.

삶은 스트레스로 넘친다. 그리고 스트레스는 사람마다 다른 방식으로 몸에 나쁜 영향을 끼친다. 완벽하게 타인의 입장이 되기란 불가능하지만 적어도 그렇게 되도록 노력할 때 남에게 보다 더 예의를 갖추고 남을 보다 더 이해할 수 있게 된다. 결국 거기에 서로를 이해할 수 있는 그 무언가가 존재한다.

가끔씩 청중 중에 이렇게 묻는 사람이 있다.

"선생님, 그럼에도 우리에게 무언가 인생의 은총 같은 게 있다면 요?"

"네. 우리는 모두 죽게 된다는 점이죠. 여러분은 어떨지 모르지만 저는 점점 지쳐가고 있어요. 그렇다고 끝낼 준비를 할 만큼 그렇게 지 쳤다는 말은 아닙니다. 그러나 만약 이런 쓰레기 같은 세상을 3, 4백 년 더 헤치고 살아야 한다면 아마 내가 가진 모든 돈을 털어서라도 일 찌감치 죽는 쪽에 투자할 겁니다."

모두 다 이해하는 것 같았다.

프로이트는 말년에 이르러 인간 행동에 대한 거의 모든 것들은 궁 극적으로 서로 반대되는 두 힘, 즉 에로스Eros와 타나토스Thanatos로 요약 될 수 있다고 믿었다.

프로이트는 그리스 신화에 나오는 사랑의 신의 이름을 딴 에로스를 단지 성性이나 사랑으로 인식하지 않았다. 그는 에로스를 삶과 성장에 대한 열망과 관련된 모든 것이라고 보았다. 철학자 앙리 베르그송Henri Bergson이 생명의 약동 또는 생명력이라고 불렀던 그것이다. 그렇다고 이 힘이 순전히 심리적인 것만을 의미하는 것은 아니다. 그것은 우리 몸의 모든 세포에 깊이 각인돼 있기 때문에 쉽게 소멸되지 않는다. 우 리의 세포는 하나하나 그 필요성에 반응하여 소리를 질러댄다. 또한 이것은 인간에 국한된 것이 아니라 심지어 동물의 세계에도 적용된 다. 바로 웨일스의 위대한 시인 딜런 토머스Dylan Thomas가 말한 '녹색 도

화선을 통해 꽃을 피우는 힘'인 것이다.

그리스어의 죽음을 의인화한 단어에서 유래한 타나토스는 '안락사'의 어원이기도 한데, 프로이트에게 이 단어는 확고한 의지로 감행하는 자살의 동기 같은, 죽음에 대한 명백한 열망 그 이상을 의미한다. 그는 여기에 나의 중독은 물론 그 자신의 중독도 포함시켰다. 그리고 더욱 많은 것들, 모든 노이로제와 성격장애까지도 포함시켰다. 실제로 그는 노이로제에 관한 연구를 통해서 신경증 환자들이 왜 그처럼 편협하고 자기 파괴적인 삶을 선택하는가를 아주 근본적으로 파고들었다. 궁극적으로 그는 타나토스란 생명을 기피하고, 현실과 생명의 고유 현상인 생존적 고통을 회피하려는, 우리 내부에 있는 모든 것이라 생각했다.

딜런 토머스는 우리에게 생명력의 아름다움뿐만 아니라 죽어가는 것과 죽음에 대해 어쩌면 가장 감동적인 권고를 남겨주었다. 아버지가 치명적인 질병으로 고통당하는 모습을 지켜보면서 그는 다음과 같이 썼다.

"저 안녕의 밤으로 그렇게 점잖게 들지 마라…… 분노하라, 사위어가는 불빛을 향해 분노하라."

그러나 이런 불후의 시구를 남긴 그는 몇 년 뒤, 39세의 나이에 알코올 중독으로 세상을 등지고 말았다. 과연 무슨 일이 있었단 말인가? 딜런 토머스는 한낱 엄청난 위선자였단 말인가?

나는 그렇게 생각하지 않는다. 물론 그가 우리보다 위선적이지 않다고 여길 만한 이유는 없다. 하지만 내가 알고 있는 딜런 토머스는 우리가 가끔 '전설적'이라고 말하는 그런 드문 사람 중의 하나였다. 그는 거인이었다. 그의 내면에서 에로스는 광대했다. 그리고 타나토스도 마찬가지였다. 그가 한 입으로 두 말을 한 것 같지만 그것은 일반적인 의미에서의 위선이 아니라 거대한 죽음의 열망과 거의 똑같은 거대한 삶의 열망이 끊임없이 투쟁하고 있었기 때문일 것이다. 아니면 우리는 그를 에로스에 홀린 남자로 보았을지도 모른다. 에로스로 쇠약해졌던 한 남자로 말이다. 어쩌면 그는 때가 되기 전에 죽었다기보다는 우리 중 그 누구보다 더 오랫동안 살았던 사람일지도 모른다.

내 말은 심리적 선택보다도 육체적 이유나 그 밖의 요인에 길들여진 생활방식 때문에 발생한 때 이른 죽음을 꼭 비정상적인 죽음으로 여길 필요가 없다는 것이다. 하지만 사람들은 흔히 그렇게 생각한다. 그래서 나는 장수에 대한 숭배를 가장 혐오한다.

우리 문화에 존재하는 장수에 관한 숭배는 안락사 논쟁이라는 복합방정식에서 인수분해되어야 할 또하나의 요소다. 이런 숭배는 마치 80세 전에 사망하면 인생이 배반을 당하는 것인 양 수많은 사람들에게 부도덕이라는 불필요한 감정을 느끼게 하면서 끔찍한 부담을 지운다. 결국엔 이런 말이다. "죽어서는 안 된다." 자연히 이런 숭배에 대한 부담은 어떤 분야에서든 우리의 문화적 우상들이나 유명한 인사들에게 가장 크게 적용된다. 1995년 8월, 약물치료센터에서 53세의 나이로 사망한 제리 가르시아Jerry Garcia의 경우를 보면 잘 알 수 있다. 그는 아이러니하게 '그레이트풀 데드Grateful Dead'라고 불리는 유명한 록밴드에서 오랫동안 리드 기타리스트로 활동했다.

나는 그의 팬이 아니라서 어쩌면 그의 죽음에 관한 미디어의 반응이 특히 더 인상적이었는지도 모르겠다. 나는 사실 제리 가르시아가 누구인지도 몰랐다. 그러나 그의 명성 때문에 당시 신문에 무수하게 쏟아져 나온 그에 관한 기사가 내 눈에 안 띌 리가 없었다. 모든 사람들이 그의 죽음을 슬퍼했다. 또한 모든 사람들이 확실한 증거도 없이, 그의 사망이 단지 약물에 의존했던 생활 방식 때문이라고 강조했다. 물론 그렇게 노골적으로 보도한 곳은 없었지만 다음과 같은 말이 계속해서 들려왔다.

"그렇게 자신을(그리고 우리를) 실망시키지 말았어야 했어요, 제리."

장수에 관한 숭배는 꼭 유명하지 않은 사람들에게도 그 정도의 부담이 될 수 있다. 따라서 미디어와 대중에 의해서뿐만 아니라 개개인의 의사나 가족, 친구에 의해서도 자행될 수 있다.

시몬은 귀부인이었다. 남편은 유명한 문인이었고 그녀는 뉴욕의 최고 지성인들이 모이는 사교계에서 거의 일생을 보냈다. 그러나 내가 그녀를 알게 될 즈음에는 남편과 사별한 후로 오랫동안 시골에서 조용히 지내고 있었다. 그녀는 대단한 여성 구습타파주의자였고, 나와 내 아내는 그녀와의 교제가 매우 즐거웠다. 우리는 주로 친목 도모를 위해 만났을 뿐이지만, 때때로 시몬은 정신적 고통을 겪고 있는 젊은 이들을 내게 보내 정신과 진료를 받게 했다. 그 환자들은 대부분 가난했기 때문에 그녀가 진료비용을 대곤 했다. 하지만 그녀는 진료비 문제로 흥정을 한다거나 환자 치료에 대해 불손한 간섭 따윈 일절 하지 않았다.

그러던 어느 날, 놀랍게도 그녀가 전화를 걸어와 자신의 진료를 예약했다. 예약 날짜에 맞춰 진료실로 찾아온 그녀는 곧바로 본론을 꺼내기 시작했다.

"주치의가 나보고 폐기종이라고 하더군요. 담배를 끊어야 한대요. 하지만 난 그러고 싶지 않아. 그런데 주치의 얘기를 듣다 보면 내가 무슨 큰 죄라도 짓고 있는 것처럼 생각돼서 말이죠. 그래서 선생님은 어떻게 생각하는지 알고 싶어 왔습니다."

"시몬, 제가 객관적인 입장에서 말할 수 있을지 잘 모르겠군요. 아시다시피 저도 담배를 피우니까요. 물론 그렇기 때문에 저는 당신을 이해할 수 있지만 그 또한 제게는 커다란 편견이 되는 셈이니까요."

그러자 시몬은 단호하게 말했다.

"선생님의 편견을 옆으로 밀어놓으세요. 바로 그런 걸 훈련받으신 것 아닌가요? 그리고 선생님이 담배를 피우기 때문에 선생님을 찾아온 건 아니에요. 단지 내 주치의처럼 기술자에 불과한 인턴이 아니라서, 그리고 보기 드물게 하나님에 대해서도 얘기할 수 있는 정신과 의사이기 때문이에요."

"그러면 폐기종 상태가 어떤지 말해보세요."

"뭐, 할 말이 많은 건 아니에요. 주치의 말이 엑스레이 검사 결과를 보니 폐가 많이 부풀어 있다고 하더군요. 그 부위를 툭툭 치면 비어 있는 듯한 소리가 들린대요. 그러면서 흡연이 가장 해롭다고 했어요. 그건 나 자신을 죽이는 일이라고요. 또 폐기종은 사람을 고통스럽게 죽어가게 한다고도 하더군요."

"흡연이 당신에게 가장 해로운 일인지는 잘 모르겠지만 그의 말이 틀린 것은 아니에요. 흡연은 폐기종에 가장 해롭고 또 폐기종이 환자를 아주 고통스럽게 죽게 한다는 것도 맞습니다. 호흡이 좀 가쁜 편인가요?"

"아뇨. 만성적인 기침으로 고생하긴 해도 호흡은 전혀 가쁘지 않아요. 게다가 일주일에 세 번씩은 개를 데리고 집 뒤에 있는 산에도 오르는 걸요."

내가 알기로 그 산은 상당히 높은 편이었다.

"주치의가 어느 때쯤이면 호흡이 가빠질 거라는 말은 안 하던가요?"

"예. 물어봐도 언제일지 예상할 수 없다는 말만 했어요."

"만약 진짜 호흡에 문제가 생긴다면 담배를 끊을 수 있을 것 같으세요?"

시몬은 나를 흘끗 쳐다보았다.

"확신할 수는 없어요."

"아까 하나님에 대해서 뭔가 말씀하셨죠?"

나는 슬그머니 화제를 돌렸다.

"그 젊은 의사 나부랭이가 내 흡연을 어떻게 생각하든 전혀 개의치 않지만, 하나님이 어떻게 생각하실까 하는 걱정은 돼요."

"계속하세요."

내가 재촉하듯 말했다.

"내 나이 예순일곱이니 이제 노인이에요. 그동안 아주 넉넉하게 대체로 행복한 삶을 누려왔죠. 재혼할 생각은 없어요. 아이들도 다 컸고 각자 알아서 잘살고 있죠. 자식들과 썩 가깝게 지내는 편은 아니지만 이젠 그런 대로 익숙해졌어요. 특별히 우울하지도 않고. 선생님도 아시겠지만 이 나이가 되면 흥미로운 일이 많지는 않잖아요. 솔직히 내일 죽더라도 상관없어요. 하지만 언제 죽느냐는 하나님의 뜻에 맡기고 싶어요. 그런데 한편으로는 그것 때문에 죄책감이 들기도 하더군요. 계속 흡연을 하면서 죽음의 때를 하나님께 맡긴다고 할 수 있을까요? 나는 '성전인 몸을 더럽히는 것'에 대해서는 신경 쓰지 않아요. 그건 걱정거리도 아니고. 아시겠지만 난 절대 그런 기독교인이 아니에요. 다만 하나님이 어쩌면 더 오래 살기를 원하시는지도 모르는데 내가 담배를 계속 피우면서 하나님을 기만하는 것은 아닌가 하는 죄책감이 들 뿐이에요. 그래도 담배가 좋아. 얼마나 오래 살지 신경 쓰지 않는 게 정말 하나님을 배신하는 걸까요? 내 얘기는 여기까집니다. 선생님은 어떻게 생각하세요?"

"하나님의 마음은 저도 잘 모릅니다."

"물론 모르시겠죠. 어쨌든 선생님 생각을 듣고 싶어요."

"누구든 충분한 삶을 누렸을 때 하나님께서 기뻐하실 거라고 생각해요. 얼마나 오래 살아야 하는가에 대해서 크게 신경 쓰시지는 않을 것 같아요. 오히려 하나님은 사람들이 죽을 때마다 굉장히 환영해주실 거라고 생각해요."

"고마워요. 나 역시 그렇게 생각해요. 하지만 다른 누군가에게서 그런 말을 들으니 참 좋군요."

우리는 몇 분 동안 서로의 친구들에 대해 더 많은 이야기를 나누었다. 그런 뒤 그녀는 돌아갔다.

시몬은 계속 담배를 피웠으며 집 뒤에 있는 산을 오르는 일도 계속했다. 우리가 그날 그런 대화를 나눈 뒤 2년쯤 지나 어느덧 69세가 된 그녀는 가정부와 이야기를 나누다가 갑자기 쓰러졌다. 그녀는 뇌 조직의 넓은 부위에 영향을 준 치명적인 뇌졸중으로 몇 분 만에 사망했다. 뇌졸중이 폐기종과 관계가 있다는 이렇다 할 증거도 없었고, 혈압도 정상이었던 점을 감안하면 그녀의 죽음이 딱히 흡연 때문이라고 볼 만한 이유도 없었다.

에로스와 타나토스는 공존한다.

시몬처럼 나도 계속해서 담배를 피운다. 중독이기도 하지만 흡연을 워낙 좋아하며 또 충분히 산데다가 이쯤에서 죽고 싶기도 하고 더 오래 살고 싶은 열망도 없기 때문이다. 하지만 시몬이 규칙적으로 뒷산에 올랐던 것처럼 나도 매일 아침 20분간 열심히 허리운동을 한다. 사실 나는 이 운동을 싫어한다. 힘들기도 하고 몹시 지루하기 때문이다. 그럼에도 불구하고 꾸준하게 운동하는 이유는 만약 내가 이렇게나마도 하지 않으면 내 척추는 1년 안에 단단히 굳어버리고 그 뒤 오래지 않아 죽게 될 거라는 걸 알기 때문이다. 이렇듯 나한테도 살고 싶은 욕망은 있다. 하지만 솔직히 말해서 가끔 어떤 날 아침에는 살고 싶은 욕망이 어느 정도인지 또 죽음에 대한 공포가 어느 정도인지 잘 못 느낄 때가 있기도 하다. 어쩌면 그것은 같은 것일지도 모른다. 그리고 때때로 나는 시몬처럼 죽을 수 있길 바라기도 하고, 또 어떤 날에는 곧 내가 논할 이유들로 인해 훨씬 더 죽음을 미루고 싶다고 생각하기도 한다.

장수에 대한 숭배 방식에 대해 마지막으로 할 말은 나이에 관한 것인데, 그것은 꼭 죽음과 관련된 것은 아니다.

지난 4년여 동안 내 인생에서 가장 신나고 재미있고 즐겁고 창조적이었던 일은 최대한 신속하게 최소한의 비상근 업무로 전환한 것이었다. 여기에는 여러 일들은 물론이고 순회강연을 그만두는 것도 포함되어 있다. 비록 내가 제리 가르시아 같은 유명 인사는 아니지만 나는 지난 수년 동안 수십 명의 사람들이 "그만두지 마세요!"라고 말해준 것을 하나님께 감사한다.

주여, 당신의 백성을 자유롭게 하소서.

마침내 정의定義를 내리다

1938년에 설립된 미국의 안락사협회는 안락사를 '심각한 육체적 고통을 끝낼 목적으로 통증 없는 수단을 통해 인간의 생명을 끊는 행위'라고 정의했다.

이것은 지극히 부적절한 정의다. 이 협회의 정의는 생명이 끊어지는 사람과 생명을 끊는 사람의 의지를 구분하고 있지 않다. 또 심각한 육체적 고통이 일시적인 것인지 만성적인 것인지, 그리고 그 고통이 치료 가능한 것인지 불가능한 것인지에 대한 내용도 들어 있지 않다. 또한 그 '질병'이 불치병인지 아닌지도 언급하지 않는다. 게다가 환자의 의식이 없어서 육체적 고통을 느끼지 않는 상황이라고 추정되는 경우에도 생명선을 끊어야 하는지에 대한 문제를 간과한다. 뿐만 아니라 정서적 고통과 육체적 고통도 명확히 구분하지 않는다. 그리고 키보키언 박사Dr. Kevorkian와 다른 의사들이 주도한, 심각한 육체적 고통의 결말이 전혀 실질적인 문제가 되지 않는 경우에도 안락사라는 기치 아래 이를 시행하는 것은 다루지 않는다.

나는 스스로가 엄격한 학자라고는 생각하지 않는다. 그리고 이 주제에 대한 모든 문헌을 샅샅이 읽어 보지도 않았다. 내가 읽은 문헌들조차 이런 중요한 차이는 다루고 있지 않다. 예를 들어《안락사: 도덕적 문제Euthanasia: The Moral Issues》(로버트 M. 베어드Robert M. Baird와 스튜어트 E. 로젠바움Stuart E. Rosenbaum 편집한 철학 시리즈 중 한 권)라는 책은 1989년에 출판되었지만 심지어 안락사의 정의조차 내리지 않고 있다. 더구나 구체적인 설명도 거의 없이 단지 낙태에서 생명선을 끊는 행위까지, 자살에서 살인에 이르기까지 아주 많은 주제들에 대해

윤리학자가 되고 싶어 하는 변호사, 의사 등등의 다양한 의견을 다룰 뿐이다. 독자를 더욱 혼란스럽게 만들 뿐이다.

그렇다고 어떤 학자의 지적 엄밀성을 비난하고 싶은 생각은 없다. 하지만 사회적 관습과 기술은 급격히 변화하고 있다. 10~20년 전 중요한 관심사였던 문제들이 지금은 거의 해결되었고 새로운 관심사들이 떠오르고 있다. 비교적 최근에 나온 학술 논문들도 이미 어쩔 수 없이 구식이 되어버린다. 그럼에도 안락사의 문제는 더욱 뜨거운 논쟁거리가 되어가고 있다. 동시에 그 논쟁은 거의 논리적이지 못하다. 사실 적절한 정의 없이 논리적일 수는 없다. 따라서 정의가 구체화되면 될수록 더욱 논리적인 논쟁이 될 것이다. 어쨌든 우리가 무엇이든지 올바른 관점을 견지한다면 가장 구체적인 정의를 내릴 수 있는 순간이 올 것이다. 따라서 나는 안락사의 정의로 다음의 협의를 조심스럽게 제안한다.

> 진정한 안락사는 현재 앓고 있는 치명적인 질병의 마지막 단계에서 육체적인 죽음에 처한 경우, 고유한 생존적·정서적 고통을 피하기 위해 타인의 도움을 받거나 또는 도움 없이 자살하는 행위다.

그러나 이 정의는 구체적이기는 하지만 내가 바랐던 만큼 아주 분명하지는 않다. 이 장 앞부분에서 나는 빅토리아의 사례를 이야기했다. 스스로 굶어죽은 노년의 빅토리아는 안락사로 보기도, 평범한 자살로 보기도 어려운 드문 사례였다. 인간의 수명이 길어지면서 나는 이런 알 수 없는 영역의 죽음이 계속 많은 관심을 받게 되리라고 생각한다. 따라서 나는 진정한 안락사와의 구별을 위해 이런 죽음을 '유사 안락사'라고 부를 것이다. 물론 두 죽음이 많은 유사성을 지니고 있긴 하지만 이런 죽음도 그 자체로 같은 범주에 속할 만한 가치가 있다고 믿는다. 이 두 번째 범주, 즉 유사 안락사에 대해서 내리는 정의는 다음과 같다.

> 유사 안락사는 치료될 희망이 없는, 노령 또는 만성적 활동 불능성 질병에 처한 경우, 생존적 · 정서적 고통을 피하기 위해 타인의 도움을 받거나 또는 도움 없이 자살하는 행위다.

나는 우리 사회가 '안락사'라는 단어를 앞서 정의한 협의의 두 범주에 국한해서 사용할 수 있을 때까지 안락사 논쟁이 다른 모든 논쟁을 제쳐놓고 계속해서 물의를 일으킬 거라는 생각이 든다. 다른 논쟁들이 중요하지 않기 때문이 아니라 이들 자체가 본질적으로 분리된 문제로서 따로 논의될 가치가 있기 때문이다.

많은 사안들을 논의에서 제외시킨 셈이 되었다.

낙태와 사형도 그중 하나다. 이미 지적한 대로 낙태와 사형 또한 그 자체로 또 다른 논쟁의 주제로 논의해야 할 필요가 있다.

생명을 연장하기 위해 과도한 의료적 조치를 적용하느냐 적용하지 않느냐에 대한 문제 또한 제외될 것이다. 나는 이런 문제들이 더 이상 국가적 차원의 논쟁거리가 아니라는 점을 지적한 바 있다. 20~30년 전까지만 해도 이런 문제가 아주 많았다. 그때는 생명선을 끊는 문제를 표면화시킬 수 없었기 때문에 이 문제는 지역에서 해결할 수 있는 적합한 의사 결정 대상이 아니었다. 그러나 앞서 얘기한 것처럼 그동안 풍조가 많이 변했다. 사실 나는 그런 풍조를 변화시키는 데 일조한 안락사 운동을 매우 고맙게 생각한다. 따라서 생명선을 끊는 문제는 더 이상 안락사의 핵심이 아니다. 플러그를 뽑는 행위와 그 시기가 언제인가 하는 문제는 단지 적절한 의료 행위에 관한 물음일 뿐이다.

육체적 고통에 대한 주제 또한 제외될 것이다. 여기서 10년 또는 20년 전에 논의했던 것을 다시 언급하지는 않을 생각이다. 다만 호스피스 제도의 성장을 촉진하고 다른 지역에서도 육체적 고통을 덜어주는 풍조를 조성하는 데 한몫을 한 안락사 운동에 다시 한 번 감사한다. 물론 이런 변화가 완성되었다는 뜻은 아니다. 아직도 통증에 대한 부적절한 치료 행위가 도처에서 횡행하고 있으며 그런 현실과의 싸움을 위해서는 계속 국민적 관심이 요구된다. 하지만 안락사는 육체적 고통에 대한 해답이 아니다. 어쩌면 그 해답은 육체적 고통을 적절하게 완화하는 것이 환자의 권리라는 점을 의사, 간호사, 환자에게 가르치는 것이다.

또한 소위 자비로운 살인도 이미 설명한 모든 이유로 여기서는 제외되었다.

마지막으로, 만성적으로 몸을 약화시키거나 치유되지 않는 육체적 질병을 앓을 때, 이것이 자살을 일으키는 주된 요인이 되는 경우를 제외하고는 다른 방식의 모든 자살도 제외될 것이다. 앞으로 논하겠지만, 어떤 면에서 자살은 단지 자살일 뿐이다. 물론 정의된 대로 안락사는 거의 모든 형식의 자살과 적어도 근본적인 동력을 공유한다. 그러나 안락사 자체가 그 동력을 갖고 있으므로 다른 여러 자살과 이를 동일시하게 되면 안락사 문제는 다시금 모호해진다. *

독자들이 안락사와 유사 안락사에 대한 나의 분명한 정의를 수용하고 여기서 제외된 모든 것을 받아들인다면 이제 우리는 1997년 현재 상황에서 안락사 논쟁을 볼 수 있으리라 믿는다. 그렇다고 해서 안락사 논쟁이 끝날 것이라는 의미는 아니다. 그 논의에 대한 쟁점은 매우 명료하며 냉혹하기까지 하다는 의미다. 우리는 이 세상에는 본질적으로 삶과 죽음의 의미라는 두 쟁점만이 존재하며, 이 두 쟁점은 밀접하게 얽혀 있다는 사실을 알아야 할 것이다. 게다가 그 각각은 수 세기 동안 분리된 채로 유지해온 분야, 즉 신학과 심리학의 연구 대상이라는 것도 알아야 한다. 하지만 그 분리는 허울만 그럴 듯해 보일 뿐이다. 나는 이미 앞서 생존적·정서적 고통이 심리적·영적 문제가 된다고 말했다. 결코 모든 논쟁을 끝내고 싶어서가 아니다. 독자들이 내 견해를 담백하게 받아들일 거라고 기대하진 않지만 적어도 신학적·심리학적 측면에서 그 두 가지를 통합하는 노력을 기울여주었으면 하는 바람이다.

• 예를 들어 일반적으로 대중은 헴록 안락사협회의 의제와 안락사를 연결시켜 생각하지만 때때로 언급되지 않은 의제도 일부 다른 유형의 자살을 조장할지, 그렇지 않을지 명확하지 않다. 이는 이 협회의 설립자 4명 중 2명이 자살했다는 사실에서도 알 수 있다. 이 둘 중 한 사람은 질병을 앓고 있지 않았으며, 나머지 한 명은 말기나 쇠약한 상태가 아닌 초기 단계의 암에 걸려 있었다.

인간의 조건이란,
나의 바람대로 흘러가지 않는 세상에서
의지를 지닌 존재로 살아가는 것을
인식하는 것이다.

2부

인간의 영혼은 존재하는가

자살을 행하는 사람들 대부분은 스스로에게
"내 삶은 내가 원하는 대로 할 수 있어. 내가 내 삶의 창조자니까
나는 나 자신을 파괴할 권리도 있다고"라고 말한다.
이것은 대단한 교만이다. 우리는 우리 자신의 창조자가 아니다. 내가 한 송이 장미나
아이리스를 만들 수 없는 것처럼 나는 나 자신 또한 창조할 수 없다.
꽃을 가꾸고 관리할 수는 있지만 꽃을 만들어낼 수는 없다.

05

———

세속주의

서문에서 밝힌 것처럼, 내가 안락사를 불안하게 생각하게 된 것은 1975년, 반 두센 박사 부부의 자살 사건 때문이었다. 이 경우는 내가 유사 안락사라고 정의한 사례에 속한다. 반 두센 부부도 말기의 치명적인 질병을 앓았던 것은 아니었지만 나이가 많았기 때문에 만성적으로 쇠약해진 상태였다. 반 두센 박사는 69세였는데, 뇌졸중 때문에 말하는 능력에 심각한 손상을 입었다. 그것은 특히 설교를 좋아했던 유명한 설교자에게는 커다란 고통이었다. 80대였던 그의 아내는 수년 동안 심한 관절염으로 고통을 겪고 있었다. 둘 다 오래전부터 미국 안락사협회의 회원이었다. 그래서 친구와 가족에게 보낸 자살 편지를 보면 자신들의 죽음이 개인적 고통의 해방만이 아니라 대중적 진술이 되기를 원했다는 것도 명확히 드러나 있었다.

당시 내가 이런 사실을 알고 있었다면 아마 덜 놀랐을지도 모른다.

그러나 나는 전혀 몰랐다. 그들에 대해 아는 것이라곤 반 두센 박사가 유명한 자유 기독교 신학자였다는 것뿐이었다. 이 사건이 충격이었던 것은 전적으로 그의 종교적 정체성과 관련된 것이었다. 자살의 이유를 충분히 이해하지 못했던 나로서는 종교적 신념의 고백과 안락사를 옹호하는 입장은 분명 양립할 수 없는 것으로 보였기 때문이다.

만약 그 당시 내가 세속주의의 특성을 조금이나마 이해했더라면 그다지 놀라지 않았을는지도 모른다.

이후 10년 동안은 나에게 있어 열정적인 영적·종교적 성장기였다. 1985년 무렵 나는 영성이라는 문제와 세속주의의 특성에 대해 많은 것을 알게 되었다.

그 무렵에 안락사를 도와달라는 요청을 받았다. 믿기 힘들겠지만 그는 성직자였으며 내가 잘 아는 사람이었다. 아직 고령도 아니었고 육체적으로도 활력이 넘쳤다. 또한 전혀 우울해하지도 않았다. 그는 나에게 자신이 복용할, 그리고 어쩌면 그의 아내도 함께 복용할 많은 양의 강력한 수면제를 처방해달라고 부탁했다. 그는 꽤 솔직했다.

"저는 잠자는 데 아무 문제가 없습니다. 다만 육체적으로 몸이 아주 심하게 아픈 경우에 그것이 필요합니다. 저는 이런 일이 계획되어 있다는 것을 믿습니다. 나와 가족을 위해서 그때가 되면 그 약을 나눠주고 싶어요. 그렇게 하면 길고 지저분한 죽음을 겪지 않겠죠."

나는 한마디로 그런 일은 내 신념에 어긋난다고 말하며 그의 요청을 거절했다. 나는 그에게 자세한 설명을 하지 않았으며 그 또한 이유를 캐묻지도 않았다. 그게 전부였다.

우리는 그동안 몇몇 의료 분야에서 함께 일하면서 꽤 가깝게 지내왔다. 그래서 나는 그를 잘 알고 있었다. 그러나 우리가 친구라고는 생각하지 않았다. 자신의 교인들에게 충실하고 의지가 강하며 애정 어린 그를 몹시 존경하긴 했지만, 어쨌든 우리는 이념적으로 많이, 아주 많이 달랐다. 특히 목사라는 직업적 정체성에도 불구하고 그는 내가 알고 있는 가장 세속적인 사람 중에 하나였다. 그에게 내 신념을 자세히 설명하지 않거나 안락사에 대한 그의 마음을 바꾸려고 하지 않은 이유는 그가 내 얘기에 화를 내리라는 것을 알았기 때문이다.

이 짧은 이야기에는 상당히 많은 교훈이 들어 있다. 그중 가장 큰 교훈은 내가 정의한 대로 안락사는 아주 세속적인 현상이라는 것이다. 이를 위해 우리는 몇 번이고 그 정의로 돌아갈 수밖에 없다.

그보다 조금 약한 도덕관은 세속주의와 종교적 정체성은 반드시 일치할 필요가 없다는 것이다. 앞에서 얘기한 목사와 그 밖에 내가 알고 있는 사람들과 아마도 반 두셋 부부 같은, 종교적 직업을 가진 사람들도 그 본바탕은 극히 세속적이었을 수도 있다. 반대로 겉으로는 전혀 종교적이지 않은 사람들이 어쩌면 가장 깊이 영적인 사람들일지도 모른다. 그렇다고 달리 오해하지는 말았으면 한다. 겉보기에 명백히 종교적인 사람들이 위선자란 의미도, 또 세속적으로 보이는 사람들이 종교인인 양 위장하고 있다는 의미도 아니다. 내 말은 피상적으로 종교적이라거나 피상적으로 세속적인 정체성은 단순히 표면에 불과하다는 것이다. 사람의 근본적인 진실은 피상적인 정체성과 일치할 수도 있고 그렇지 않을 수도 있다.

세속주의는 매우 복합적인 신념 체계로, 아마도 정반대의 것과 비교해보면 그 실체를 가장 명확히 정의할 수 있을 것이다. 이것은 신학자 마이클 노바크^{Michael Novak}가 신성한 의식과 세속적 의식을 구별할 때

아주 명확히 사용했던 방식이다. *

　세속적 인식을 가진 사람은 본질적으로 자신이 우주의 중심이라고 생각한다. 이런 사람은 꽤 지적인 경향이 있다. 이런 사람은 자신이 헤아릴 수 없이 많은 소우주 가운데 하나인 은하계, 그 은하계 중에서도 아주 작은 태양계, 그중에서도 중간 크기의 지구라는 행성에 존재하는 60억 인류 중 하나라는 것을, 그리고 다른 모든 이들도 자신이 우주의 중심이라고 생각한다는 것을 아주 잘 안다. 따라서 지적일지는 모르지만 이런 사람은 이 거대한 현실 속에서 쉽사리 상실감을 느끼며 스스로를 중심이라 생각하면서도 자신이 무의미하거나 무가치하다는 느낌을 자주 경험하곤 한다.

　반면 신성한 인식을 지닌 사람은 자신을 우주의 중심이라고 생각하지 않는다. 이런 사람에게 중심은 다른 어느 곳 특히 하나님 안, 신성 안에 있다. 자신을 우주의 중심이라고 생각하지 않기에 이런 사람은 자신을 무가치하거나 무의미하다고 느끼는 세속주의자들보다는 그런 감정을 덜 느낀다. 스스로를 그 신성한 자와의 관계에서 존재하는 것으로 생각하며 또 그 관계에서 자신의 의미와 중요성을 찾기 때문이다.

　그러나 단순한 흑백 논리는 종종 어느 한쪽을 비난하는 결과로 이어질 수 있음을 경계해야 한다. 이 두 가지 인식 유형은 순수한 형식으로 존재하기도 하고 혼합된 양상으로 나타나기도 하기 때문이다. 사람들은 대개 한 발은 신성한 인식에, 다른 한 발은 세속적 인식에 걸쳐둔다. 게다가 세속주의와 종교성에도 다양한 유형이 존재한다. 더구나 우리는 종교적·영적 성장단계에 내재한 세속주의를 이해할 필요가 있다. 이에 대해 4개의 단계를 논한 적이 있는데 ** 다음은 그

4단계의 내용을 매우 간략하게 정리한 것이다.

- 1단계 : 무질서한 반사회적 단계. 가장 원시적 단계로서 사람들은 종교적으로도 세속적으로도 보이지만 어느 모습이든 그들의 신념 체계는 아주 피상적이다. 이 단계는 무법 상태로 여겨지기도 한다.

- 2단계 : 형식적이고 제도화된 단계. 율법을 엄격하게 해석하는 단계로 종교적 근본주의자(가장 종교적인 사람)들이 이에 속한다.

- 3단계 : 회의적이고 개인적인 단계. 대다수의 세속주의자가 여기에 속한다. 이 단계의 사람들은 보통 과학적인 태도, 합리적 · 도덕적 · 인도적인 특징을 띤다. 또한 대체로 유물론적이다. 영적인 것에 회의적일 뿐만 아니라 증명될 수 없는 것에는 흥미를 갖지 않는 경향이 있다.

- 4단계 : 신비주의적이고 종교적인 단계. 종교적으로 가장 성숙한 단계로, 법칙에 대한 영적 단계로 여겨지기도 한다. 이 단계의 여성과 남성은 합리적이지만 합리주의를 맹목적으로 숭배하지는 않는다. 이들은 자신들 내부에 존재하는 회의에 대해 의심하기 시작한다. 또한 확실히 정의할 수는 없지만 보이지 않는 질서에 깊이 연결되

- 《산을 오르는 비둘기의 비행Ascent of the Mountain, Flight of the Dove》, 개정판 (New York: Harper & Row, 1978). 일부 내 책에서 그의 구별 방식을 사용했다.

- •• 이 주제를 다룬 글로 가장 유명한 사람은 에모리 대학교 캔들러 신학대학원Candler School of Theology at Emory University의 제임스 W. 파울러James W. Fowler 교수로, 그는 《신앙의 발달 단계: 인간 발전의 심리학과 그 의미에 대한 탐구Stages of Faith: The Psychology of Human Development and the Quest for Meaning》 (San Francisco: Harper, 1981)라는 글을 썼으며 이 외에도 여러 작품을 집필했다. 내가 단순하게 4단계로 요약한 것과는 달리 그는 6단계를 주장했지만 근본적으로 우리가 말하고자 하는 바는 같다.

어 있는 것을 느낀다. 그들은 성스러운 신비로 편안함을 느낀다. *

　이런 단계를 너무 단순하게 받아들여선 안 된다는 점을 새삼 강조하고 싶다. 많은 사람들이 겉으로는 실제 모습보다 더 발전된 단계에 있는 것처럼 보일지도 모른다. 예를 들어 뉴에이지 추종자와 과학자들 상당수가 본질적으로는 근본주의자들인 반면 일부 복음주의자들은 4단계의 신비주의자들이다. 게다가 각 단계 내에서도 점진적인 변화가 있을 뿐만 아니라 한 단계에서 그 다음 단계로 넘어가는 사람들도 있다. 그리고 어떤 이들은 발전하는 반면 다른 이들은 여러 이유로 한 단계에 깊이 정체되거나 고착되기도 한다.

　그럼에도 불구하고 이 단계들은 본질적으로 발전한다. 이것은 3단계의 세속주의자들이 실제로 대다수의 종교적인 사람들보다 영적으로 더 성장했다는 것을 의미하기도 한다. 2단계의 사람들은 대부분 세속적인 인도주의자들을 매우 비판하지만 자신부터 그들보다 더 인도주의자가 되도록 노력해야 할 것이다.

　그러나 세속적인 인도주의에 대한 비판이 완전히 잘못된 것이라고 할 수는 없다. 인간이 소중하다는 신념은 고귀하지만 세속적인 인도주의는 흔히 모래 위에 지은 집과 다를 바가 없기 때문이다. 신학에 뿌리를 두지 않은 3단계의 인도주의적 사람들은 스트레스와 유혹에 아주 쉽게 무너지기도 한다. 예를 들어 저널리즘은 불균형적으로 세

• 나는 《마음을 어떻게 비울 것인가*The Different Drum*》(New York: Simon & Schuster, 1987)에서 이 단계에 대해 훨씬 더 깊이 설명했다. 그리고 그보다 덜하긴 하지만 《끝나지 않은 여행》과 《그리고 저 너머에》에서도 이런 내용을 언급했다.

속적인 3단계에 속하는 직업이다. 그 직업에 종사하는 사람들은 스스로를 심오한 인도주의자로 여긴다. 그러나 그들의 인도주의는 기사를 쓰기 위한 노력 중에 쉽사리 창밖으로 날아가버리는 경우가 드물지 않다.

물론 세속주의자들이 다른 사람보다 더 위선에 빠지기 쉽다는 말은 아니다. 어쩌면 가장 큰 죄는 명백히 종교적인 것이 범죄가 되는 경우, 즉 신성 모독의 죄다. 신성 모독은 많은 사람들이 생각하는 것처럼 더럽거나 외설적인 언어라든가, 혹은 '빌어먹을'이라고 말하는 것과는 다른 의미다. 오히려 그것은 달콤한 종교적 언어를 사용하여 반종교적 행위를 아름답게 꾸미는 것이다. '하나님의 이름을 경솔하게 사용하는 것'이 의미하는 바는, 말로는 하나님을 따르면서 행동으로는 부인하는 것이다. 한 사람의 삶의 방식을 신학적 이론과 짜 맞추려는 시도도 잘못된 행위다.

나는 또한 앞서 언급한 반 두센과 세속적인 성직자가 신성 모독의 죄를 지었다고 말하려는 것도 아니다. 각 단계들은 발전한다는 것을 기억할 필요가 있다. 2단계에 있는 젊은이가 오로지 빨리 3단계로 발전하기 위해 성직자의 길로 들어서서, 신의 존재를 의심하기 시작하는 일은 그리 드문 일이 아니다. 사실 각 단계에서 일어날 수 있는 축복 및 많은 문제점을 모두 다룰 생각은 없다. 다만 그러한 사례 중 하나로, 일요일 아침마다 신도들에게 신성에 대해 설교하는 것이 직업인 목사가 정작 자신은 더 이상 믿음을 확신할 수 없는 경우를 들 수 있겠다.

영적 성장의 단계에서 발생하는 가장 큰 문제는 각 단계에서 사람들이 각각의 자기 견해를 최고라고 생각한다는 것이다. 이런 현상은

4단계에서는 다소 줄어든다. 이 단계의 사람들은 모든 삶을 순례로 생각하기 시작하며 스스로가 먼 길을 가야 하는 영적 여정 중에 있다고 여긴다. 그러나 2단계와 3단계의 사람들은 목적지에 도착했다고 믿는다. 이는 2단계에 있는 종교적 근본주의자들에게서 가장 뻔뻔하게 나타나는데, 이들은 이미 뒷주머니에 하나님이 전부라고 새기고는 자신들이야말로 오로지 진실만을 알고 있다고 여기며, 그들과 다르게 생각하는 모든 사람들은 도리를 벗어나 구제될 수 없는 가련한 게으름뱅이라고 치부한다.

3단계의 세속주의자들은 훨씬 더 신중하지만 그들 역시 이미 종착지에 도착했다고 믿는다. 그들은 종교적인 사람들을 원시인까지는 아니라 해도 본질적으로 비합리적이라고 경시한다. 안락사 논쟁에 관하여 이 같은 타인에 대한 멸시가 가장 큰 쟁점은 아니다. 보다 핵심적인 문제는 그들이 더 이상 발전할 게 없다고 생각한다는 것이다. 그들은 종교적인 사람들과 달리 영혼의 여행이라는 것을 이해하지 못할 뿐 아니라 대체로 영혼에 대한 의식도 전혀 없다.

나를 오싹하게 만들긴 했지만 키보키언 박사가 이 책의 출간과 관련된 다른 여러 사람들보다 더 많이 공헌했음을 인정한다. 지난 5년 동안 그는 미국에서 거의 혼자 힘으로 안락사, 즉 내가 정의했던 안락사에 대한 논쟁을 국가적 차원으로 끌어올렸다.

그에게 영감을 얻어서 이 책을 쓰는 것은 아니다. 오히려 나에게 영감을 준 것은 그의 행동에 대한 대중의 반응이었다. 나는 그를 존경하는 사람들이 많다는 것에 놀랐다. 하지만 더 놀라운 것은 훨씬 더 많은 사람들이 그에게 애정을 느끼지는 않아도 그가 병을 앓고 있는 사람들의 자살을 도왔던 일을 적극 찬성한다는 것이다. 무엇보다도 키보키언 박사의 활동을 특별히 반대할 만한 것이 아니라고 생각하는 미국인이 아주 많다는 것에 더욱 놀랐다. 이미 서문에서 말했듯이 이상하게도 많은 지역에서 안락사 논쟁은 열의가 없어 보였는데, 이러한 열의 없음, 즉 안락사에 대한 거대할 정도로 암묵적인 찬성이 나를 놀라게 했다.

능동적으로든 수동적으로든 안락사에 대한 지지가 확대되는 것은 우리 사회가 지닌 세속주의의 깊이를 보여준다. 내가 애써 지적해왔듯이 세속주의는 대부분 이해할 수 있는 현상이고 그 자체로는 놀라운 일이 아니다. 그러나 안락사의 문제에 관해서는 매우 불안한 느낌이 든다. 왜 그럴까? 그것은 인간의 영혼에 대한 부정이 확산되는 것이기 때문일 것이다. 그리고 우리가 깨어 있지 않는 한, 이렇게 영혼을 인정하지 않는 분위기가 확산되는 것은 우리 미래에 나쁜 징조로 보인다.

물론 이 말은 내가 깨어 있다는 것을 의미한다. 그렇다고 해서 내가 그 사실에 특별히 어떤 자부심을 느끼는 것은 아니다. 나의 영혼 또는 나의 깨달음은 획득한 것이 아니다. 어떤 의미에서 이것은 단지 나에게 일어난 일일 뿐이다.

나는 주관적인 것과 객관적인 것, 두 가지 관점에서 글을 써왔다. 아울러 앞으로는 내 자신이 마치 완전히 초연한 신학자인 것처럼 인간의 영혼에 대해 자주 쓰게 될 것이다. 그러나 개인적 의견을 말하지 않고 그 주제를 어떻게 공정하게 다룰지는 잘 모르겠다. 게다가 내가 속한 과학이라는 분야에서는 과학자가 사실에 다가가려면 그가 가졌을 수도 있는 어떤 편견도 펼쳐놓아야 한다는 사소한 전통이 있다. 그래서 인간이란 존재에게 영혼은 무슨 의미를 지니고 있으며 그것이 함축하는 의미는 무엇인가에 대해 보다 더 객관적인 논의를 진행하는 도중에 주관적·개인적인 시각으로 돌아올 수 있음에 이해를 구하면서 약간은 개인적인 사례로 이야기를 시작하고자 한다.

오래된 기억 속의 지난 일들을 돌이켜보면 나는 항상 나 자신보다 더 큰 무언가와 연결되어 있다고 느꼈다. 내 어린 시절을 지배했던 그 무언가는 주로 자연의 아름다움과 자연의 힘이었다. 나는 바람과 모든 종류의 폭풍을 좋아했다. 또 눈 내리는 풍경을 좋아했고 봄이 오는 향기를 사랑했다. 해변에 부서지는 파도, 늪이나 연못 그리고 산, 시원한 9월의 숲과 깊은 골짜기에 가슴이 설렜다. 나는 하나님이 내 삶의 이면에 숨어서 이 모든 것 너머에 어떤 식으로든 존재한다고 생각했다. 그러나 나는 그 존재를 너무 당연하게 생각한 나머지 그런 영혼의 문제에 거의 또는 아예 신경을 쓰지 않았다.

비교적 유복한 형편이었기 때문에 나는 남들보다 자연의 아름다움을 훨씬 더 많이 경험했다. 때때로 나의 유대감이 이런 행운 때문은 아닌지 궁금하기도 했다. 그러나 수년 동안 가난하고 어려운 환경에서 적어도 나만큼 강렬하게 일찍부터 이런 느낌을 느꼈던 많은 사람들을 만나왔다. 반대로 부유한 가정에서 자랐지만 이런 느낌을 제대로 경험하지 못한 사람들도 많이 만났다.

어쨌든 나는 열세 살 때 유명한 남자 기숙학교인 엑시터에 들어갔다. 내가 무척 우러러보는 내 형도 엑시터에서 행복하고 성공적인 학교생활을 하고 있었다. 사실 내가 그 학교에 가는 것을 부모님이 적극 권한 것은 아니었다. 나 스스로가 거기에 가서 형처럼 성공하고 싶었던 것이다.

하지만 나는 처음부터 그곳 생활에 적응하지 못했다. 2년 6개월 동안 어려움을 참고 견디다가 결국 학교를 그만두었다. 무척 실망한 부모님은 얼마나 기가 막히셨는지 심지어 나를 정신과 의사에게 보냈다. 내게는 아주 적절한 조치였던 것 같다. 당시 우울증에 빠져 있던 나는 나 자신이 겁쟁이 같았고 모든 것에 실패한 사람처럼 생각되었다. 그러나 불과 1년 만에 완전히 달라졌으며, 그 학교를 그만두고 다른 학교로 전학한 것이 나에게 좋은 변화였다는 것을 알게 되었다.

나는 종종 다른 곳에서도 이 이야기를 한다. 이때가 바로 내가 나의 영혼을 처음 만난 때이기 때문이다. 또한 이것은 내 삶의 시작을 나타내는 것이기도 했다. 누구나 자기 자신만의 '나'라는 느낌, 즉 정체성을 갖고 있다. 여기서 '나'는 경우에 따라 '자아^{ego}' 또는 '자신^{self}'으로 불린다. 그러나 이제 나에게는 그 이상의 것이 분명 존재한다는 사실이 점차 분명해졌다. 앞서 언급했듯이 나는 엑시터에 들어가고 싶어 했다. 그곳에서 나 자신이 성공하기를 원했던 것이다. 부모님을 실망시키고 싶지 않았을 뿐만 아니라 학교를 그만두고 싶지도 않았다. 그건 확실했다. 그러나 그렇게 하고 말았다. 하지만 만약 내가 그만두려고 하지 않았다면 그럼 누가 그것을 해주었을까?

정신과 의사들은 대부분 나의 자아가 충돌했다고 간단히 말하곤 했다. 어떤 이들은 좀 더 구체적으로 말해서 셀프가 에고보다 더 크고 깊다는 의미를 담아 나의 에고가 진정한 나의 셀프와 대립했다고 말해주었다. 나로서는 후자의 설명이 더 이해할 만한데, 이것은 다음과 같은 질문을 제기한다. 왜 이것이 진정한 셀프라는 말인가? 왜 이것은 정확히 정의되지 않고 있나? 그것이 혹 영혼은 아닌지, 그렇다면 왜 영혼이란 명칭으로 불리지 않는지? 그리고 영혼은 무엇으로 정의해야 하는지?

세속적인 정신과 의사는 진정한 셀프, 즉 완전한 셀프는 복잡한 정신적 요소, 즉 이드id, 에고, 슈퍼에고 그리고 의식과 무의식, 또 유전적으로 결정된 기질과 그 외의 것들의 복합체라고 말할 것이다. 그 당시 나의 여러 부분들이 충돌했던 것은 의심의 여지가 없다! 다른 많은 부분에서 그러했다. 이런 부분들은 실제로 존재한 것들이었고 또 실제 충돌할 수도 있다. 더욱이 효과적인 정신 치료는 이런 복합 모형을 이용해서 이루어지기도 한다.

문제는 그때 나는 자신을 걸어 다니는 복합체로 생각하지 않았다는 것이다. 그리고 이상하게도 나이를 먹으면 먹을수록 다른 부분들의 실상은 더 잘 알아가는 반면 복합체라는 생각은 점점 더 사라지게 된다. 나는 여전히 무언가가 더 깊이 진행되고 있다는 것을 느꼈고, 어떻게든 나를 나 자신보다 더 크게 만드는 매우 중요한 무언가를 느꼈다. 나는 비로소 자신에게 영혼이 있다는 것을 깨닫게 된 것이다.

'영혼'이라는 단어는 아마 초등학교 2학년 때 배우는 어휘일 것이다. 우리는 '소울 푸드'나 '소울 뮤직'에 대해 자주 듣는다. 또한 우리는 특별한 사람들을 일컬어 '영혼이 있다'고 말한다. 정확한 의미라기보다는 그저 대중적으로 쓰이는 것이지만 사실 거의 누구나 그 진짜 개념을 이해한다. 그렇다면 왜 '영혼'이라는 단어가 정작 정신과 의사, 다른 정신 건강 관련 종사자, 정신과 학생, 일반 의사들 같은 전문 직업인들의 어휘에는 포함돼 있지 않는 것일까?

거기에는 두 가지 이유가 있다. 하나는 영혼 안에 하나님의 개념이 내재되어 있고 사실상 '하나님의 말씀'은 이렇게 비교적 세속적인 직업에서는 사용되지 않기 때문이다. 개인적으로는 종교를 갖고 있어도 이런 직업군의 사람들은 자신들의 세속적인 동료를 불쾌하게 만들고 싶어 하지 않는다. 또는 그 일로 직업을 잃지 않을까 걱정하고 싶지도 않을 것이다. 사실 이들의 직업적 모임 안에서 하나님에 대해, 영혼에 대해 말하는 것은 정치적으로 옳지 않을 것이다.

또 다른 이유는 이런 전문가들은 적절한 지적 엄격함을 추구하는 데, 영혼은 완벽히 정의될 수 없는 것이기 때문이다. 우리는 오직 우리보다 더 하찮은 것들만을 확실히 정의할 수 있을 뿐이다. 예를 들어 내 진료실에는 전기 난방기가 하나 있다. 내가 만약 전기 기사라면 그 난방기를 분해해서 그것이 정확히 어떻게 작동하는지 설명할 수 있을 것이다. 말하자면 그것을 정확히 정의할 수 있을 것이다. 하지만 그중에 하나는 제외된다. 그 난방기는 플러그에 의해 전기라고 불리는 무언가에 연결되어 있다. 가장 선진의 핵물리학자들조차도 설명하거나 정의할 수 없는 전기, 또는 에너지라는 측면이 존재하는 것이다. 그것은 우리가 전기에 연결될 때에야 비로소 우리보다 더 큰 무엇이 있음을 알게 되기 때문이다.

이 세상에는 그 개념이 너무 커서 하나의 적절한 정의로 나타내기 어려운 것들이 많다. 사랑, 죽음, 기도, 의식, 빛 등등이 그러하다. 이런 모든 것들이 만물 중에 가장 크고 가장 정의할 수 없는, 신비스러운 하나님과 연결돼 있는 것을 우연이라고 생각하지 않는다(이것이 이슬람교에서 어떤 형상으로도 하나님을 만들지 못하게 금지하는 이유다. 어떤 모양이 됐든 아주 작은 일부를 제외하고는 다 표현할 수 있을 것이고 이것은 곧 일종의 신성 모독이 될 것이기 때문이다). 그러나 이렇게 적절한 정의를 내릴 수 없다는 것이 주된 방해물은 아니다. 정신과 의사는 '빛', '사랑', '의식'이라는 단어를 쉽게 사용한다. '영혼이라는 단어'와 관련된 그들의 진짜 문제는 그것이 노골적으로 하나님과 연결된다는 것이다.

여론조사에 의하면 미국인 대다수가 하나님을 믿는다고 한다. 또한 영혼의 개념은 우리가 일상적으로 사용하는 어휘로 구체화된다. 그러나 하나님이나 영혼이란 단어는 의료 전문가들의 회의에서 거론되지 못하며, 학자들은 흔히 우리 사회를 세속적이라고 말한다. 하나님을 믿는 사람들이 대다수를 차지하는 사회가 왜 세속적이라고 불리는가?

우리 사회에서 권력을 쥐고 있는 세속주의자들 상당수가 3단계에 속한다. 지적한 대로 그들은 대중매체를 지배하는 경향이 있다. 또한 정신의학 분야도 지배하고 있다. 그러나 추정하건대 많은 종교인들이 특별히 강한 믿음을 가지고 있다면 세속주의자들이 그렇게 힘을 발휘할 수는 없을 것이다. 많은 사람들은 상업적 활동에 종교적 윤리를 적용하지는 않는다. 그들은 교회나 회당에 전혀 나가지 않는 사람들만큼 돈에 집착하고 재산을 축적한다. 그들은 또한 낙태 시술 병원 앞에서 시위를 할지도 모르지만 영혼에는 전혀 관심도 없으며, 영혼이 없는 지적 관념에 의해 좌우되는 가치 부재의 학교 교과 과정을 허용하고는 제대로 들여다볼 생각을 하지 않는다. 만약 화성에서 관찰자가 와서 본다면 누가 종교인이고 누가 비종교인인지 그 차이를 구별하기가 무척 어려울 것이다. 무엇보다도 이 두 부류의 사람들은 대체로 물질주의자처럼 보인다. 모순된 표현이긴 하지만 '종교의 세속화'라고 해도 틀리지 않을 것이다.

우리 사회는 확실히 세속적이다. 나는 그 이유가 세속적인 소수가 강해서라기보다 종교적인 다수가 약해서라고 생각한다. 현대의 종교는 종교인 대부분이 영적 성장보다는 분열을 초래하는 소수의 교리적 논쟁에 더 열정적일 만큼 상당히 희석되었다.

안락사 운동에 힘을 실어주게 될, 영혼을 부정하는 풍조가 확산되는 것을 우려하는 이유가 세속주의자 때문이 아님을 암시해왔다. 내가 진짜 우려하는 이유는 자신의 종교를 진지하게 생각하지 않는 대다수의 종교인 때문이다. 세속주의자들이 영혼을 부정하는 것은 크게 놀랄 일이 아니다. 영혼을 부정하는 데는 두 가지 유형이 있다. 하나는 노골적으로 거절하는 것이고 다른 하나는 무시하는 것인데, 다시 말해 의미 있는 믿음이나 중요성을 부여하지 않는 것이다. 내가 우리 사회의 세속주의에 대해 가장 놀란 것은 종교인이 자신의 종교를 진지하게 생각하지 않기 때문에 영혼까지도 진지하게 생각하지 않는다는 것이다. 그들은 그저 깊이 생각하려고 하지 않는다.

이제 영혼이라는 주제를 깊이 생각해보기로 하자.

06

인간이라는 존재

많은 사안이 완벽하게 정의될 수 없다는 사실이 곧 그것들을 거론해서는 안 된다는 의미는 아니다. 또한 여러 사안을 논하는 데 있어서 가능한 한 가장 올바른 정의를 찾으려는 시도는 지속되어야 한다.* 따라서 확실히 완벽하지 않음을 알지만 나는 영혼을 다음과 같이 과감하게 정의해보고자 한다.

영혼은 하나님이 창조하고 기르시는, 고유하며 발전적인 영원한 인간 정신이다.

---

* 예를 들어 《아직도 가야 할 길》에서 '사랑'을 '자기 자신 또는 다른 이의 영적 성장을 이루기 위해 자기 자신을 내어주려는 의지'라고 정의했는데, 그것이 시작부터 불충분하다는 것을 인정하고 정의하기 어려운 단어라고 결론을 맺었음에도 불구하고, 이를 제시함으로써 많은 이들에게 도움이 되었으리라고 생각한다.

이 정의가 철저한 세속주의자들에게는 횡설수설처럼 들릴 거라고 생각한다. 다만 나는 이것이 일부 종교인에게 더 생각할 여지가 없을 만큼 확실히 강한 인상을 줄 수 있는지가 가장 궁금하다. 이 정의는 아주 단순해 보이지만 어떤 면에서는 결코 단순하지 않다. 어쨌든 전체적으로 이 장은 이 정의를 설명하는 데 노력할 것이며, 각 구성요소를 분석하면서 안락사 문제와 관련된 부분에서는 필요한 언급을 할 것이다.

신이 창조하다

우리는 보통 우리를 포함한 모든 동물계에 속하는 개체들을 피조물creature이라고 일컫는다. 그럼으로써 우리 스스로가 피조물이라는 것을 인정한다. 우리는 창조된(created) 것이다.

그렇다면 누가?

"우리 부모가."

세속주의자들은 주저하지 않고 이렇게 대답할 것이다. 어떻게? 부모가 서로 만나 침대나 차 뒷좌석 또는 다른 장소에서 함께 사랑을 나누었기 때문이다. 결혼한 상태였든 그렇지 않든, 아이를 만들 의도가 있었든 없었든 그것은 중요하지 않다. 특히 아빠가 성적 흥분에 반응하여 엄마의 성기 안에서 수백만의 정자를 사정함으로써 그중 하나가, 우리의 머리로는 이해하기 어려운 여러 가지 이유로 어떻게든 다른 모든 정자들을 물리치고 그 달, 그 날에 활동 가능한 하나의 난자와 만나 지구상에서 전혀 존재한 적이 없었고 앞으로도 다시는 존재하지 않을 유전적 결합을 이룬다.

단 하나의 유전적 발생(드문 경우인 일란성 쌍둥이를 제외하고)으로서 인간은 각각 고유한 존재다. 게다가 모두 우연의 산물이다. 우리는 계획되지 않은 임신을 흔히 '우연'이라고 부른다. 만약 생물학에서 번식이 전부라면 세상에서 가장 잘 계획된 임신도 단지 그 어느 것보다 더 작은 우연에 불과할 뿐이다.

"그러나 생물학에서 번식만이 전부는 아니다"라고 세속주의자들은 즉시 반박할 것이다. "본성nature만 아니라 양육nurture 또한 존재한다. 부모들도 자손을 양육하는 각각의 방식에 의해 아이들을 창조한다." 그 추정을 바탕으로 20년 동안 심리 치료를 해온 사람으로서 나는 그것이 진실이라고 생각한다. 나는 좋은 양육이 그렇지 않은 경우보다 정신적으로 더 건강한 아이를 '창조할' 확률이 높다고 생각한다. 나쁜 양육은 아이의 정신 건강을 악화시키는 경향이 있다고 믿는다.

그러나 그것은 오직 경향일 뿐이다. 여기에는 일대일 대응이 없다. 나는 매우 폭력적인 가정에서 자란 성직자들, 부모에게서 진실하고 넘치는 사랑을 받은 명문가의 범죄자들도 보아왔다. 만약 본성과 양육이 인간의 특성을 결정짓는 요인이라면 나쁜 가정환경에서 출생한 좋은 유전자를 지닌 유아와 훌륭한 가정에서 태어났지만 결함 있는 유전자를 지닌 유아 그 둘 사이에는 명백히 어떤 대립이 존재할 것이다. 이것은 매우 선량한 부모를 죽음의 파멸로 몰아넣은 잔인한 소녀를 다룬 드라마 이후 '악의 씨Bad Seed' 이론으로 불리기도 했다.

여기서 다시 본질적으로 아무 의미 없는 우연의 영역에 들어가야 한다. 도대체 좋은 부모가 어떻게 해서 나쁜 아이를 가지며, 무관심하고 부주의한 부모가 어떻게 해서 좋은 아이를 갖는단 말인가? 어쩌면 이 질문에 대한 답은 우리가 심리적인 선과 악을 시험해볼 수 있게 된다면 보다 더 명확해질 것이다. 그러나 아직 가정의 역학적 기능은 비교적 모호한 상태로 남아 있고 유전자 또한 해독 수준이 찻잎에 대한 것과 나을 바가 없다. 실제로는 우리 특성에 대해서 생물학이나 심리학 어느 한 분야에서도 이해하는 것이 거의 없다.

사회학에서도 마찬가지다. 사회학자들은 인간의 특성이 주로 문화에 의해 형성된다고 말하며 나아가 국민성이 되기도 한다고 지적한다. 그들의 이론은 상당히 정확하지만 그들 역시 흔한 예외를 설명하지는 못한다. 열다섯 살에 엑시터 학교를 그만둘 무렵 정확히 그 이유가 무엇이었는지 거의 생각해보지 않았지만 지금 와서 돌이켜보면 확실히 본능적으로 그 학교의 문화와 실상, 특히 와스프^{WASP}(White Anglo-Saxon Protestant, 앵글로색슨계 백인 신교도, 미국 사회의 가장 영향력 있는 계층에 속하는 것으로 여겨진다-옮긴이) 문화 전반에 몹시 거부감을 느꼈던 같다. 왜 그랬을까? 무엇이 나로 하여금 그 어린 나이에 어릴 적부터 나를 지배하던 문화 전체를 거의 철저히 거부하도록 만들었을까, 또 무엇이 나를 문화적 부적격자이자 사회학적 사고뭉치가 되게 했을까?

나는 유전과 양육, 문화가 나를 만드는 데 있어서 끼친 강력한 영향을 조금도 부정하지 않는다. 하지만 그 그림에는 분명히 빠진 조각이 있다고 생각한다. 그것도 큰 조각이 말이다.

나는 그 거대한 조각이 하나님이라고 믿는다. 나는 하나님이 우리의 유전자, 우리의 어린 시절, 우리의 문화 그리고 다른 여러 수단을 통해 우리를 만들어가는 일에 미묘하게 간섭한다고 믿는다. 하지만 이런 일이 어떻게 이루어지는지는 잘 모른다. 그것은 은밀한 작업이므로.

이것은 이렇듯 숨어 있고 신비스럽고 보이지 않는 작용인 동시에 증명될 수 없는 것이기 때문에 세속주의자들은 고작 하나의 이론으로 그것을 논할 뿐 진지하게 생각하지는 않는다. 그러나 내 생각은 그와 반대다. 나는 그 보이지 않는 특성이 역설적으로 엄청난 중요성을 나타낸다고 믿는다. 우리 존재의 일차적 근원이자 창조의 원천이며 무대 위로 드러나지는 않지만 인생의 드라마에 생기를 불어넣는 그 무엇보다 더 큰 책임을 지닌 창조주인 것이다.

이 '하나님 이론'에 직접적으로 함축되어 있는 의미는 세 가지다.

하나는 우리가 우리의 유전자보다, 우리의 어린 시절 양육보다, 우리의 문화보다, 심지어 우리 자신보다 더 우위에 있다는 것이다. 이런 모든 것과 함께 우리에게는 특별히 영혼이 있다. 아니, 단지 함께 있는 것에 더하여, 존재의 가장 핵심을 이룬다.

두 번째는 우리는 단순히 우연의 산물이 아니라는 것이다. 그렇다고 우리 인생에 우연이 전혀 없다는 말은 아니다. 정확히 말하자면, 그 이상의 무엇이 있다는 것이다. 즉 우리 각자는 가장 중요한 방식으로 설계되었다는 것이다.

세 번째로 함축된 의미는 우리가 어떤 목적 때문에 창조, 설계되었다는 것이다. 우리는 그 목적이 무엇인지 모를 수도 있다. 그러나 우리 모두는 장대한 드라마의 배우다. 우리는 일생 동안 그 드라마가 어떤 내용인지, 거기에서 우리가 어떻게 우리 역할을 가장 잘 수행할지 조금이라도 알게 되기를 갈망한다. 그리고 우리는 알 수 있다. 실제로 꽤 많은 것들을 우리는 곧 알게 될 것이다.

그런데 이것이 안락사와 어떤 관계가 있을까?

안락사는 이미 정의한 대로 자살의 한 형태다. 바라건대 나는 지금까지 자살하는 사람들이 얼마나 끔찍한 고통을 겪는지를, 또 자살은 우리의 동정을 받을 만한 일이라는 것, 그리고 죄를 미워하는 것이지 죄인을 미워하는 것이 아님을 분명히 했다. 그럼에도 불구하고 나는 자살 대부분을 죄로 간주하며, 특히 교만의 죄로 여긴다. 그것을 인식하든 그렇지 않든 자살을 행하는 사람들 대부분은 스스로에게 "내 삶은 내가 원하는 대로 할 수 있어. 내가 내 삶의 창조자니까 나는 나 자신을 파괴할 권리도 있다고"라고 말한다. 이것은 대단한 교만이다.

우리는 우리 자신의 창조자가 아니다. 내가 한 송이 장미나 아이리스를 만들 수 없는 것처럼 나는 나 자신 또한 창조할 수 없다. 꽃을 가꾸고 관리할 수는 있지만 꽃을 만들어낼 수는 없다. 나는 나 자신을 양육하고 관리할 수 있지만, 실제로 그것이 나의 의무지만, 나는 나 자신의 창조자도 아닐뿐더러 나 자신의 소유물도 아니다. 나의 부모, 나의 문화와 함께 하나님이 나를 창조한 것이다.

하나님은 내 존재와 이해관계가 있다. 누군가 나에 대한 '소유권'을 갖고 있다면 그것은 내 대리인도, 내 책의 출판업자도 아니고, 가족, 심지어 나 자신도 아니다. 바로 하나님이다. 이것은 내가 옳다고 여기는 나만의 삶이 아니다. 스스로를 죽이는 행위는 하나님을 부정하는 것이며 하나님이 정한 죽음의 시기를 부정하는 것이며 그가 갖고 있는 나에 대한 권리를 부정하는 것이다.

하나님이 자신의 형상대로 우리를 창조했다는 것이 의미하는 바는, 하나님이 우리에게 자유의지를 주었다는 것이다. 나는 이것이야말로 무엇보다 중요한 것이라고 생각한다. 물론 우리는 자살이라는 죄를 저지를 수도 있다. 하나님은 우리에게 당신을 부정할 자유를 주었으며, 당신을 거절하고 경시할 자유도 주었다. 하나님은 또한 당신과의 협력을 선택할 수 있는 자유도 주었다. 하나님과 우리의 관계는 수동적인 것이 아니다. 우리는 그 관계를 무시할 수도 있다. 그 관계에서 달아날 수도 있다. 그러나 우리가 성실히 그 관계에 참여하고 최선을 다해서 하나님과의 협력을 시도한다면 우리 스스로 창조자가 될 수는 없더라도 하나님과 공동 창조자가 될 수는 있다. 바로 그 안에 우리의 잠재된 영광의 본질이 존재하는 것이다.

안락사를 택하는 것은 일반적으로 영혼을 부정하고 창조자와 그가 정한 때를 거부하는 것이라고 말했다. 그와 정반대의 경우 또한 진실이다. 자연사를 선택하는 것은 하나님과 공동창조자라는 사실을 인정하는 것이기도 하다. 그렇다고 세속주의자들이 자연사를 전혀 수용하지 않는다는 얘기가 아니다. 이 말은 사람이 죽을 때, 실제로 그리고 의도적으로 많은 사람들이 하나님과 협력하며 죽음의 과정을 편안히 감수할 수 있음을 말하는 것이다.

사람들이 안락사를 선택하는 이유 중의 하나는 오래 끌고 혼란스러운 죽음을 피하기 위해서다. 그러나 내가 말하고 싶은 것은 하나님과의 협력을 선택한다 해서 죽음이 더 빨라지고, 덜 혼란스러워진다는 얘기는 아니다. 나는 비교적 생명선을 끊는 행위에 우호적인 입장이다. 의사들은 기술을 이용하여 죽음을 이기려고 할 뿐만 아니라 많은 사례에서 보듯 하나님까지도 이기려고 하는데 이것은 옳지 않다. 이와 비슷하게 상당수의 환자들이 불필요하게 자신이 죽어가는 시간을 늘리며 그 과정을 엉망으로 만든다. 그들 역시 죽음뿐만 아니라 하나님을 이기려고 하기 때문이다.

폐암으로 죽어가면서도 방사선 치료를 받으며 애써 음식을 삼키려 했던 맬컴의 사례를 기억해보라. 그는 겁쟁이가 되고 싶어 하지 않았다. 그는 전사였다. 그러나 그 싸움을 그만두는 것이 꼭 나쁜 것만은 아니라고 지적하자 그는 아내와 함께 집에 돌아가기로 결정했다. 그리고 귀가한 지 이틀 만에 평화로운 죽음을 맞이했다. 우리는 신학을 논한 것이 아니었다. 의외로 그의 선택은 단순했다. 바로 싸움을 그만두는 것이었다. 그러나 나는 그가 또한 하나님과 협력하기로, 하나님에게 굴복하기로 마음먹은 것이라고 생각한다.

신이 양육하다

내 정체성을 말하자면 나는 종교인이기 이전에 과학자다. 나는 가능하면 무슨 일이든 증거를 요구하고 그것을 통해서 믿는다. 내 영혼이 나의 출생과 나의 기억 이전에 창조되고, 그 이후에는 신께서 나를 자유롭게 두었다면, 내가 하나님 이론을 얼마나 진지하게 받아들였을지 의심스럽다. 그러나 하나님은 나를 홀로 내버려두지 않았다. 어릴 적 청소년기 이후로 줄곧 나는 때때로 하나님이 나에게 말을 걸고 다정하게 내 삶에 개입하고 있음을 인식했다.

나는 여기에서 하나님이 우리를 창조했을 뿐만 아니라 삶을 영위하는 동안 계속해서 우리를 양육하려 한다는 것을 말하고 싶다.

그렇다면 그 증거는 무엇인가? 사실 나는 그 내용만으로도 책 한 권을 쓸 수 있다. 실제로 나는 처음 쓴 책인 《아직도 가야 할 길》의 '은총' 부문에서 하나님의 양육에 관한 사례를 상당 부분 싣기도 했다. 그리고 다른 책에도 계속 그런 사례들을 써왔다. 그러나 지금은 안락사를 다루고 있으므로 오직 그 주제와 관련된 하나님의 은총만을 말하고자 한다. 따라서 여기에서는 나의 개인적인 두 가지 예만 들기로 한다.

하나님이 우리에게 말하는, 우리를 양육하려고 시도하는 방식 중 하나는 꿈을 통해서 이루어진다. 카를 융은 이것을 '큰 꿈big dreams'이라고 말했다. 더 많은 사례를 제시할 수도 있지만 이 책의 목적에 아주 완벽하게 맞아 떨어진다고 생각하는 사례를 들어본다. 이 사례는《끝나지 않은 여행》과《그리고 저 너머에》에도 수록되어 있다.

《아직도 가야 할 길》을 출판하기로 결정한 뒤 나는 휴가를 다녀올 결심을 했다. 굳이 가족과 함께 가고 싶은 생각은 없었지만 그렇다고 어느 해변에 혼자 앉아 있고 싶지도 않았다. 그러다가 나는 엉뚱하게도 수행을 위한 칩거에 들어가려는 생각을 하게 되었다. 뭔가 색다른 휴가가 될 것 같았다! 그래서 2주 동안 수도원에 들어갔다.

사실 나는 이 피정避靜에서 생각해야 할 문제가 꽤 많았다. 그중 하나는 담배를 끊는 문제였는데 당시 혼자 있던 그 기간에는 금연에 성공할 수 있었다. 그러나 큰 문제는 만약《아직도 가야 할 길》이 어쩌다 큰 인기를 끌게 된다면 어떻게 할지를 결정하는 것이었다. 만약 정말 그런 일이 일어난다면 사생활을 포기하고 순회강연을 하거나 J. D. 샐린저처럼 은퇴한 뒤 산으로 들어가서 당장 전화번호를 바꿔야 하는 건 아닐까? 나는 내가 진정 원하는 길이 무엇인지 알지 못했다. 또한 하나님이 내가 어느 길을 가기를 원하는지도 알지 못했다. 그래서 나는 피정의 고요함과 거룩한 분위기 속에서 이 고민을 어떻게 풀어야 할지 하나님의 계시를 받고 싶었고 그것을 최우선 과제로 삼았다.

나는 꿈이 특정한 계시 기능을 할 수 있다고 믿었기 때문에 꿈에 더욱 유의해서 최선을 다해 하나님과 협력해야겠다고 생각했다. 그래서 내가 꾼 꿈을 기록하기 시작했다. 그러나 꿈은 계속해서 주로 매우 단순한 다리나 문의 형태만을 보여주었다. 그런 꿈만으로는 아직 내가 알 수 없는 어떤 것, 즉 내가 인생의 전환기에 있다는 사실을 읽어낼 수 없었다.

그러다가 훨씬 더 복잡한 꿈을 꾸었다. 꿈속에서 나는 어떤 중산층 가정의 모습을 보고 있었다. 이 가정은 부모가 맞벌이를 하고 부모라면 누구나 아들로 갖고 싶어 할 17세 남자 아이가 있었다. 고등학교 고학년인 그는 반장을 맡고 있었다. 또 졸업식 때 졸업생 대표로 설 예정이었고 그 학교 풋볼 팀의 주장이었다. 잘생겼으며 방과 후에는 열심히 아르바이트도 했다. 게다가 사랑스럽고 얌전한 여자 친구까지 있었다. 운전면허증도 있었는데 나이에 걸맞지 않게 노련한 운전자였다. 오직 아버지만이 그에게 운전을 맡기지 않았다. 대신 아버지는 직접 차를 몰아 아들이 가야 하는 풋볼 훈련장, 아르바이트 장소, 데이트, 댄스파티 등 어디든 늘 그를 데려다 주었다. 설상가상으로 아버지는 자신이 운전사 노릇을 했다는 이유로 소년이 방과 후에 힘들게 번 돈에서 일주일에 5달러를 지불하라고 주장했다. 굳이 그렇게 해주지 않아도 소년이 직접 운전할 수 있었는데 말이다. 나는 그 괴물 같은 아버지의 독재에 아주 강한 분노를 느끼며 꿈에서 깼다.

나는 처음에 그 꿈을 어떻게 받아들여야 할지 몰랐다. 도무지 말이 안 되는 것 같았다. 그런데 그 꿈을 적어둔 사흘 뒤 내가 기록해놓은 것을 다시 읽다가 문득 '아버지Father'에서 F를 대문자로 썼다는 걸 알아차렸다. 그러곤 혼잣말을 했다. "혹시 이 꿈에서 아버지는 하나님을 말하는 게 아닐까? 만약 그렇다면 설마 내가 17세 소년? 그건 아니겠지?" 나는 마침내 내가 계시를 받았음을 깨달았다. 하나님은 나에게 "이봐, 스카티. 너는 다만 내게 요금을 지불하고 운전은 나에게 맡기면 돼"라고 말하고 있었다.

하나님을 궁극적으로 항상 선한 존재라고 생각해온 나는 흥미롭게도 꿈에서 독재자, 통제할 수 없는 악당으로 몰아세웠고, 어쨌든 그처럼 지독한 분노와 증오심으로 하나님에게 반응하고 있었다. 하지만 문제는 이것이 내가 바라는 계시가 아니었다는 것이다. 이것은 내가 듣고 싶은 것이 아니었다. 나는 대리인이나 회계사에게서 조언을 얻는 것처럼 하나님에게서 약간의 어떤 조언을 듣고 싶었으며, 그것을 수용하거나 거절하는 것은 내 자유라고 생각했다. 나는 엄청난 계시를 바란 것이 아니었다. 특별히 하나님이 "이제부터는 내가 운전할게"라고 말해주기를 바란 것도 아니었다.

20년이 지난 지금도 나는 여전히 이 계시에 부응하려고 노력한다. 또 아직도 청소년기나 다름없는 내 삶의 운전석을 하나님에게 기꺼이 양도함으로써 나 자신을 그에게 맡기려고 노력하고 있다.

꿈 이야기를 자세히 설명한 이유는 이 꿈이 나의 에고 또는 셀프와 깊은 관련이 있기 때문이다. 이미 말했듯이 이것은 내가 원하던 꿈이 아니었다. 또한 이 꿈은 나 자신이 만든 것도 아니었다. 이것은 나의 에고 또는 셀프의 그것과는 다른 어떤 실체, 다른 어딘가에서 온 게 분명했다. 사실 이 꿈은 나를 17세 소년으로 묘사했다. 그때 내 나이는 아마 41세였을 것이다. 이것은 나의 에고에 대한 모욕이었고 나에게 에고를 포기하라는 것이나 다름없었다.

어쨌든 그 무렵 내가 하나님과의 협력을 시도하고 있었다는 사실을 주목할 필요가 있다. 그렇지만 나는 그것을 이해하는 데 사흘이라는 시간이 걸렸다. 내가 완강히 저항했기 때문이다. 만약 내 영혼의 창조자와 협력적 관계를 원하지 않았다면 그것을 이해하는 데 얼마나 더 오랜 시간을 쏟아야 했을까? 어쩌면 영원히 이해하지 못했을지도 모른다.

하나님이 우리에게 말하는 가장 흔한 방식은 당신의 '조용하고 작은 목소리'를 통해서다. 이것은 기이한 현상이다. 그 음성은 하늘에서 들리는 매우 우렁찬 남성의 목소리가 전혀 아니다. 성경에서 말하는 것처럼 그 음성은 '조용'하고 '작은' 소리다. 너무 조용하고 작아서 거의 들리지 않을 정도의. 그 소리는 마치 내면에서 들리는 것 같아서 많은 사람들은 아마 그것을 자기 생각과 구별하지 못할 수도 있을 것이다. 하지만 그것은 우리 자신의 생각이 아니다.

이 음성과 평범한 생각을 잘 구별해내려면 주의를 기울여야 한다. 사람이 자신의 모든 생각, 어쩌면 거의 모든 생각을 하나님의 말로 간주하는 것은 참으로 경솔한 행동이다. 그런 생각은 순식간에 자기 자신을 정신 이상자로 만들 수도 있다.

이 두 가지를 잘 분별하기 위해서는 몇 가지 지침이 있다. 첫째, 시간을 내서(긴급한 상황에 있지 않는 한) 그 음성이 성령의 음성인지 단지 자기 생각인지 그 실체를 검사해봐야 한다. 그러면 그것을 분간할 수 있는 시간을 갖게 될 것이다. 사실 처음에 무시했더라도 그 음성은 거의 계속 반복될 것이다.

둘째, 성령의 음성, 또는 예수가 스스로를 일컬었던 위로자의 음성은 언제나 건설적이다. 절대 파괴적이지 않다. 하지만 뭔가 자기 생각과 다른 것을 하라고 요구할지도 모른다. 어쩌면 약간 위험한 요구를 할 수도 있다. 그렇다고 아주 위험하지는 않을 것이다. 만약 그 음성이 자살을 하라거나 누군가를 속이고 뭔가를 훔치라고 말한다면, 또는 노후를 대비해 모아둔 돈을 몽땅 요트를 사는 데 쏟아 부으라고 한다면 정신과 의사를 찾아가보라.

한편 그 음성은 보통 약간 이상하게 들릴 것이다. 이것이 자기 생각과 그 음성을 구별하는 방법이다. 그 음성은 같은 소리인데도 마치 다른 곳에서 오는 소리처럼 어딘가 이질적인 특성을 갖고 있다. 그리고 이 음성은 피할 수 없다. 우리가 이미 알고 있는 것을 말해줄 리 없고, 우리가 밀고나갈 필요 없는 일을 그렇게 하라고 다그치지 않는다. 그의 음성은 항상 새롭고 예상하지 못한 무언가와 함께 우리에게 다가온다. 그렇게 우리의 마음을 열고 우리가 만들어놓은 경계와 장벽을 서서히 허물어뜨린다. 따라서 성령의 목소리를 처음 듣는 사람은 대개 고개를 젓는 것이다.

내가 변변치 못한 학자일 뿐만 아니라 성경에 대해서는 특히 부족한 학생임을 인정하는 것으로 다음 사례를 소개하고자 한다. 이것은 하나님의 양육에 관한 두 번째 이야기이자 가장 최근에 일어난 사례이다. 나는 신약성경을 요한계시록까지 읽어본 적이 없었고 사도들의 서한에 대해서도 잘 모른다. 더구나 구약성경은 제대로 읽어본 적도 없다.

어쨌든 사건은 1995년 초가을에 일어났다. 그 무렵 나는 새로운 소설 《저 하늘에서도 이 땅에서처럼 *In Heaven as on Earth*》의 초고를 완성하고 출판 계약을 한 상태였다. 그런데 초고를 교정할 때 한 가지 문제가 생겼다. 나 자신을 주인공으로 해서 썼는데, 아무래도 그것을 바꿀 필요가 있다는 확신이 들었다. 교정하는 동안 나는 나 자신에게서 한 걸음 물러나 있어야 했을 뿐만 아니라 그 인물에 대한 전개를 수정해야 했다. 그러나 나는 스스로에게서 벗어나는 일에 결코 능숙하지 못했다. 게다가 줄거리로 볼 때 주인공은 꼭 나 같은 사람이어야 했다. 구체적으로 말하면 정신의학 교육을 받은 지식인이자 비전문적인 신학자여야만 했다. 어쩌면 하찮은 것처럼 보일지도 모르지만 적어도 이것을 해결하는 일은 이 책에서 중요한 사안이었다. 그러나 그것을 어떻게 풀어야 할지 도무지 좋은 생각이 떠오르지 않았다.

그러던 어느 날 오후, 그 문제는 일단 미뤄둔 채 다른 일을 하고 있을 때 작고 조용한 음성이 들렸다. "다니엘서를 읽어라." 나는 슬그머니 고개를 내저었다. 그 말이 구약성경의 다니엘서를 의미한다는 것을 알았다. 어떤 이유로 사자굴에 던져졌다가 하나님의 은혜로 그 굴에서 살아나온 선지자가 다니엘이라는, 초등학생이 아는 정도는 알고 있었다. 그러나 그 이상은 아는 것이 없었다. 나는 여태껏 다니엘서를 읽어본 적이 없었다. 다니엘서를 읽어볼 생각도 한 적이 없고, 이 음성이 왜 내게 그것을 읽으라고 하는지도 전혀 알 수 없었다. 나는 다시 고개를 흔들고는 하던 일을 계속했다.

그 다음날 오후, 아내의 사무실에서 서류 하나를 찾고 있는데, 또다시 그 음성이 들렸다. "다니엘서를 읽어라." 같은 말이 되풀이되었다. 이번에는 거부하지 않았다. 어느 정도 성령의 지속성을 경험했던 나는 하나님이 나를 어떤 쪽으로 이끄는 게 아닌가 하는 생각이 들었다. 물론 무엇 때문에 그러는지는 오직 하나님만이 알겠지만 말이다. 하지만 나는 즉시 행동에 옮기지 않았다.

다음날 정오, 언제나처럼 산책을 하고 있는데 그 음성이 다시 들려왔다. 이번에는 평소보다 훨씬 더 집요하게 느껴지는 질문이었다. "스캇, 다니엘서는 언제 읽을 거지?" 음성이 나에게 물었다. 그래서 나는 집에 도착하자마자 성경을 꺼내 다니엘서를 읽어 나갔다. 다행히도 내용이 짧아서 오래 걸리지는 않았다. 나는 많은 것을 깨달았다. 그러나 그때 내가 깨달은 가장 유용한 내용은 다니엘과 나 사이에는 꽤 뚜렷한 유사점이 있다는 것이었다. 물론 다니엘은 나보다 훨씬 더 용감하고 충실하고 고귀했지만 그 역시 분명히 지성을 중시하는 사람이었다. 그는 꿈을 해석하는 사람으로 일종의 정신과 의사였다. 그리고 선지자이자 신학자이기도 했다. 나는 곧 나 자신이 문제에 대한 해답을 갖고 있다는 깨달음을 얻었다. 내 소설의 중심인물은 스캇이 아닌 다니엘이 되어야 했다. 또한 우리 둘의 유사점과 차이점은 사소하지만 아주 다양한 방식으로 나를 내 자신에게서 한 걸음 물러나게 해 주어 그 인물을 그럴 듯하게 표현할 수 있게 했다.

우리는 이런 현상과 어떤 관련이 있는가? 창조성에 대해 글을 쓰는 많은 사람들은, 하나님에 대한 언급 없이, 어려운 문제에 직면했을 때 그 해결책이 부지불식간에 갑자기 떠오른 사례들을 얘기한다. 하지만 이런 사례들은 너무 쉽게 해답을 발견한다. 또한 나 자신을 벗어나는 데에서 오는 경험도 아니다. 그러나 그때 나는 해답이 아니라 해답에 이르는 길을 선물로 받았다. 물론 처음에는 그 선물을 잘 이해하지 못했다. 그것이 내 문제와 어떤 관계가 있는지 인식하지 못한 것이다. 어쨌든 내가 가던 길이 아니었으므로 그것을 받아들이지 못했다. 실제로 내가 보인 첫 반응은 그 선물을 거절한 것이었다. 내 에고와 너무 동떨어진 것 같은 생각이 들었기 때문이다.

여러 문제들에 비하면 내 문제는 사실 크게 중요한 것도 아니었다.

그렇다면 내 말은 이렇게 비교적 작은 문제를 도우려고 하나님이 하던 일을 제치고 왔단 얘긴가? 그렇다. 내가 말하려는 것이 바로 그것이다. 하나님이 왜 이런 커다란 관심을 쏟는지는 나도 잘 모른다. 아는 것이라곤 내가 약 40여 년 전 처음으로 하나님의 도움을 인식하고 난 이후로 계속해서 하나님에게 크고 작은 도움을 받고 있다는 것이다.

내가 유별난 것일까? 꼭 이런 점에서는 아닐지라도 의심할 여지없이 그렇다. 곧 알게 되겠지만 우리는 제각기 고유한 존재들이므로 다들 약간은 유별나다. 그동안 수많은 사람들이 나와 비슷한 경험들을 털어놓았다. 나는 이런 점에서 다수의 입장에 있지는 않지만 상당히 큰 무리에 속하는 존재인 것이다.

나는 하나님의 존재에 대한 증거뿐 아니라 하나님이 어떤 섭리로 우리를 양육한다는 사실에 대한 증거로서 이런 은총의 경험을 이야기했다. 그러나 하나님을 믿지 않고 하나님의 중요성도 무시하는 세속주의자들은 어떨까? 그들은 증거를 매우 중요하게 생각한다. 그렇다면 하나님은 그들을 양육하는 일에 실패한 것일까?

나는 그렇게 생각하지 않는다. 나는 세속주의자에게도 종교인의 영혼과 같은 근본적인 동력에 의해 작용하는 영혼이 있다고 확신한다. 그러면 그 둘의 차이점은 무엇일까?

한 가지 가능성은 하나님이 다른 방식, 즉 증거로서 이해하기에는 더 어려운 방식으로 세속주의자를 양육한다는 것이다. 나는 그럴 수 있다고 생각한다. 나는 하나님이 다른 유형의 사람들도 원하기 때문에, 그런 사람들은 그에 맞는 다른 종류의 양육이 필요할 것이라고 생각한다. 심지어 나는 하나님이 우리를 건전하게 만들기 위해 세상에 일부 세속주의자도 창조했다고 믿는다. 그러나 실제로 세속주의를 양육하는 것은 하나님이 관여하는 일이 아니다. 설령 하나님이 책략가일지라도 말이다.

다른 한편 나는 변호사와(그리고 조사 전문기자도) 세속주의자를 비슷하게 생각한다. 우리는 곳곳에서 항상 좋은 변호사를 필요로 한다. 그러나 지금처럼 적대적인 양상을 띤 사회에서는 그 적대주의를 더욱 부채질하는 이 변호사들이 적어지면 적어질수록 세상은 더 살기 좋아질 것이다. 온통 세속주의자들 세상이다. 나는 하나님이 일부 세속주의자를 양육한다는 사실을 의심하지 않지만 또한 하나님은 그들 중 일부라도 하나님의 존재를 깨닫기를 간절히 원한다고 믿는다. 하지만 그들은 그러지 못한다.

왜 깨닫지 못하는 것일까? 그들은 왜 그 증거에 영향을 받지 않는 것일까? 두 가지 이유가 있을 것이다. 하나는, 사람들은 대부분 변화를 싫어하기 때문이다. 세속적 사고방식을 가진 사람들은 단순히 자신의 사고방식에 거슬리는 증거를 받아들이려고 하지 않는다. 또 하나는 처음에 하나님을 진지하게 인정하게 되면서 부딪치게 되는 특별한 두려움 때문이다. 자아를 내려놓는다는 것은 운전석을 하나님에게 맡긴다는 얘기이며, 자신에 대한 지배권을 확실히 버린다는 뜻이다. 이 지배권에 대한 문제는 보다 큰 주제로서, 다음 장들에서 중점적으로 다룰 것이다. 어쨌든 성 바울이 쓴 것처럼 '살아 계신 하나님의 손에 빠져 들어가는 것은 무서운 일'이 될 수도 있는 것이다.

나는 세속주의자들이 하나님 이론의 증거를 거부하는 것을 마치 중립적이고 수동적인 현상인 것처럼 말해왔다. 이것은 물론 내가 경험한 사례는 아니다. 요즈음은 세속주의에 중독된 사람들과 신의 존재에 대한 엄청난 증거를 거부하는 사람들을 마치 '부정'하고 있는 것으로 말하는 게 보통이다. 부정은 능동적인 심리 과정이다. 그런 점에서 나는 일부 세속주의자를 자신의 세속주의에 중독된 사람으로 생각할 수도 있다고 믿는다. 따라서 아무리 많은 합당한 증거도 그들의 마음을 변화시키지는 못할 것이다. 그들은 다른 사람들처럼 하나님과의 직통 전화를 갖고 있지 않아서가 아니라 오히려 그 수화기를 일부러 내려놓았기 때문이다.

인간의 영혼은 모두 고유하다

이미 10여 년 전에 공식적으로 실무에서 물러났지만 약 3개월에 한 번씩 나는 계속해서 한 환자를 명목상의 진료비만 받으며 치료하고 있다. 바바라라는 80세 여성이다. 우리는 20년 동안 그녀가 안고 있는 다양한 문제를 해결하기 위해 노력해왔다. 그녀의 문제는 대부분 나이를 먹는 것과 죽음에 관한 것이었다. 나는 에고와 영혼의 차이가 이렇게 현저히 드러나는 사람을 만나본 적이 없다.

바바라는 대단한 에고의 소유자다. 그렇다고 교만하거나 이기적이라는 말은 아니다. 그녀는 결코 교만하거나 이기적이지 않다. 다만 아주 강한 선의로 세상을 지배하고 싶어 한다. 늙어감과 죽는 것까지, 모든 것을 지배하고 싶어 하는 것이다. 보통 사람들보다 훨씬 더 그녀는 계속 자신의 통제력 밖의 모든 상황에 무척 괴로워하고 좌절하며 고통스러워한다. 그녀와 내가 하고 있는 치료는 자아 치료라고 할 수 있는데, 치료 덕분에 어느 정도 증상은 호전되었다. 처음에 세속적이던 그녀는 기도하는 법과 조금이나마 자신의 의지를 하나님에게 양보하는 법, 그리고 가끔은 하나님에게 자신의 짐을 맡아달라고 부탁하는 법을 배웠다. 중요한 것과 중요하지 않은 것을 보다 더 잘 구별할 줄 알게 되었다. 또한 이제는 전혀 중요하지 않은 것에 대해서는 덜 걱정하게도 되었다. 달리 말하면 공포와 강박에서 어느 정도 빠져 나온 것이다. 그리고 더 겸손해졌다. 하지만 그런 깨달음에도 불구하고 선을 위해서는 자신이 모든 것을 통제해야 한다는 본능적인 신념만은 거의 망상처럼 강하게 남아 있다.

지금까지 나는 바바라의 특이점에 대해서는 얘기하지 않았다. 강박증이든, 완벽주의든 아니면 또 다른 어떤 것이든지 간에 그녀가 안고 있는 에고의 문제는 비교적 보통사람의 영역을 벗어난 정도다. 반면에 심리적 동력은 매우 일반적이다. 그럼에도 나는 그녀에 대해 다소 특이점이 있다고 말했다. 내게 유일하게 남아 있는 유료 환자라는 것. 왜? 나는 이미 은퇴를 했으며, 그녀의 증상이 고통스러울 정도로 느리게 호전되고 그녀의 대단한 에고가 특별히 흥미로운 것이 아닌데도 왜 그녀를 계속 진료하는 것일까?

그 이유는 내가 그녀의 영혼을 사랑하기 때문이다.

확실히 바바라는 '선한 사람'이다. 그녀는 대단히 사랑스러운 사람이다(그녀가 다른 사람에게 신경을 덜 썼더라면, 그렇게 걱정이 많은 사람은 되지 않았을 것이다). 그녀에게는 거짓된 모습이 전혀 없다. 걱정거리가 방해만 하지 않는다면 유머감각 또한 뛰어나다. 그래서 그것이 어떻다는 말인가? 사실 나는 사랑스럽고 정직하며 뛰어난 유머감각을 지닌 다른 좋은 사람들을 만날 기회가 많다. 그렇다면 그들은 무엇이 다른가? 또 바바라는 무엇이 다른가?

나는 말할 수 없다.

일반적으로 영혼은 거의 진부한 용어로 정의될 수 있겠지만, 영혼의 독특함은 어떤 적절한 표현으로도 정의할 수 없다. 에고에 대해서는 거의 완전히 설명할 수 있지만 각각의 영혼에 대해서는 거의 설명할 수가 없다.

세속주의자들은 개인의 독특함을 인정하지만 영혼과 에고의 신비로운 차이점을 구별할 필요가 없다고 생각한다. 그들은 "누구나 독특한 인생 경험뿐만 아니라 독특한 유전적 요소를 지니고 있기 때문에 당연히 모든 사람의 에고는 다르다"라고 말한다. 그러나 나에게 인상적이었던 것은 각 에고는 상대적으로 같다는 사실이었다.

《나를 명품으로 만들어라*What Color Is Your Parachute?*》의 저자 리처드 볼스Richard Bolles는 강연을 통해 인간은 자신을 남과 계속해서, 거의 강박적으로 서로 비교하는 본성을 타고났다고 말하며 인간을 '상대적인 존재'라고 불렀다. 이러한 성향은 건설적인 경우도 있지만 대부분 파괴적이다. 비록 바바라가 지적으로는 친구들(여전히 살아 있는 사람들)보다 훨씬 뛰어나다 할지라도, 그녀는 최근 육체적으로 친구들을 따라가기가 힘들다며 불평하곤 했다. 늘 그래왔듯이 그녀는 이 사실을 자신의 커다란 결함으로 해석했다.

그녀는 이렇게 말했다.

"따라갈 수 있어야 해. 친구들에 비하면 난 형편없는 고물이야."

"바바라, 지금 비교하고 있는 건 당신의 에고인가요 아니면 영혼인가요?"

내가 물었다.

"물론 에고지."

그녀는 기다렸다는 듯이 바로 대답했다.

그녀는 나와 함께 치료를 해나가는 동안 그 둘을 구별할 필요성과 그것에 대해 배웠기 때문에 반응이 아주 빨랐다. 그녀는 자신의 에고가 일차원적으로 정도가 지나치다는 것을 제외하면 그다지 특별한 것이 없다는 것을 깨달았다. 그녀는 우리가 자아 치료중이며 영혼을 간섭하는 것은 아님을 알게 되었다. 영혼에는 잘못된 것이 없기 때문이다. 에고의 과장된 신경증적인 부분을 점점 줄여나가는 데 성공하면서 그녀는 심지어 영혼은 어떻든 꽃을 피울 자유를 누리고 있으며, 자신은 훨씬 더 뛰어난 사람이 되었음을 깨달았다.

이 점에서 바바라는 독특하지 않다. 영혼의 해방은 누구나 살면서 진지하게 심리적·영적 성장의 길을 선택할 때마다 일어난다. 이것은 마치 자아 병리학이 진흙과 같아서, 그것이 떨어져 나가면 나갈수록 영혼의 밑바닥은 영광, 즉 지구상 어디에서도 찾아볼 수 없는 다른 유형의 영광스러운 색깔로 더더욱 빛나게 된다는 말과 같다.

나의 아내이자 내가 아는 최고의 사람, 릴리가 나에게 특별히 독특한 인상을 주는 것은 우연이 아니다. 30년 전 그녀는 더 독특했다고 말할 수 있는데, 그때 우리는 결혼한 지 6년이 되는 해였고 그녀가 처음 심리치료사로 입문한 해였다. 그 이후 수십 년 사이에 그녀의 독특함은 그 자체로 한 단계 도약함으로써 더 커진 것 같았다. 그런데 그것을 어떻게 설명해야 할까? 나는 설명할 수 없다.

물론 그녀가 네잎 클로버 찾는 것을 좋아하고 또 그것을 잘 찾는다는 말은 할 수 있다. 그녀는 초원을 한가로이 거닐면서 네잎 클로버를 수십 개씩이나 찾는다. 네잎 클로버가 마치 제비꽃처럼 잘 보이는 모양이다. 또한 때때로 골프장에서 순전히 공 찾는 재미 때문에 일부러

러프 쪽으로 공을 칠 것이라는 말도 할 수 있다. 거기에서 릴리는 자기 공 외에도 다른 골퍼들이 잃어버린 공까지 네댓 개 정도는 찾을 것이다. 그러면 이것이 말해주는 것은 무엇일까? 그녀는 눈이 아주 밝다는 얘기일까? 사실 릴리는 시력이 좋지 않다. 이른 나이에 백내장에 걸렸기 때문이다. 그럼에도 불구하고 그녀는 예전처럼 보물찾기를 잘한다. 미안하지만 릴리의 얘기는 여기서 끝내야 할 것 같다. 이 지면에서 릴리의 영혼에 진정한 생기를 불어넣을 수는 없기 때문이다.

훌륭한 소설을 쓰기 위해 가장 중요하다고 할 수 있는 부분이 바로 인물 전개다. 위대한 소설가들은 소설 속 인물에 생기를 불어넣는 데 천재적 능력이 있기 때문에 독자들은 소설을 읽으며 등장인물에게서 생생한 현실감을 느낄 뿐 아니라 실제로 그 인물에게 감정 이입을 하게 된다. 특별히 인상적인 인물들은 문학사에도 뚜렷이 남아 있다. 하지만 내 생각에 영혼을 사로잡는 데 성공한 작가는 아무도 없었다. 디킨스도, 셰익스피어도, 도스토예프스키도 예외가 아니었다. 훌륭한 풍자만화, 좋다. 아주 훌륭하다. 그것은 심지어 풍자만화 같지 않을 정도다. 그러나 그림을 자세히 들여다봐도 진짜 영혼을 발견하기는 어렵다. 영혼의 독특함은 가장 뛰어난 예술 작품조차 초월한다.

인간의 영혼을 만들 때 하나님은 각각 다른 시간에 다르게 만든다. 물론 내가, 하나님이 그 위업을 어떻게 성취하는지 다 알고 있다는 말은 아니다. 실제로 이 장은 영혼의 신비에 대한 논의로 끝을 맺을 것이다.

그러나 아무리 신비롭더라도, 영혼의 창조 과정은 각 개인에 따라 개별적으로 이루어진다. 각 개인의 독특함은 부인할 수 없을 뿐 아니라(자기 자신의 영혼이 위험한 경우를 제외하고) 단순히 심리학 또는 생물학으로 설명할 수도 없다.

영혼은 필연적으로 발전한다

사람이 바뀔 수 없다면 바바라와의 자아 치료는 의미가 없을 것이다. 또는 그 누구라도 심리 치료를 할 필요가 없을 것이다. 그러나 에고는 바뀔 수 있다. 그렇다고 반드시 바뀔 거라는 의미는 아니다. 다만 바뀔 수 있다는 것이다. 우리의 에고는 학습하고 발전할 수 있다.

나는 에고가 좋은 쪽으로 변화하면, 말하자면 정련될 때, 그 밑에 있던 영혼은 틀림없이 더 큰 힘을 가지고 특유의 빛을 발하게 된다고 말했다. 이 말을 단순히 받아들이면 영혼은 에고 가운데 있으면서 활기를 잃고 피동적으로 드러나기를 기다리며 단지 자리를 지키고 있다고 여길지도 모른다. 그러나 그렇지 않다. 영혼 역시 발전할 수 있다.

하지만 각각 다른 현상인 영혼과 에고는 서로 다른 차원에서 작용한다는 것을 기억해야 한다. 예컨대 시간적 관점에서 살펴보자. 3세 아이가 갖는 관점은 30세의 관점과 굉장히 다르며 이어서 65세의 관점과도 매우 다를 것이다. 이것이야말로 연대학적 진실이다. 이것은 우선 에고가 얼마나 오래 살아왔으며, 얼마나 오랫동안 그렇게 살도록 되어 있었느냐와 관계가 있다.

신학자들은 근본적으로 다른 두 가지 유형의 시간을 말한다. 즉 크로노스chronos와 카이로스kairos다. 크로노스는 우리의 에고가 인지하는 시간을 의미한다. 시계가 나타내는 예측 가능한 계절의 변화 같은 시간의 세계, 출생, 성장, 성숙, 노화, 죽음과 같이 매우 명확한 물리적 과정으로서의 시간을 의미한다. 카이로스는 하나님의 시간을 의미한다. 하나님의 시간은 크로노스와 매우 다른 개념으로서, 일시적인 것보다는 영원과 깊은 관계가 있으며, 작용하는 규칙도 다르다는 것 외에는 달리 정의할 수 없다. 하지만 더 나아가 나처럼 에고는 주로 크로노스의 영역에 존재하고 영혼은 주로 카이로스의 영역에 존재한다는 정도는 말할 수도 있을 것이다. 바바라가 크로노스의 영역에서 자신의 친구들을 따라갈 수 없었다는 사실, 그 때문에 느끼는 수치심은 그녀에게 아주 중요한 문제다. 그러나 카이로스의 영역에서 그녀는 그것이 아무런 의미가 없다는 것을 깨달을 수 있었다.

우리는 인간이 어떻게 학습하는지 뚜렷하게 알지 못한다. 에고가 표면에 더 가깝기 때문에 우리는 사물에 대해 자연스럽게 배우며 이것은 에고 현상이라고 인식한다. 한편 영혼은 더욱 깊은 곳에 자리하고 있어서 우리는 영혼이 사물에 대해 배운다는 사실을 전혀 이해하지 못한다. 그렇긴 하지만 적어도 때때로 이런 깊은 학습이 일어난다는 사실은 어렴풋이 알고 있다. 5장에서 설명한 영적 발달 단계들은 이에 대한 하나의 사례다.

많은 사람들이 평생 이 중 한 단계에 머물러 있다. 반면 어떤 이들은 한 단계에서 다른 단계로 전진하고 심지어 또 다른 단계로까지 발전하기도 한다. 이동이 일어날 때 이 진보 혹은 발전의 순서는 예상 가능하다. 2단계에서 3단계의 다소 세속적 회의주의를 거치지 않고 바로 4단계로의 도약은 일어나지 않는다. 그런데 어떤 사람들은 어떻게, 왜 그런 진전을 이루는지에 대해서 우리는 아는 것이 거의 없다. 그것은 에고 현상으로 보이지는 않는다. 보이지 않게 변화가 이루어지는 것이다. 비록 결과적으로는 에고가 분명히 영향을 받겠지만 그 이동은 영혼에서 비롯된다고 볼 수 있다.

어떤 단계에서 다른 단계로 넘어가는 이동은 명확히 '전환'이라고 표현하는 게 적절할 것 같다(그렇다. 또한 더 근본적인 신념 체계에서 회의주의로 전환하는 일이 있을 수도 있다!). 그러나 나는 사람을 변화시키는 방법을 알지는 못한다. 물론 그런 시도조차 해보지 않은 것은 아니다. 이제 곧 알게 되겠지만, 때때로 전환은 심리 치료의 합법적인 목표가 되기도 하기 때문이다. 하지만 그 시도는 번번이 실패로 끝난다. 간혹 내가 치료하던 환자가 변화하는 경우도 있는데, 그 변화는 나와 환자의 에고 사이에 일어난 상호작용이라기보다 그 영혼과 하나님 사이의 상호작용 결과라고 여겨진다.

상호작용과 관련해 말하자면, 영혼과 에고의 차이점이 유효하고 중요기도 하지만 이 둘 사이에도 상호작용이 존재한다. 이미 지적했듯이, 영혼의 전환이 일어나면 분명히 어떤 방법으로든 에고의 기능에 좀 더 좋은 방향으로 극적인 변화가 일어난다. 예를 들어 세속주의자가 4단계로 발전할 때 그는 자신이 강하게 거부했던 바로 그 지식을 점차 열망하게 될지도 모른다. 그의 에고는 전과 다르게 학습할 것이다. 반면 나는 또한 에고가 무엇을 배우게 되면 영혼의 발전을 독려할 것임을 믿는다. 그러나 영혼과 에고가 어떻게 상호작용하는지는 내겐 여전히 불가사한 부분이다.

의사 생활 후반에 접어들 무렵 나는 유사한 점이 많은 네 명의 여성을 상담했다. 60대 후반에서 70대 초반이었던 그녀들은 모두 노화 때문에 우울증을 앓고 있었다. 모두 세속적인 마음을 갖고 있었으며, 스스로 노력해 돈을 번 사람도, 부자와 결혼한 사람도 있었다. 자녀들은 모두 유복하게 자랐다. 그들의 삶은 마치 자신의 대본대로 진행돼온 것처럼 보였다. 그러나 이제는 백내장이 오고 보청기나 의치가 필요했으며 고관절 수술을 앞둔 처지가 됐다. 이것은 그들이 쓰려 했던 각본에는 없는 일이었으므로 짜증이 났다. 내가 도울 수 있는 방법은 노년이란 단지 스스로 쇠퇴해간다고 여기는 의미 없는 시간이 아니라 그 이상의 것이 있을 수 있다고 생각하도록 그들의 의식을 전환시키는 것뿐이었다. 나는 그들이 노년기를 자신의 삶에 대한 영적인 기간, 준비의 시간으로 생각할 수 있게 도우려고 노력했다. 하지만 그것은 쉬운 일이 아니었다. 그래서 더불어 나는 가능한 모든 방식을 동원해서 그들 모두에게 말했다. "보세요. 당신들은 대본 작가가 아니에요. 삶은 단순히 당신들이 펼치는 쇼가 아니라고요." 그중 2명은 그 사실을 받아들이느니 차라리 우울한 게 더 낫다며 얼마 안 있어 치료를 중단했다.

가장 우울증이 심했지만, 독실한 기독교 사고방식을 지닌 연장자였던 부인을 치료할 때 오히려 가장 마음이 편했다. 그녀는 60대 중반에 두 눈 모두 망막박리증에 걸려 고통을 겪었다. 안과의사는 당시 최신의 레이저 치료를 시술했지만 망막을 다시 붙이는 데는 성공하지 못했다. 그녀는 그 의사에게 분노했다. 아무런 증거도 없이, 의사의 실력이 부족하며 분명 의료사고를 저지른 것이라고 확신했다. 90퍼센트 정도의 시력을 잃은 그녀는 자신의 운명에 몹시 화가 났다. 두 번째 치료 기간에 접어들면서 나는 한 가지 주제가 떠올랐다.

"나는 교회에서 사람들이 내가 자리에서 일어날 때 팔을 붙잡아준다거나 계단을 내려갈 때마다 부축해주는 게 너무 싫습니다."

그녀가 소리를 질렀다.

"그리고 집에 틀어박혀 있어야 하는 것도 싫고. 많은 사람들이 자진해서 나를 어딘가에 데려가려고 하지만 친구들에게 하루 종일 나를 데리고 다녀달라고 부탁할 수는 없습니다."

나는 그녀에게 이렇게 말했다.

"제가 보기에 분명히 당신은 그동안 남의 도움 없이 독립적으로 살아온 데 대해 상당한 자부심을 갖고 계시군요. 당신은 매우 성공한 사람이었고 그래서 당신에게는 성공에 대한 자부심이 계속 필요했던 거라고 생각합니다. 그러나 아시다시피 인생이란 지상에서 천국까지의 여행이에요. 그리고 여행을 할 때는 가벼운 차림으로 떠나는 것이 좋은 법입니다. 그 모든 자부심을 갖고 천국까지의 여행을 마칠 수 있을지 모르겠군요. 당신은 실명을 저주로 알고 계시고, 사실 그럴 만도 합니다. 그러나 생각해보면 실명도 당신의 여행에 불필요한 자부심이라는 부담을 덜어주기 위해 설계된 축복으로 볼 수 있을지도 모릅니다. 눈을 제외하면 아주 건강하시잖아요. 아마 적어도 10년은 더 살 수 있을 거예요. 그 시간을 저주하며 사는 편이 나을지, 축복과 사는 편이 더 나을지는 당신에게 달려 있습니다."

그녀가 세 번째 진료 차 찾아왔을 때 4년 동안 앓아온 우울증은 사라진 상태였다.

모든 경우가 이와 같이 쉬웠으면 하는 마음이다. 하지만 내게도 이 부인과 같은 기품이 있을지에 대해서는 확신이 안 선다. 실명이나 그밖의 질병, 노화나 죽음을 축복으로 받아들이기로 결심하기란 결코 쉬운 일이 아니다. 그러자면 대단한 의지가 필요하다.

지금까지 이야기한 5명의 여성들은 모두 강한 의지를 지녔지만 그중 몇몇은 그 의지를 치료에 쏟기로 선택했고 다른 이들은 치료를 거부하기로 선택했다. 이런 차이는 왜 생기는가? 잘 모르겠다. 내가 아는 것은 우리에게 선택의 힘이 있다는 것이다. 하나님은 우리를 자신의 형상대로 만들었다고 한다. 그것은 우리에게 다른 어떤 것보다 자유의지를 주었다는 것을 의미하는 것이다. 인간은 자기 의지에 따라 자유롭게 선 또는 악을 선택할 수 있다. 심지어 하나님도 인간의 의지를 반영하여 치유한다.

그렇다면 의지는 우리 몸 어디에 있는 것일까? 영혼 안에 있을까, 아니면 에고 안에 있을까? 혹시 그 어느 것에도 없는 것이 아닐까? 나는 의지가 생리적인 요소로 유전자에 새겨져 있다가 필요한 경우 그 세포를 통해 발현되는 것은 아닐까 생각하기도 한다. 하지만 우리가 선택한다는 사실 외에 의지가 어떻게 명령을 받는지는, 즉 그것을 어떻게 선택하는지는 에고와 영혼 사이의 신비로운 상호 작용으로 결정된다.

아동기에 일어나는 학습과 발달은 대개 선택의 문제가 아니다. 그것은 자연스럽게 일어나는 것이다. 그러나 성년기가 되면 선택하는 길이 놀랍도록 다양해진다. 그런데 이때에는 많은 사람들이 더 이상 배우려 하지 않기 때문에 발전을 멈추고 만다. 하지만 어떤 사람들의 경우에는 정신과 영혼의 발달 속도가 오히려 빨라지기도 한다. 사실 인생에 있어 가장 중요한 선택은 어쩌면 학습을 언제 멈출 것인지, 그리고 정말 멈출 것인지 아니면 계속 해나갈 것인지에 관한 결정일지도 모른다.

그러나 가장 중요한 선택은 사람마다 다를 수 있다. 어떤 사람은 하나님과의 공동창조자가 되느냐 그렇지 않느냐에 대한 선택이 가장 중요하다고 말할 수 있다. 다른 이들은 사랑에 대한 선택이 가장 중요한 것이라고 말할지 모른다. 진정한 사랑의 길을 선택하라. 그러면 삶을 더 의미 있게 넓혀나갈 수 있을 것이다. 당신의 영혼은 필연적으로 발전할 것이다. 그러나 여기서는 이 책의 목적에 맞게 배움에 대한 선택, 특히 지혜를 배우려는 선택에 초점을 둘 것이다. 이 선택의 본질은 인생을 배움의 기회로 보느냐 그렇지 않느냐에 있다.

나는 삶의 의미가 바로 여기에 있다고 생각한다. 우리가 발전 가능한 존재가 아니라면, 하나님이 우리의 성장과 배움을 열망하지 않는다면, 왜 우리를 창조했을 뿐 아니라 계속해서 우리를 양육하겠는가?

나는 이 세상이 학습에 가장 이상적인 환경이라고 생각한다. 인생의 굴곡과 존재의 고통으로 가득한 삶이지만 벤저민 프랭클린이 말한 대로 '고통은 가르침을 준다'. 많은 사람들이 이 세상을 눈물의 골짜기라고 말한다. 그러나 키츠^{Keats}는 더 깊은 고찰을 통해 이 세상을 '영혼을 만드는 골짜기'라고 말했다.

실제로 인생을 끊임없이 배우는 기회로 삼고 살아가는 사람들이 있다. 이런 사람들은 보다 유연한 자세로 삶을 대한다. 마치 이들의 영혼은 이미 어떤 수준에 이를 준비가 된 것처럼 보인다. 한편 그렇게 삶을 학습의 기회로 생각하는 선택은 알코올 중독이나 이혼, 사랑하는 사람의 죽음, 12단계 프로그램(알코올, 마약 중독에 걸린 사람들의 회복을 돕는 프로그램-옮긴이)이나 심리 치료를 받아야 하는 인생의 위기로 인해 이루어지는 경우가 많다. 하지만 종종 중년의 위기가 그 계기가 될 수도 있고 어떤 이들에게는 죽음이라는 마지막 위기가 바로 그때일 수도 있다. 그러나 대부분은 인생을 학습의 기회로 생각하지 않는다.

정신과 의사로서 가장 만족스러웠던 일은 죽어가는 많은 사람을 만난 것이었다. 사람들은 무언가 마지막일 때에 가장 좋은 것을 배우게 마련이다. (이 얼마나 아름다운 말인가!) 하지만 중요한 것은 대다수의 사람들은 마지막 숨을 거두기 전까지도 자신이 죽어가는 것을 부정한다는 것이다. 그것을 부정하지 않고 자신에게 시간이 얼마 남지 않았음을 아는 사람들은 빠른 속도로 성숙해진다. 이럴 경우 그들은 일생 동안 회피해온 문제와 정면으로 부딪치는 선택을 하기도 한다. 죽음에 이른 순간에 그 문제를 해결하는 것은 기쁨이자 특권이다. 임종 시의 고백과 대화는 가능할 것 같지 않던 용서와 화해를 이루며 커다란 성장을 불러온다. 죽어가는 사람들은 매우 진실해지고 아주 빠르게 결정한다.

죽음이 배움과 영혼의 성장을 위한 기회가 될 수도 있기에 다음 장에서 나는 학습 과정으로서의 죽음을 주요 내용으로 다룰 것이다. 그러나 죽음을 배움의 기회로 삼는다는 것이 쉬운 과정이 아님을 알게 될 것이다. 죽음을 앞둔 자의 육체적 고통은 줄어들 수도 있고 또 마땅히 줄여야 하지만 그 사람의 존재의 고통은 훨씬 크기 때문이다. 따라서 누군가 그 고통을 피하기 위해 안락사를 선택하는 건 이해할 수 있다. 그럼에도 불구하고 안락사는 결국 영혼의 성장과 학습의 기회를 차단하는 일이다. 안락사를 선택함으로써 바로 인간 존재의 의미 그 자체를 부정해버리기 때문이다. 안락사를 선택하는 사람은 존재의 이유를 애써 회피하려고 한다. 실상 안락사는 신으로 향하는 길을 단절시킨다. 뿐만 아니라 그렇게 함으로써 하나님을 속이고 훨씬 더 중요하게는 우리 자신을 속인다. 냉혹하리만큼 단순한 문제다.

영혼의 불멸성

나는 노년과 죽음을 잠재적인 준비의 시간이라고 말했다. 순회강연을 하면서 가장 많이 받은 질문은 사후의 세계를 믿느냐가 아니라 윤회를 믿느냐였는데, 사실 나로서는 좀 당황스러운 질문이었다.

윤회의 문제는 나 자신도 모른다는 대답을 할 수밖엔 없었다. 나는 윤회를 믿는 것도 믿지 않는 것도 아니다. 그러나 때때로 청중에게 이런 말을 했다.

"어머니의 뱃속에서 수정되어 태어나기 전에 우리에게 어떤 삶이 있었는지는 비교적 중요하지 않은 문제입니다. 저로서는 오히려 사후의 삶, 즉 내세가 있는지 없는지에 관한 질문이 매우 중요합니다."

만약 내세가 없다면 내가 해온 숱한 말들은 모두 헛소리가 될 것이다. 그렇지만 젊은 시절의 배움은 자녀를 양육하는 기술을 향상시키고 그럼으로써 우리 종의 생존뿐만 아니라 영적 진화에도 공헌할 것이 분명하다. 그러나 우리의 아이들이 둥지를 떠나면 배움과 발전의 주안점은 어디에 두어야 할까? 그러면 우리는 노년에 들어서 아이들에게 더 나은 지혜를 물려줄 수 있을 것인가? 나는 적어도 우리가 사는 이 사회에서 노년에 이른 사람들이 지혜를 전해주기에는 역부족이라고 생각한다. 오히려 50세 이후에는 지혜를 돈과 맞바꾸는 것이 더 나을지도 모른다. 아니면 먹고 마시고 웃고 즐기는 게 좋을 것 같다. 곧 죽을 것인데 말이다. 노년의 나이에 이른 나 역시 웃고 즐기는 일을 분명 좋아하지만 하루가 다르게 쇠약해지는 육체적 조건을 생각하면, 이 시기를 배우고 성장하고 준비하는 기회로 삼지 않고 어떻게 즐겁게 살 수 있을지 모르겠다. 만약 사후 세계가 없다면 준비할 것도 없을 것이다. 또한 우리의 영혼이 불멸하는 것이 아니라면, 정말 그냥 그렇게 소멸하는 것이라면 죽음을 서두르지 않을 이유가 무언가. 차라리 조금이라도 더 일찍 돈과 맞바꿔라. 그렇다면 실로 안락사는 현명한 해결책이 될 것이다.

나는 사후 세계를 믿는 사람이다. 결코 순수한 희망사항이 아니다. 단지 희망적인 생각을 갖는 것이 잘못이 아니라서 하는 얘기도 아니다. 세속주의자들은 사후 세계에 대한 설득력 있는 주장을 알고 싶어 하지 않지만 사실 그에 대한 증거들이 있다. 이와 관련해 임사臨死 체험, 유령, 귀신의 존재 그리고 부활에 대해서도 말할 수 있지만, 내 믿음의 강력한 확신의 근거는 이성에 입각한 것이다.

릴리와 나는 코네티컷에 있는 우리 집 정원의 아름다운 꽃들을 참좋아한다. 꽃밭은 저절로 생긴 게 아니다. 아름다운 우리 정원은 25년 동안 끊임없이 쏟아 부은 우리의 노력과 관심, 육체적 노동의 결과다. 이 정원을 갈아엎는다는 것은 생각조차 할 수 없는 일이다. 혹시 집을 판다면 모를까 그런 파괴적인 생각은 생각만으로도 몸서리가 쳐진다.

하나님에 대해 내가 아는 것은 적어도 하나님은 효율적이라는 것이다. 하나님은 절대 낭비를 하지 않는다(살면서 경험한 이런 강렬한 사례들은《아직도 가야 할 길》에 소개했다). 육체적으로 죽는 순간이 오기 전까지 영혼을 양육하고 성장시키는 데에 쏟아 붓는 하나님의 노력을 생각할 때 그 영혼을 내버리거나 파괴한다는 건 나로서는 이해하기 어렵다. 아니, 하나님은 우리를 위해 뭔가 더한 것을 준비해놓고 있는데, 그것은 우리를 위한 사후 세계인 것이다.

하지만 나는 그것이 어떤 종류의 세계인지는 잘 모른다. 단지 추측해볼 뿐이다. 실제로 나는 그것을 주제로《저 하늘에서도 이 땅에서처럼》이라는 단편 소설을 쓴 적이 있다. 그러나 어디까지나 그것은 소설일 뿐이다. 사후 세계를 다녀온 사람이 없기에 그곳에 대한 세부적인 내용은 이론적인 신학의 영역으로 남아 있을 뿐 아니라 그와 관련한 어떤 책도 본질적으로는 소설에 지나지 않는다.

죽음이 인생에 있어 가장 큰 학습 기회이자 가장 큰 모험이라는 것은 그냥 하는 얘기가 아니다. 모험은 미지의 세계를 향한 여행이다. 만약 가는 곳이 어디인지, 그곳에 어떻게 갈 것인지, 가는 길에 무엇을 보게 될 것인지, 도착해서 무엇을 볼 수 있을지를 명확히 안다면 그것은 모험이 아니다. 물론 그것과 관련해 학습할 것도 없다. 우리는 오직 모험을 통해서만 배울 수 있기 때문이다. 인간이 미지의 세계를 두려워하는 것은 당연하다. 나 역시도 죽음이 두렵다. 내게는 지도도 없다. "나의 하나님, 하나님, 나를 버리지 마옵소서." 나는 기도할 것이다. 동시에 믿을 것이다. 우리 앞에 무언가가 더 존재한다는 것을. 하지만 그것이 무엇인지는 오직 하나님만이 안다. 아직 무언가가 더 존재한다. 오직 육체만 죽는 것이며 육체만이 일시적인 것이다.

온 세상은 의식과 영혼을 지녔다

영혼을 '하나님이 창조하고 기르시는, 고유하며 발전적인 영원한 인간 정신'이라고 정의하면서 많은 질문들을 피해왔지만 다만 한 가지 '인간'이라는 단어만은 잠재적으로 오해의 소지가 있다. 이것은 오직 인간만이 영혼을 갖고 있다는 뜻을 내포하는데 사실 그것은 내가 원하는 바가 아니다.

그럼에도 불구하고 나는 인간에게 영혼이 있다는 사실을 알기 때문에 이 단어를 사용했다. 나는 다른 피조물과 대화할 수 없기에 그것들에도 영혼이 있는지 없는지는 확신할 수 없다.

실제로 나는 적어도 그중 일부에는 영혼이 있지 않을까 생각한다. 예를 들어 애완동물은 우리가 가장 잘 아는 피조물이다. 앞서 고유함을 영혼의 특성이라고 말했는데, 그래서인지 나는 같은 종의 애완동물 두 마리의 미묘한 차이점을 구별할 수 있다. 하지만 보통 애완동물에게서 큰 감동을 받지는 않는다. 그래도 이따금씩 길을 걷다 보면 유별나게 '개성'이 뚜렷해 보이는 고양이나 개를 만나는데 그때마다 이런 생각이 들곤 했다. '저놈에게는 영혼이 있는 게 틀림없어.'

관습적으로 '사람person'이라는 단어는 인간에게만 사용하기 때문에 나는 앞에서 언급한 '개성personality'이라는 단어에 인용부호를 넣었다. 이처럼 개성은 흔히 인간의 속성으로 여겨진다. 하지만 나는 이런 매우 특별한 애완동물들에게도 뚜렷하게 인간적인 특성이 나타난다는 것에 놀란다. 나는 인간의 눈으로, 그리고 우리 인간과 모습이 다를수록 동물들을 업신여기는 자아도취적 시각으로 그들을 보아왔다. 만약 평균적인 개나 고양이의 눈으로 본다면 어떻게 보일지, 알 수 없는 일이다.

우리는 의식에 관해서도 비슷한 문제를 갖고 있다. 인간은 우월감에 빠져 대체로 인간들만이 유일한 의식의 소유자라고 추정한다. 하지만 이것은 가장 불확실한 추정이다. 실질적으로 차이는 있지만 다른 피조물, 식물에게조차 일종의 의식이 있다는 것을 암시하는 많은 사례가 있다. 사실 나는 거의 주저함 없이 온 세상을 의식과 영혼을 지닌 살아 있는 존재로 본다.

정신 그리고 영혼

그런데도 나는 여기에서 인간의 영혼에 대한 문제만 다루고자 한다. 그 때문에 특별히 영혼을 정신spirit이라고 말한 것이다.

영혼은 끝까지 죽음에 저항하는 세속주의자들뿐만 아니라 우리 문화 내의 대부분 사람들에게 어려움을 안겨준다. 교회 신도 수의 통계와 종교적 신념이 널리 만연돼 있음을 공언하는 여론조사에도 불구하고 우리 사회는 본질적으로 물질주의적 문화권에 속해 있음을 지적한 바 있다. 이것은 단순히 우리가 좀 더 환상적인 자동차와 그 밖의 물질적 소유에 중독됐다거나, 에머슨이 말했듯 "물질이 권좌에 앉아서 사람을 부린다"는 의미는 아니다. 이는 우리가 오직 '물질'만을 생각하는 일에 익숙하다는 의미다. 물질만능주의는 하나의 철학 원리로서, 말하자면 소유한 것만이 볼 수 있고 만질 수 있다는 것이다. 측정할 수 없다면 학습할 수 없고 다룰 수 없으며 사실상 존재하지 않는다고 말할 수 있다. 게다가 그런 것은 잊는 편이 더 나을 것이다. 이렇듯 물질만능주의는 정신(그리고 그 이유로 인해 영혼까지)을 완전히 부정하거나 적어도 그것을 비현실적인 것 혹은 인간사에서 거의 중요하지 않은 것으로 간주한다.

사람의 영혼에 대해 말하기에 앞서 지금까지 나는 사람의 본질적인 정신에 관해 이야기해왔다. 사람의 정신은 각각 고유하다. 사실 나는 영혼의 고유함을 묘사하는 데 있어서 그것이 궁극적으로는 설명을 초월하는 주제라는 것을 인정한다. 영혼은 정신이기 때문에 그것을 측정하기는 어렵다. 또 손에 넣을 수도 없고 손가락으로 만질 수도 없다. 또한 잡을 수도 없다. 그래서 우리는 정신(그리고 영혼)을 무시하기도 한다. 그것에 저항하기도 하며 심지어 때로 그것을 몰아내버릴 수도 있다. 하지만 그것을 성문화할 수는 없다.

바로 이런 점이 상당히 많은 사람들을 근본적으로 불안하게 만든다.

우리 문화의 물질만능주의에 지친 나머지, 20세기에 들어와 기본 물질에 가장 깊이 파고든 아원자 물리학자들이 정신의 영역에서 허둥대고 있다는 사실에서 약간의 위안을 얻는다. 1세기 전만 해도 물리학자들은 원자를 정확히 설명할 수 있다고 생각했다. 하지만 오늘날 아원자 수준까지 연구를 진행하면서 그보다 더 깊은 수준은 설명이 불가능하다는 것을 깨달았다. 물질은 에너지로 변하고 에너지는 물질 안에 존재한다. 이때 에너지의 속도, 방향, 위치는 예측이 불가능하다. 물질의 기본 구성 요소는 현재 '통계학적 확률의 복합적 장'으로 설명되고 있다. 원자도 정신과 매우 비슷한 것처럼 보기 시작한 것이다.

그러나 여기서 보다 깊이 주의할 필요가 있다. 원자가 일종의 정신일지도 모르고 나 또한 온 세상이 정신으로 충만하다고 말했지만 그렇다고 해서 반드시 원자에 영혼이 있다는 뜻은 아니다. 또는 원자에 개성이 있거나 물리학의 법칙이 신학의 법칙과 언제나 동일하다는 것을 의미하는 것도 아니다. 실제로 일단 아원자 수준 이상으로 파고 들어가면 물질은 언제나 더 예측 가능해지고 그 안에서 영혼의 특징이 되는 고유함은 거의 또는 아예 보이지 않는다.

물질은 물질일 뿐 영혼이 아닌 것이다. 죽어가는 사람보다 이 사실을 더 잘 아는 사람은 없다. 노년기에 들어서면 우리는 몸이 무너지는 것을 지켜볼 수 있다. 육체적 죽음이 점진적이라면, 죽음의 순간에 이를 때 몸이 더 빨리 쇠약해져가는 걸 알 수 있을 것이다. 그러나 인격은 쇠퇴하지 않는다. 때때로 그것은 오히려 그 반대다. 실제 자신이 죽어가고 있음을 알고 죽음을 받아들이는 사람을 통해 우리는 육체적 쇠퇴가 진행될 때 정신(그의 인간 됨됨이, 그의 영혼까지)은 더 활기를 띠고 생동하는 모습을 자주 목격한다.

그러다 순간적으로 즉시 정신은 사라지고 오직 시신, 곧 육체만이 남아서 쇠퇴의 과정을 계속 이어가는 것이다.

나는 나 자신을 온건한 기독교인이라고 생각하지만 몸의 부활에 대한 교리는 믿지 않는다. 내게는 육체와 영혼을 혼동하는 것으로밖에 보이지 않는다. 그 둘은 전혀 같은 것이 아니다. 우리의 육체는 물질이며, 물질적이다. 우리의 영혼은 정신으로서 완전히 다른 법칙을 따른다. 우리가 육체에 너무 익숙해 있기 때문에 물질주의자들은 육체가 없는 어떤 존재를 상상하기 어려울지 모른다. 그러나 확실한 것은 하나님의 상상은 우리의 상상을 초월한다는 것이다.

영혼의 신비

앞서 영혼에 대한 나의 정의가 많은 의문점들을 피해왔다고 말한 바 있다. 이것은 변명이 아니다. 나의 제한된 견해는 인간이 가진 어쩔 수 없는 한계다. 그리고 우리의 제한된 통찰력으로 인해 하나님은 필연적으로 신비로운 존재가 될 수밖에 없다. 우리의 영혼은 아직도 진행중인 신의 창조물이기 때문에 이를 통해 우리는 하나님과 함께하고 그러면서 좋든 싫든 하나님의 신비에 동참하게 되는 것이다.

내가 대답하기를 피해온 몇 가지 문제점들은 이것이다. 식물과 동물에는 영혼이 있을까? 영혼과 에고가 분리되어 있는데 상호작용은 어떻게 하는 것일까? 그 밖에도 영혼에 대해 여러 가지 질문을 끝도 없이 길게 나열할 수 있겠지만, 나는 그에 대한 답을 모른다. 그러나 이 중에서 명백히 중요한 한 가지 질문, 다소 사소하고 애매모호하지만 적어도 언급할 가치가 있는 질문이 있다. 악한 영혼이 존재할 수 있는가?

물론 악한 사람이 있다는 것은 의심의 여지가 없다. 그러나 나는 여지껏 그들에게 충분히 가까이 다가가, 과연 악한 것이 비정상적인 에고에 있는지, 아니면 비정상적인 영혼에 있는 건지 구별할 기회가 전혀 없었다. 물론 그들이 그렇게 하도록 두지도 않았겠지만(악한 사람과 그보다 훨씬 더 모호한, 육체와 분리된 악한 영혼 및 악의 소유물에 대해 더 알고 싶다면《거짓의 사람들 *People of the Lie*》을 참조하면 좋겠다).

사후에 아주 깊은 연구가 이루어진 악인이 하나 있다. 바로 아돌프 히틀러다. 거대하고 다양한 역사적 자료와 무수한 분석, 가설과 이론이 그를 설명하는 데 동원되었다. 그러나 이 모든 자료가 쌓이도록 우리는 매우 크고 결정적인 무언가가 빠져 있다는 느낌을 받는다. 50년이 넘도록 학자들은 그의 실체를 파악하는 데 성공하지 못했다. 그의 악의가 만약 영혼에서 비롯된 것이라면 이 실패는 애초에 그렇게 될 수밖에 없는 것이다. 이미 말했듯이 영혼은 잡을 수도 없고 정확히 알수도 없는 대상이기 때문이다.

따라서 받아들이고 싶진 않지만, 어쩌면 극소수의 인간들은 악한 영혼을 갖고 태어나는 것이 아닐까 싶다.

그런데 어떻게 그럴 수 있을까? 하나님이 영혼을 창조했다면 어떻게 처음부터 악한 영혼을 창조할 수 있을까? 모르겠다. 하지만 이에 대해 두 가지 가설을 제시할 수는 있다.

첫 번째 부분은 하나님이 전능하지 않다는 전제가 필요하다. 여기서 나는 내 논거가 확실하다고 생각한다. 성경에서는 전능자로 묘사돼 있고 유일신 전통에서 자란 사람이면 누구나 거의 본능적으로 하나님을 전능자라고 생각한다는 것을 안다. 그러나 하나님에 대한 유일신의 믿음을 버리지 않으면서도, 앞에서 언급한 인간의 의지에 대한 의문과 자유를 포함해 하나님의 전능성을 진지하게 의심할 만한 여러 이유가 있다. 이 책은 신학의 세밀한 내용을 다루는 논문이 아니다. 그래서 이렇게 말하는 정도로 충분하다. 즉, 현대의 수많은 유대-기독교 신학자들은 보다 미묘한 개념으로 하나님을 이해하는 데 꽤 익숙해 있다. 하나님은 거의 전능하지만 그 엄청난 힘은 여러 요인들에 의해 제약을 받기도 하는데 그중 하나가 관대함이라는 것이다. 신학자이기도 했던 아인슈타인은 말년에 '종잡을 수 없는 분이 하나님'이라면서 소돔과 고모라의 하나님에 관해서는 이야기하지 않았다.

내 가설의 두 번째 부분은 보다 더 추리적인 것이다. 사후 세계를 다룬 소설인 《저 하늘에서도 이 땅에서처럼》에서도 이런 주제를 다루었지만 나는 영혼 창조가, 어쩌면 모든 창조가 실험이라고 생각한다. 과학자들은 처음에 세운 가설을 실험으로 입증하지 못한 경우를 숱하게 겪어왔다. 사실 성공적인 실험에서처럼 실패에서도 많은 것을 배운다는 것을 알지만 때때로 우리는 이런 시도를 실패한 실험이라고 말한다. 이런 실험은 계획을 다시 세워야 한다.

이것이 영혼 창조에 관한 신비를 모두 제거해버리는 것을 의미하지는 않는다. 실제로 만약 모든 경우에서 영혼의 창조가 하나님의 실험이라면 그 숱한 사례 중에서 확실히 실패한 실험이 거의 없는 이유를 설명하기 힘들어진다. 성 바울은 사악함에 대한 미스터리를 일컬어 '죄악의 미스터리'라고 표현했다. 그러나 우리가 좀 더 객관적인 입장에 서게 되면 더욱 큰 미스터리는 인간의 악에 있는 것이 아니라 인간의 선에 있음을 인정해야 할 것이다. 내가 보기에 보통의 인간은 혹시 그럴 것이라고 생각하는 것보다 훨씬 올바르고 용감무쌍하다.

어쨌든 우리의 영혼이 하나님의 실험이라는 매우 추리적인 가설을 택한 이유는 이 말이 일종의 영광에 대한 가능성을 암시하기 때문이다. 앞서 말했듯이 하나님과 공동 창조자가 되는 것은 이 '영혼-형성의 골짜기'에서 우리의 능력 범위 안에 있다. 나는 지금 여기서 공동 실험자가 될 것을 제안하려 한다. 영광의 기미를 보이는 실험들에 중요한 드라마가 내재해 있을 수도 있다. 나는 이런 실험이 오랜 뒤에도 계속될지 의심스럽다. 그러나 우리가 육체적 죽음의 순간으로 급속히 다가갈 때보다 더 극적으로 영혼을 만드는 실험은 없을 것이다.

07

———

죽음의 과정에서 배우는 것

바로 앞 장에서 나는 안락사를 비판하는 두 가지 이유를 서술했다. 하나는 명백히 신학적이며 보통 모든 자살과 관련된 것이다. 이것은 우리의 창조자이자 양육자인 하나님이 우리의 삶에서 우리 자신만큼 상당한 이해 당사자가 된다는 것이다. 자유의지가 있는 피조물로서 우리에게는 스스로를 죽일 수 있는 힘이 있다. 그렇게 할 윤리적·도덕적 권리가 있느냐에 관한 것은 완전히 다른 문제다. 자살을 통해 인간은 자신에게 삶을 부여한 자와 관계없이 자신의 죽음의 때를 결정한다. 그것은 하나님에 대한 부정이자 그 영혼과 하나님과의 관계에 대한 부정이다.

안락사를 비판하는 또 다른 이유는 신학적인 측면뿐만 아니라 심리학적인 측면에서 특별히 내가 정의했던 안락사와 관련된다. 우리는 자연스러운 죽음을 맞는 과정에서 상당히 많은 것들을 배운다. 그러나 늙어가고 죽는 과정에 수반되는 생존적 고통을 피하기 위해 자신을 죽이는 행위는 스스로 그 배움의 길을 막는 것이다. 이것은 또한 그런 학습의 기회를 설계한 하나님을 속이는 일이라고 생각한다. 앞 장에서는 이 주제를 피상적으로 다루었다. 그러나 이 장에서는 좀 더 깊이 파고들게 될 것이다.

죽음과 임종의 단계

의학박사인 엘리자베스 퀴블러 – 로스Elisabeth Kübler-Ross는 임종에 이른 사람들을 만나 감히 그들이 죽음을 어떻게 느끼고 있는가를 계속해서 물었던 최초의 학자였다. 이런 경험을 통해 그녀는 《죽음과 죽어감On Death and Dying》이라는 고전을 썼다. 이 책에서 그녀는 불치병 진단을 받은 환자들은 다음과 같은 순서로 정서적 단계를 겪는 경향이 있다고 말했다.

부정(Denial)
분노(Anger)
타협(Bargaining)
우울(Depression)
수용(Acceptance)

맨 처음 부정의 단계에 있는 사람들은 다음과 같이 말한다. "나와 다른 사람의 실험을 혼동한 게 틀림없어요. 나일 리가 없어요. 나한테 이런 일이 일어날 리가 없다고요." 그러나 이런 부정은 오래가지 못한다. 그러고 나면 그들은 분노한다. 의사에게 화를 내고 간호사에게도 화를 내며 병원에도 화를 내고 친척들과 나아가 하나님에게도 화를 낸다. 분노의 대상이 더 이상 눈에 띄지 않으면 이렇게 말하며 타협하기 시작한다. "아마 교회로 돌아가서 기도를 다시 시작하면 내 암은 씻은 듯이 사라질 거야." 또는 "이제부터라도 아이들에게 더 좋은 부모가 된다면 아마도 내 신장이 낫겠지." 그러다 원하는 결과가 나타나지 않으면 자신들이 정말 죽어간다는 것을 깨닫기 시작한다. 이 시점에서 그들은 우울에 빠지게 된다.

죽어가는 사람이 만약 이 시점을 견디면서 우리 의사들이 말하는 '우울증 치료'를 받게 되면 그 사람은 우울에서 벗어나 막바지인 5단계, 즉 수용의 단계에 진입하는 것이다.

그 밖에 매우 중요한 다른 책들처럼 퀴블러-로스가 세운 이런 단계의 체계화도 비판을 받았고 그 과정에서 보다 더 이해하기 쉽게 정리되었다. 그러나 평론가들은 단계들이 엉성하다고 지적했다. 그 단계라는 것이 순차적이라기보다는 순환적이고 반복적인데다가 환자들은 퇴보하기도 하고, 또한 어느 한 단계에 국한된 것이 아니라 동시에 두 단계 이상의 증상을 겪고 있을 수도 있다는 것이다. 따라서 이 체계는 공식이 아니므로 공식처럼 사용되어서는 안 된다는 것이다. 이런 모든 비평은 타당하다. 그럼에도 불구하고 이 체계는 기본적으로 건전하며 공식처럼 적용되지만 않는다면 굉장히 유용하다.

퀴블러-로스는 수용이라는 5단계에 이르기만 하면 그것은 위대한 철학적 평온이자 영적인 빛의 상태라고 묘사했다. 이것도 어쩌면 과소평가일지 모른다.

정신과 의사로서 나는 수용 단계의 환자를 여러 명 만나는 행운을 누렸다. 아름다운 경험이었다. 나는 죽음을 앞둔 두 남자의(내 환자는 아니었다) 집에서 열렸던 저녁 파티에 함께한 적이 있었는데 그것은 훨씬 더 극적인 경험이었다.

그중 한 남성은 칠십을 바라보고 있었는데 방광암 때문에 화학요법을 받았지만 그다지 성공적이지 못했다. 그는 극심한 악액질 증상을 보인데다 매우 쇠약했다. 또한 다른 질환으로 인해 청각을 완전히 잃은 상태였지만 상대방의 입술 움직임으로 말을 알아듣는 데 능숙했다. 면역 체계에도 심각한 문제가 생겨 면역 기능이 제대로 작동하지 않아 식도 곰팡이 감염까지 생겼으므로 고형 음식물을 먹을 수 없었다. 다른 사람들이 음식을 먹는 동안 그는 형편없는 영양식 혼합 음료를 마셔야만 했다. 그날 저녁은 가족 외의 사람들과 교제를 나눈 마지막 행사였다. 그는 그로부터 3주 후 사망했다.

다른 남자는 40대 초반이었는데 근위축성 측색 경화증이라는 병(루게릭병)으로 10여 년 동안 고통을 겪고 있었다. 만찬 무렵에는 목 아래로 몸 전체가 완전히 마비된 상태였다. 그는 휠체어에 앉은 채 누군가가 숟가락으로 떠 넣어주는 음식을 먹어야 했다. 물론 대소변도 가릴 수 없었고 따라서 모든 부분에서 간호를 받아야 했다. 그가 속해 있는 종교 단체 회원들이 그를 돕고 있었다. 그는 그 뒤 6개월이 채 못 되어 사망했다.

나는 그들의 병이 얼마나 끔찍한 상태인지 잘 알고 있었기 때문에 만찬을 함께하는 것이 몹시 걱정스러웠다. 그러나 그럴 필요가 없었다. 비록 두 사람의 성격은 매우 달랐지만 그들과의 경험은 이상하리

만치 흡사했다. 두 파티 모두 이른 저녁에 당사자들은 자신의 병을 간결하고 사실적으로 설명하면서 죽음이 임박한 사실도 자진해서 얘기해주었다. 분명 나를 편하게 해주려는 배려에서 그랬을 것이다. 확실히 효과가 있었다. 나는 그렇게 정신이 또렷하고 현재의 상황을 확실히 지각하며 그 상황에 완전히 동화하여 어울리는 모습을 본 적이 없었다. 두 사람 모두 빛이 났다. 그들은 빛으로 가득했고 그 빛이 거기에 함께한 사람 모두를 감싸주는 것처럼 보였다. 특별한 의미를 지닌 날은 아니었지만 그들의 만찬은 마치 축하 행사 같았다. 분위기는 평화롭고 유쾌했다. 그동안 참석했던 사교 모임 중에 그들과 함께한 저녁만큼 즐거운 시간은 없었다.

마지막 단계인 수용은 매우 현실적이고 아름답게 보이지만 사람들은 대부분 이 5단계에 이르지 못한다. 사람들은 대체로 끝까지 죽음을 부정하거나 분노하고 또는 타협하거나 우울해하며 죽음을 맞이한다. 우울한 단계가 되면 너무 고통스러운 나머지 그 과정을 어떻게 헤쳐 나가야 할지 몰라서 그 전 단계들로 회귀하는 경향이 있는데, 특히 부정의 단계로 넘어가는 경우가 많다. 과학적 통계 자료는 없지만 나는 대다수의 사람들이 여전히 자신들이 죽어가고 있다는 사실을 부정한 채 그렇게 서서히 죽음을 맞이한다고 생각한다.

어떻게 그럴 수 있을까? 지성을 갖춘 성인이, 치명적인 병의 진단이 내려지고 최고의 의료조치에도 불구하고 자신의 상태가 악화되는 상황을 지켜보면서, 또 그 악화 속도가 급격히 빨라지는 것을 보면서도 여전히 자신이 죽어간다는 것을 거부할 수 있을까? 이러한 부정은 불합리하고 혼란스럽기까지 하지만 그럼에도 불구하고 그것은 평범한 행동이다. 그리고 이런 모습이 특별한 경우가 아니라 평범한 것임을 이해하려면 부정의 힘이나 죽음의 공포를 과소평가해서는 안 된다.

부정의 힘은 인간이 지닌 의지의 힘을 직접적으로 반영한다. 우리에게는 자유가 주어졌기에, 우리는 우리 의지를 더 높은 힘, 즉 하나님에게 맡기고, 진실, 사랑, 심지어 현실에 순응하는 길을 선택할 수도 있다. 그러나 우리 의지를 정말로 굽히지 않는다면, 무엇을 생각하든, 무엇을 믿든, 무엇을 원하든 그것은 우리 자유다. 놀랍도다! 사실현실을 부정하는 것은 그것에 승복하는 것보다 훨씬 쉽다. 더 옳아서가 아니라 더 쉬워서 그러는 것이다.

누구든 죽고 싶은 사람은 없다. 앞서 말한 대로 살고 싶은 의지는 우리 육체의 각 세포에 각인되어 있다. 또한 우리의 의식 안에도 새겨져 있다. 살아 있다는 것은 인식한다는 것이다. 죽음은 당연히 두렵다. 사후 세계에 대한 어떤 믿음이 있다고 하더라도 우리는 여전히 죽음이란 무존재, 또는 그보다 더 나쁜 것일지 모른다고 걱정하는 경향이 있다.

내 자신의 죽음에 대한 공포 저 바닥까지 자세히 들여다본 나는, 내가 존재하지 않는다는 가정보다 훨씬 더 두려운 이상한 환상을 발견했다. 그것은 텅 비어 있는, 아무것도 없는 곳에 존재하는 것이다. 이 환상에서 나는 죽은 후에도 계속 존재하나 단지 의식 안에서일 뿐 다른 어디에도 존재하지 않는다. 아무것도 없는 완전한 공허 속에서 나는 아무것도 아님을 인식한다. 비유하자면 우주선에서 우연히 떨어져 나가 절대 고독 속에 무력하게 어두운 우주를 떠다니는, 그럼에도 어쨌든 살아 있고 영원히 그렇게 있도록 운명 지어졌음을 인식하는 그런 우주 여행자의 모습이다. 이성적으로 볼 때, 이런 환상에는 많은 문제점이 있다. 하지만 그런 상황은 두려운 것이 사실이며, 그리고 철저히 이성적인 사람들도 많은 경우 나 같은 환상을 갖고 있음을 고백했다.

존재하지 않는다는 것에 대한 공포가 너무 크기 때문에 어니스트 베커Ernest Becker는 《죽음의 부정The Denial of Death》에서 인간의 악함은 대부분 죽을 운명을 충분히 인식하지 않으려는 시도 때문이라고 말했다. 베커는 말기 진단을 받고 고통스러워하는 사람들이 아니라 육체적으로 건강한 사람들에 대해 말하고 있었다. 그의 주장이 옳다면, 즉 죽음을 부정하는 것이 인간의 악함에 대한 근본적인 심리학적 원인이라면 실제 죽음의 단계에 있는, 죽음 한복판에 있는 사람의, 그 상황을 부정하고 싶은 절박함을 생각해보라!

하지만 그 절박함이 아무리 크더라도, 또 죽음을 부정하는 것이 아무리 이해할 만하고 일반적이라 해도 그것은 바람직하지 않다. 나는 르안네 슈라이버LeAnne Schreiber가 쓴 《삶의 한가운데에서: 어머니의 죽음과 딸의 다시 태어남에 관한 이야기Midstream: The Story of a Mother's Death and a Daughter's Renewal》보다 이 내용을 더 설득력 있게 다룬 것은 없다고 생각한다. 이것은 부정에 대한 사례 연구로 활용되기도 한다. 이 책이 이렇게 강한 설득력을 지니는 이유는 어쩌면 저자가 그것을 의도하지 않았기 때문인지도 모른다. 저자는 단지 어머니의 죽음과 그 과정에서 자신이 개입하게 된 전말을 증언한다.

저자의 어머니는 70세쯤에 췌장암 진단을 받았다. 그리고 그 뒤로 약 1년여를 더 살았다. 어쩌면 방사선 치료가 효과가 있었기 때문인지도 모른다. 환자는 주종양보다 그 종양의 전이 때문에 사망했다. 초기 단계에 병원에서 정서적·육체적 통증 완화를 위해 치료받은 것이 큰 실수였다. 그러나 그 책을 보고 암울한 생각이 든 것은 죽음에 직면한 그 순간까지 자신이 죽어가고 있음을 인정하지 않은 환자의 고집스런 거부 때문이었다.

이 사례에서 대단히 사실주의적이고 구체적인 묘사는 다분히 종교의 문제였다. 환자는 평생을 가톨릭 신자로 살았으며 확실히 신앙심도 깊었고 수십 년간 성당활동도 꾸준히 참여했다. 하지만 딸은 명백한 세속주의자였고 그때까지도 여전했다. 한번은 모녀가 성당의 치유미사에 함께 참석했는데 그곳에서 어머니를 위한 기도가 반복적으로 이어졌다. 하지만 이것은 어디까지나 타협의 행동에 불과했다. 환자의 가톨릭 신앙은 죽음을 앞둔 상황에서는 어떤 확실한 위로도 주지 못했다. 나는 그녀가 진짜 가톨릭 신자라기보다는 문화적 가톨릭 신자에 더 가깝다는 생각이 들었고 비록 피상적이나마 종교성이 있긴했지만 흔히 그렇듯 그녀 또한 근본적으로 딸만큼 세속적인 마음을 지니고 있었다는 느낌을 강하게 받았다. 모녀는 어떤 형태든 종교적 대화는 서로 피했는데, 아마도 종교는 모녀의 삶(그리고 죽음)과 관계가 없었기 때문일 것이다.

슈라이버는 어머니의 거부를 서서히 깨닫게 해주려고 노력했지만 어머니는 아무것도 받아들이려 하지 않았다. 이것은 죽어가는 사람들에게서 흔히 보이는 전형적인 모습이다. 부정을 드러내 보여주려는 노력은 보통 효과가 없을 뿐 아니라 강하게 노력하면 할수록 실패할 공산이 더욱더 커진다. 그럼에도 그 방법을 지속하면 그것은 오히려 학대가 될 수도 있다. 가장 최선의 접근은 환자에게 죽음에 대해 대화를 나눌 수 있는, 강요하는 것이 아니라 죽음에 대한 논의에 응하도록 가능한 많은 기회를 제공하는 것이다. 그것조차 이루어지지 않으면 부정하려는 환자의 욕구를 존중해야 한다.

그러나 죽음에 대한 논의에 실패하는 이유가 환자의 가족이나 의료 전문가들의 부정적 시각 때문인 경우도 종종 일어난다. 이것은 다른 측면에서 슈라이버의 책이 정확하다는 것을 말해주는 것이기도 하다. 저자는 아버지도 어머니만큼이나 죽음을 부정했다고 말한다. 부모와 가까운 사람들도 죽음을 얘기하길 꺼리면서 부모의 부정을 고치려 하기보다 오히려 부채질을 한 것이다. 이런 경우 그들은 당사자가 원할지라도 가장 내밀한 감정을 털어놓을 수 없게끔 고립 장소로 밀어넣는다.

이처럼 부정은 사실상 의미 있는 의사소통을 불가능하게 만든다. 의사인 슈라이버의 오빠는 처음부터 어머니가 죽어가고 있음을 알았지만 추정컨대 다른 지역에서 근무하고 있었기 때문에 어머니와 자주 만날 수 없었던 것 같다. 책 내용을 보면 전화 통화는 자주 하면서도 전문 의학용어 뒤에 숨어 개인감정을 전혀 표현하지 않은 채 어머니와의 거리를 유지했다. 이렇게 1년 내내 저자로서는 진실하게 대화할 사람이 전혀 없었다. 그것이 바로 나중에 그녀가 책을 쓰게 된 이유인지도 모른다.

정서적 고통에 대한 3장의 결론에서 나는 속죄의 고통에 대한 현상을 간략하게 언급했다. 그러면서 내가 들었던 '행복한 죽음'과 흔히 그런 죽음이 갖는 특징들에 대한 많은 이야기를 기록했다. 가장 주목할 만한 점은 그런 죽음을 맞이하는 사람들에게서는 부정하는 태도가 보이지 않고 친구나 가족과의 대화도 완벽하다는 것이었다. 그들은 사랑으로 작별인사를 했다. 또 자녀들과 부모는 화해했고 모든 가족은 전보다 더 깊은 대화로 하나가 되었다. 내가 본 사람들은 이런 죽음에 참여하는 것을 시종일관 특권으로 표현했다. 놀랍게도 그 경험은 두려움이 아니라 구원과 희망이었다.

그러나 슈라이버에게 있어 어머니의 죽음은 희망이 아니었다. 가장 중요한 일이었음에도 불구하고 그 일에 대해 가족이 서로 대화할 수 없었기 때문이었다. '다시 태어남'이라는 긍정적인 부제에도 불구하고 개인적으로 나는 《삶의 한가운데서》를 깊은 슬픔이 담긴 책이라고 생각한다. 그 책에서 어머니의 죽음 또는 죽어감에서 어떤 구원의 느낌도, 삶의 마지막 기간 동안 중요한 어떤 것을 배웠다는 증거도 파악할 수 없었다. 그녀의 영혼이 발전했거나 성장했다는 흔적도 없었다.

부정은 배움의 과정을 방해한다. 죽어가고 있다는 사실을 마주할 수조차 없다면 그 과정에서 배울 것은 아무것도 없다. 그녀의 죽음은 자연사였지만 반드시 훌륭한 죽음은 아니었다.

퀴블러-로스의 단계와 배움

《죽음과 죽어감》을 쓸 당시엔 확실히 깨닫지 못했지만, 퀴블러-로스 박사는 일생 동안 우리가 어느 시점에서 중요한 심리적·영적 성장 단계에 이르는지 그에 대한 윤곽을 그렸다.

예를 들어 내 성격에 심각한 결함이 있고 그 결함이 드러나게 돼 친구들이 나를 비판하기 시작한다고 상상해보자. 나의 첫 반응은 어떠할까? 이렇게 말할 것이다. "오늘 아침부터 기분이 영 안 좋은 모양이군." 또는 "저 친구, 아내에게 진짜 화가 나 있는 게 틀림없어. 나와는 상관없는 일이야." 바로 부정의 단계다.

그래도 그들이 계속해서 나를 비판한다면 그때는 이렇게 말할 것이다. "너희들이 무슨 권리로 쓸데없이 내 일에 상관하는 거야? 내 사정을 얼마나 안다고. 너희 일이나 신경 쓰라고!" 정말 그들에게 이렇게까지 말할지도 모른다. 이건 분노의 모습이다.

그러나 그들이 나를 사랑한 나머지 계속해서 비판을 해대면, 그때에는 이렇게 생각하기 시작한다. '젠장, 요즘 내가 친구들을 칭찬하는 데 인색했나보다.' 그래서 그들을 찾아가 활짝 웃어주며 등을 가볍게 두드려준다. 이것으로 제발 입을 닫아주기를 바라면서. 타협의 단계다.

그러나 그들이 진실로 나를 사랑해서 비판을 멈추지 않는다면, 그때는 어쩌면 이런 생각에 이를지도 모른다. '그들이 옳은 거 아닐까? 어쩌면 위대한 스캇 펙에게 어떤 잘못이 있는 건 아닐까?' 그런 뒤 나 스스로도 그런 것 같으면 그때부터 우울증이 시작된다. 그러나 정말 나에게 어떤 잘못이 있을지도 모른다는 우울함을 견뎌내고 그것이 무언지 궁금해 하기 시작하면, 그래서 그것을 주의 깊게 관찰하고 분석해서 분리한 뒤 정체를 파악할 수 있다면, 그때는 그것을 없애고 나 자신을 정화시키는 과정으로 나아갈 수 있을 것이다. 우울증에 대한 작업을 완전히 끝마치면 그때 나는 새로운 남자, 다시 태어난 인간, 더 나은 사람으로 달라져 있을 것이다. 이것이 바로 수용이다.

이 중 어떤 것도 완전히 새로운 것은 없다. 나는 거의 2천 년 전 세네카가 한 말을 자주 인용한다. "친구여, 우리는 일생을 통해 계속해서 살아가는 방법을 배워야만 하네. 그런데 훨씬 더 놀라운 일은 우리는 일생 동안 계속 죽는 방법도 배워야만 한다는 거라네." 물론 살고 죽는 방법에 대해 아무것도 배우지 않겠다고 선택할 수도 있다. 하지만 우리의 영혼을 깊이 배우려 하고 또 영혼의 공동 창조자가 되겠다는 선택을 한다면 우리는 언제나 죽음을 겪지 않을 것이다. 나는 《아직도 가야 할 길》과 다른 여러 책에서 39세 때 내가 죽음과 죽어가는 과정의 모든 단계를 하룻밤 동안 간접적으로 어떻게 겪었는지를 자세히 설명했다.

어느 날 밤, 나는 열네 살 딸과 더 행복하고 친밀한 관계를 위해 함께 여가를 보내기로 마음먹었다. 몇 주 전부터 딸아이가 같이 체스를 두자고 졸라온 터라 나는 체스를 제안했다. 아이는 무척 좋아했다. 우리는 자리를 잡고 앉아 체스를 시작했고 게임은 무승부로 끝나 결승을 해야 할 판이었다. 9시가 되자 다음날 수업이 걱정된 딸아이는 게임을 서둘러달라고 재촉했다. 아침 6시에 일어나려면 빨리 잠자리에 들어야 했기 때문이다. 나는 딸이 취침시간을 엄격히 지킨다는 것을 알고 있었다. 그러나 내 생각에 어느 정도는 그 엄격함을 포기할 줄도 알아야 할 것 같았다. 그래서 나는 아이에게 이렇게 말했다. "한 번쯤은 조금 늦게 잠자리에 들어도 된단다. 끝내지 못할 것 같았으면 시작을 하지 말았어야지. 지금 한창 재미있지 않니?"

우리는 15분 정도 게임을 더 이어갔고 그 시간 동안 딸은 눈에 띄게 안절부절못하고 있었다. 마침내 아이가 간청했다.

"제발요, 아빠, 빨리 좀 두세요."

"아니, 제기랄! 체스는 매우 신중하게 둬야 하는 게임이야. 너도 잘 두고 싶을 때는 천천히 둘 거 아냐. 진지하게 할 게 아니면 차라리 안 하는 편이 나아."

그렇게 딸아이의 기분을 엉망으로 만들어놓은 채 우리는 10여 분을 더 계속했다. 그러다가 마침내 딸이 와락 울음을 터뜨리고 말았다. 아이는 이 바보 같은 게임에서 자신이 졌다고 소리 지르고는 울면서 위층으로 뛰어 올라갔다.

내 첫번째 반응은 부정이었다. 심각한 잘못은 없었다. 단지 내 딸의 기분이 안 좋을 뿐이다. 아마 아이가 생리중이거나 뭔가가 있었을 것이다. 확실히 나하고는 상관이 없었다. 그러나 그런 부정은 실제 내 기분을 돌려놓지 못했다. 사실 그날 저녁은 내 의도와는 확실히 정반대로 진행됐다. 이제 나의 다음 반응은 분노로 변했다. 나는 딸의 엄격함에 화가 났고, 우리의 관계를 위해 그깟 사소한 취침시간을 포기할 수 없다는 사실에도 화가 났다. 그것은 분명 딸의 잘못이다. 그러나 분노 역시 효과가 없었다. 사실은 나 역시 잠자는 습관이 엄격하다. 그래서 위층으로 달려 올라가 딸의 방문을 노크하고선 "얘야, 미안하구나. 아빠가 너무 고집을 피웠어, 용서해. 잘 자거라" 그렇게 말할까 생각했다. 그러나 그 순간 내가 타협하고 있다는 생각이 들었다. 그것은 형편없는 사과에 불과하다. 마침내 내가 심각하게 큰 실수를 저질렀다는 생각이 들기 시작했다. 그날 저녁에 나는 딸과 행복한 시간을 보내려고 했다. 그런데 90분 뒤 딸아이는 눈물을 흘렸고 나에게 너무 화가 나서 말도 제대로 하지 못할 지경이 됐다. 뭐가 잘못되었던 걸까? 나는 우울해졌다.

다행히 비록 억지로 그러긴 했지만 나는 우울함에서 빠져 나와 그것을 치료할 수 있었다. 딸과의 유대를 돈독히 하려는 마음보다 체스에서 이기려는 욕심이 앞섰기 때문에 그날 저녁을 망쳐놓았다는 사실에 직면하기 시작했다.

그때부터 나는 진짜 우울해지기 시작했다. 어떻게 그렇게 균형을 잃을 수 있었을까? 나는 점차 내 승부욕이 너무 컸다는 것과, 어느 정도 그것을 내려놓았어야 했다는 것을 받아들이기 시작했다. 그러나 당시엔 이런 사소한 포기조차도 불가능해 보였다. 사실 늘 이기고자 했던 욕구는 일생 동안 큰 도움이 되어왔다. 그 덕분에 많은 부분에서 승리했기 때문이다. 어떻게 이기려는 생각 없이 체스를 둘 수 있는가? 나는 무슨 일이든 열정 없이 할 때는 마음이 편치 못했다. 생각해 보라. 진지함 없이 어떻게 열정적으로 체스를 둘 수 있겠는가? 그러나 어떻든 나는 바뀌어야 했다. 경쟁의식과 진지함이 나에게서 아이들을 멀어지게 만드는 행동 유형의 하나였음을 알았고, 만약 이것을 수정하지 않는다면 이런 행동을 계속하면서 또 다른 눈물과 괴로움의 사건을 일으킬 것이기 때문이었다.

경쟁에서 이기려는 욕구를 얼마간 포기한 뒤로 그 작은 우울증은 오래전에 사라졌다. 나는 승부욕 대신 육아 쪽으로 그 욕구를 사용했다. 어렸을 때는 승부욕이 도움이 되었을지 모르지만 부모 입장에서는 그것이 방해가 된다는 것을 깨달았다. 그것을 포기해야만 했다. 아쉬울 거라고 생각했는데 꼭 그렇지도 않았다.

내가 체스 게임 이야기를 자주 하는 것은 그것이 육체적 죽음의 상황이 아니더라도 일상생활에서 우리 개인이 죽음과 죽어감의 단계를 퀴블러-로스가 설명한 순서대로 얼마나 신속하게 이동하는지를 보여주는 가장 명확한 사례이기 때문이다. 그러나 이미 언급한 바와 같이 그 순서는 항상 그대로 일어나지 않는다. 사실 대개 가벼운 우울증은 경고 없이, 또 부정, 분노 또는 타협이라는 예비 단계에서 이들을 구별할 수 있을 만큼의 경험을 했는지도 모르게 갑자기 다가올 것이다. 그래서 나는 이제 내가 경험한 그런 우울증 얘기를 하려고 한다. 이 이야기는 처음 털어놓는 이야기이다.

20년 전 나는 약 10명의 환자로 구성된 주간 저녁 치료 그룹을 다른 동료와 함께 공동으로 이끌고 있었다. 단지 15분이 지났을 뿐인데, 우울한 느낌이 너무 심하게 밀려와 나는 생각도 말도 할 수 없는 지경에 이르렀다. 그런 상태는 계속 이어졌다. 마침내 환자 한 명이 물었다. "무슨 문제가 있나요, 스캇 선생님? 오늘 한마디 말씀도 없으셨어요. 꼭 여기에 없는 사람처럼 말이에요."

"네. 좋지 않아요." 나는 더듬거리며 대답했다. "갑자기 우울증에 빠졌어요. 이유를 모르겠어요. 완전히 정신이 없어요. 심지어 말도 잘 못 알아듣겠어요. 죄송하지만 저 없이 작업을 진행해야 할 것 같습니다."

육체적으로는 그 방에 머물러 있었지만 그 2시간의 치료가 끝날 때까지 정신적으로 나는 분명 그 자리에 없는 존재였다. 그룹은 치료를 계속해 나갔다. 나는 나와 함께하는 의사의 존재가 매우 고마웠다. 마침내 그룹 치료가 끝났을 때 그는 나에게 도울 일이 없겠냐고 물었다. "괜찮아요. 내일 아침쯤이면 말짱해지겠죠. 만약 그렇지 않으면 전화 드릴게요."

차를 타고 밤길을 지나 집으로 가는 길에서야 다시 생각을 명확하게 할 수 있었다. 우울증은 보통 감당하지 못하는 분노로 시작된다는 사실을 알고 있었으므로 나는 그날 저녁 치료 시간에 나를 화나게 만든 일이 무엇이었는지 생각해보기 시작했다. 곧 그 원인이 떠올랐다. 비앙카였다. 비앙카는 그 그룹의 환자 중 한 사람이었다. 나는 그녀에게 매우 화가 났다.

35세 여성인 비앙카는 그 그룹의 일원일 뿐만 아니라 개인적으로 내 환자이기도 했다. 나는 그녀를 1년 동안 보아왔다. 처음 그녀는 세 살짜리 아이처럼, 심통 사납고, 불평불만을 해대며 끊임없이 부아를 돋우었다. 그리고 남편에 대해 시시콜콜 비난을 퍼부었다. 그러나 4개월여 전 커다란 발전을 보였고 제 나이에 맞게 행동했다. 적어도 그날 저녁까지는 그랬다. 그룹 치료가 시작되는 순간 비앙카는 그전처럼 다시 남편을 비난하기 시작했고 복수심에 불타 불평을 늘어놓기 시작했다. 그녀는 마치 하룻밤 새에 세 살 무렵으로 다시 돌아간 것 같았고 그 때문에 나는 매우 화가 난 것이었다.

그런 환자의 경우 보통 치료 초기 단계에서 이런 일시적인 후퇴가 일어난다는 사실을 알고 있었다. 따라서 비앙카에 대한 나의 강렬한 분노에는 매우 부적절한 어떤 원인이 있음을 바로 깨달았다. 그래서 그 분노를 표출할 수도 어찌하지도 못한 채 앉아 있었다. 그녀에게 직접 화를 내면 안 된다는 것을 알고 있었다. 결과적으로 나는 갑작스러운 우울증 때문에 무력해졌다.

집에 돌아와서 나는 이 일에 대해 많은 것을 이해하게 되었다. 하지만 나의 호기심과 함께 완전히 사라지지 않는 우울증 때문에 이 문제를 더 깊이 생각하게 되었다. 기껏해야 비앙카와의 가벼운 마찰에 지나지 않을 문제가 여러 이유로 거의 폭발 직전의 부적절한 분노로 변했다. 왜 그랬을까? 빨리 답을 내릴 수 있었다. 정신과 의사라는 전문적인 직업을 갖고 있다 보면 자신의 모든 환자가 점점 더 나아지는 것처럼 보이고 그러면서 스스로에게 놀라운 재주가 있다고 생각되기 시작하는 때가 있다. 그러다가 아무도 나아지지 않아 스스로 진지하게 치료자로서의 자기 능력을 자문하는 시기도 있다. 최근 나에게 그런 시간이 온 것이다. 비앙카를 제외하고, 환자 중 그 누구도 개선되지 않고 있었다. 나는 한 달 동안 내내 이렇게 생각하면서 나 자신을 위로했다. '그래, 적어도 비앙카는 산불 번지듯이 계속 좋아지고 있잖아.' 그런데 지금의 그녀는 그렇지 않았던 것이다. 그녀는 퇴보하고 있었다.

만약 상황이 계속해서 나빠진다면 정신과 의사 일을 점차 포기하는 게 옳은 것이 아닌지를 생각해보았다. 오리무중이었다. 그러나 전문가로서의 자부심 일체를 환자 한 명에 두고, 그 환자가 나를 실망시켰다고 해서 울화가 치밀고, 심지어 어떤 환자의 행동 하나하나에 낙담하는 건 적절치 않다는 것만은 분명히 알고 있었다. 그것은 비앙카에게뿐만 아니라 나에게도 공정한 일이 아니었다. 다시는 그런 식으로 함정에 빠지는 일이 없도록 해야 했다. 좋든 싫든 나는 적어도 자존심을 어느 정도 포기하는 법을 배워야 했다. 그날 밤 잠자리에 들었을 때 나는 더 이상 우울하지 않았다. 우울증에 대한 작업, 적어도 그날의 그 특별한 우울증을 확실히 치료한 것이다.

누군가 우울증 치료를 끝내면 한결같이 그 이야기는 행복한 결말을 맺는다. 나는 그 다음 치료를 시작하면서 앞 주에 보였던 내 우울증에 대해 그 그룹 일원들에게 사과했다. 그리고 우울증의 동기와 그 경험을 통해 배운 것을 설명했다. 더 나아가 내 자존심을 지키느라 비앙카를 이용한 것에 대해 그녀에게 사과했다. 비앙카는 자신의 진전이 나에게 중요하다는 사실에 깊이 감동했다. 그녀는 자신의 퇴보를 인정했고 다시 그런 일이 일어날까 봐 걱정했다. 실제로 이 사건은 그녀에게 중요한 심리적 영적 성장을 불러온 출발점이 되었다. 그 집단의 다른 환자들은 담당의사도 충분히 우울증에 빠질 수 있는 인간이고 또한 그것을 해결할 만큼 충분히 현명하며 자신의 우울증 일체를 세세히 고백할 만큼 용감하다는 사실에 진심으로 기뻐했다. 그들은 나더러 롤 모델이 되어달라고 요청했고, 이어지는 몇 주간 나를 그렇게 활용하는 것 같았다.

내가 수차례 사용해온 '우울증에 대한 작업'은 일반적인 용어가 아니다. 알기 쉽게 말하자면 그것은 우울증 치료를 위해 필요한 생존적 고통에 대한 작업이다. 우울증은 일종의 심리적 영적 작용이고 그것을 겪고 싶어 하는 사람은 아무도 없기에 대부분 우울증에서 도망침으로써 그것을 피하려고 애쓸 것이다. 하지만 그럴 경우 아무것도 배울 수 없으며 치료 또한 기대할 수 없다. 그러나 만약 그들이 우울증을 완전히 다룰 수 있을 만큼 충분히 오랜 시간을 견뎌낸다면 그 우울증을 해결할 수 있을 것이고 마침내 그 해결의 끝에서 어느 때보다 더 행복하고 지혜로워져 있을 것이다.

우울증에 대한 작업은 개인의 개선에 매우 중요하고, 곧 알게 되겠지만 사회 전체의 개선에도 아주 중요해서 더 깊이 논의해야 마땅하다. 그 작업은 4개의 순차적인 단계로 분석해볼 수 있다.

첫번째 단계는 자신이 우울증에 걸렸음을 알고 그 사실에서 도망치지 않는 것이다. 이것은 말처럼 쉬운 일이 아니다. 죽음을 앞둔 사람들이 자신이 명백히 죽어가고 있다는 사실을 부정하는 것과 마찬가지로 자신이 심각한 우울증에 빠졌다는 사실도 부정할 수 있다. 정신과 의사를 찾아오는 심각한 우울증 환자의 절반은 다른 증상, 즉 불면증, 성욕 상실, 막연한 통증, 불안감, 걱정, 부부 문제 등의 증상과 더불어 우울증을 부정한다. 친구들에게조차 그는 분명 우울증에 걸린 듯 보인다. 이런 경우 정신과 의사가 처음 할 일은 환자로 하여금 자신이 우울증에 빠졌다는 것을 인식하도록 돕는 것이다.

어떤 사람은 비교적 가볍고 점진적으로 시작되며 원인도 복잡하기 때문에 자신이 우울증에 빠졌다는 것을 인식하지 못할지도 모른다. 1979년 여름, 《아직도 가야 할 길》의 초기 독자인 어떤 성직자가 나를 찾아와 며칠간 머문 적이 있었다. 그는 다음과 같은 말로 대화를 시작했다. "저는 스캇 당신을 좋아합니다. 당신을 만나게 돼서 참 기뻐요. 하지만 당신은 내 예상과 다른 사람이에요. 책으로 보아선 쾌활하고 유쾌한 사람일 거라고 생각했는데, 심각한데다 거의 우울증에 걸려 있는 사람처럼 보이니 말입니다."

"저는 우울하지 않습니다. 적어도 내가 알기로는요. 모든 일이 잘 돌아가고 있습니다."

실제 나에 대한 그의 평가는 너무 이상하고 엉뚱해서 뇌리에 계속 남아 있었다. 그 뒤로 2년이 지나 책이 유명세를 얻고 얼마간 성공한 연설가가 되었을 때 나는 당시 그의 평가가 정확했음을 깨달았다. 그가 나를 찾아왔던 때를 돌이켜보면 나는 그 책이 계속 출판되도록 하기 위해 힘든 싸움을 하고 있었고 첫 강연을 앞두고 긴장하고 있었으며 부부관계도 가장 안 좋았을 때였다.

당시의 우울증은 내가 거기에서 빠져 나오려고 노력해서가 아니라 책과 강연 활동 등으로 내 주변 환경이 개선되면서 저절로 해결되었다. 자신이 우울증에 빠졌다는 것을 인식하지 못하면 우울증에 대한 노력을 기울일 수는 없다. 6년 뒤 나는 가볍지만 지속적인 우울증을 확실히 감지하기 시작했는데 그런 증상은 2년간 계속되었다. 놀랄 일은 아니지만 이 장기간의 우울증은 바로 내가 쉰 살이 되던 때에 부각된 것이었다. 이것은 흡사 중년의 위기로 보일 수도 있었다. 이 위기의 일부는 내 결혼 생활과 얼마간 연관이 있었다. 이 우울증에서 빠져나오기까지는 나(그리고 우리)는 엄청난 우울증 작업을 해야 했다. 몇 시간짜리 강의를 통해 우울증 해결에 관한 이야기들을 해왔지만 어느 것 하나가 하룻밤 사이에 25년 결혼 생활에서의 문제점을 해결해주는 것은 아니었다.

실제 우울증에 빠졌다는 것을 인정함으로서 우울증 작업의 첫 단계가 끝나고 두 번째 단계가 시작된다. 두 번째 단계는 자신에게 왜라고 묻는 것이다. 내가 왜 우울증에 빠졌지? 질문은 명확할지라도 보통 대답은 그렇지 못하다. 예를 들어 우울증의 느낌은 흔히 부수적인 바이러스성 질병과 유사하다. 유행성 인플루엔자와 단핵증(말초 혈액 가운데 백혈구의 하나인 단핵구單核球가 보통 이상으로 증가하는 병증을 통틀어 이르는 말-편집자)이 비슷한 것으로 악명 높지만 이와 유사한 증상은 더욱 경미한 질병에서도 종종 발생한다. 정신과 의사인 나는 특별히 이런 것들로 크게 시달렸다. 가벼운 우울증이 느껴지고 그런 다음엔 미열이 오르고 관절이 쑤시는 증상이 나타나는 것 때문에 몇 시간을 고심한 경험이 수십 차례가 넘는다. 그러고 나선 결국 이런 깨달음에 이른다. '나는 진짜 우울증에 빠진 게 아니야. 단지 사소한 감기였다고.'

그러나 이것은 사소한 문제다. 더 큰 문제는 진짜 우울증에 빠져서 매일매일 자신에게 왜라고 묻는데도 대답을 찾을 수 없는 경우다. 만약 우울증이 설명할 수 없는 상태로 지속된다면 정신과 의사를 찾아가야 할 때가 된 것이다. 그 의사가 환자 대신 우울증 작업을 해줄 수는 없을 테지만 이 단계에서 환자를 도울 수는 있다. 만약 환자가 기꺼이 정직해지면, 의사의 정중한 질문으로 왜 자신이 우울증에 빠지게 되었는지에 대한 수많은 이유들이 상당히 빨리 드러날 것이다.

그러나 환자가 합리적인 통찰력을 지닌 사람이라면 자신이 충분히 해결할 수 있는 일을 군이 훈련된 의사의 도움을 받고 비용을 지불할 필요까지는 없다. 감당할 수 없는 화, 감당할 수 없는 분노의 감정은 거의 예외 없이 우울증의 원인이 된다는 말을 기억하라. 그리고 간단히 자신에게 물어보라. '내가 무엇 때문에 화가 났지?' 예를 들어 나는 집단 치료 때 내가 무엇 때문에 화가 났는지를 자문하자마자 즉시 비앙카가 그 원인이었음을 깨달았다. 본능적으로 나는 그 화의 원인이 그녀보다 내 잘못이었다는 것을 깨달았기 때문에, 그것은 어찌할 수 없는 화였다.

이때 주의할 점은 우울증은 종종 다원 결정 성향, 다시 말해서 한 가지 원인이 아니라 그 이상의 원인이 존재한다는 말이다. 흔히 화를 일으킨 어떤 무언가가 이유가 아니라 여러 문제들이 복합적으로 작용하는 것이다. 내가 경험한 가벼운 우울증의 대다수도 그랬다. 나는 오후 2시쯤 우울함을 느낀다. 이를 생각해보면 하나도 아니고, 둘도 아니고 그날 아침에 다섯 가지나 잘못된 일이 있음을 깨닫게 된다. 그 자체로 보아 각각의 일은 다소 언짢은 정도에 지나지 않지만 마지막 것은 속담처럼 낙타의 등을 부러뜨리는 마지막 한 가닥 지푸라기가 돼 인내의 한계를 무너뜨리는 기폭제가 되고 만다. 그리고 이런 일들이 한데 뭉쳐 복합적으로 작용해 감당할 수 없이 괴로운 기분에 빠지게 했던 것이다.

일단 화를 일으키는 한 가지 혹은 여러 일을 알아차렸다면 그 문제의 원인을 발견함으로써 우울증 작업의 두 번째 단계를 끝낸 셈이다.

세 번째 단계는 자신에게 이렇게 질문하면서 시작된다. '이런 감당 못할 화를 없애려면 어떻게 해야 하지?' 때때로 이 단계는 아무것도 하지 않는 게 필요할 수도 있다. 예를 들어 내 우울증이 사소한 욕구 불만이 쌓여 비롯된 결과 외의 다른 아무것도 아니라면 내가 할 일이란 편안하게 푹 자는 것이고 그러고 나면 다음날 상쾌한 아침을 맞을 것이다. 스칼렛 오하라의 불후의 명언을 빌자면 "내일은 내일의 태양이 뜬다."

그러나 심각한 우울증이라면 잠은 그에 대한 해답이 되지 못한다. 사실 이제 우울증 작업은 더 어려워지고 더 힘들어진다. '이 감당할 수 없는 화를 없애려면 뭘 해야 하지?'라는 질문에 대한 답은 뭔가를 없애야 한다는 것이다. 내 안에 있는 무언가를 말이다. 내 자신의 일부를 포기해야만 한다. 예를 들어 딸과의 실패한 체스 게임을 통해 나는 내 과도한 승부욕을 포기해야 한다는 것을 알았다. 이와 비슷하게 비앙카에 대한 부적절한 분노는 내 자존심을 환자의 회복 여부에 두지 말아야 함을 가르쳐주었다.

우울증 작업에서 이 단계가 너무 힘들게 느껴지는 이유는 자신의 한 부분을 포기하는 것에 본능적인 저항이 작용하기 때문이다. 내가 포기해야 하는 내 일부를 확인하게 되었을 때 첫 반응은 다음과 같을 것이다. '나는 할 수 없어. 그건 불가능하다고.' 아무리 그래도 어떻게 이기려는 마음 없이 체스를 둘 수 있겠는가? 어떻게 자기가 노력해 이룬 뚜렷한 결과에 자존심을 갖지 않을 수 있겠는가? 3장에서 나는 우울증에 빠진 사람들은 마치 새장에 갇힌 것처럼 함정에 빠져 있다고 느낀다는 것, 그럼에도 흔히 그들 스스로가 그 새장의 빗장을 만든다는 것을 언급했다. 이 문제의 진실은 우리가 정말로 충분히 원하면 사실상 무엇이든 포기할 수 있다는 것이다. 문제는 바로 '원하는가'에 있다. 많은 의사들은 이 시점에서 환자들이 중도 포기하고 의사의 도움을 마다하는 것을 경험한다. 그들은 아무리 자신에게 파괴적이고 불필요한 부분일지라도 그 부분을 포기하느니 차라리 우울증과 함께 있는 것을 선호하는 것이다.

사실상 무엇이든 포기할 수 있다는 내 말은 우리가 건설적인 것까지 포기할 수 있고 포기해야 한다는 뜻이 아니다. 예를 들어 일부 그런 사람들이 있긴 하지만 우리는 영혼을 포기해서는 안 된다. 내가 버려야 한다는 대상은 과도한 승부욕이나 지나친 자존심처럼 에고에 속하는 것을 말하는 것이다. 이런 '에고에 속하는 것'에 대한 목록은 거의 무한하다. 교만, 비현실적인 환상, 빈정대는 버릇 등등 끝이 없다. 더 이상 자신에게 유익하지 않은 것은 어떤 것이라도 해당된다.

일단 포기해야 할 것이 무엇인지 확인하고, 그것을 포기할 수 있는지 깨달음으로써 우울증 작업의 3단계를 끝마치면 4단계이자 마지막 단계는 바로 그것을 실행하는 것이다. 그것을 포기해버리는 것이다. 부딪쳐 떨쳐버리는 것이다. 죽이는 것이다. 잘라내버리는 것이다. 그러나 다시 말하지만 말처럼 쉬운 게 아니다. 어쩌면 죽을 것 같은 느낌이 들지도 모른다. 분명 이것은 자신(또는 에고)을 수술하는 과정이며 보통 자괴감에 의해서만 유발되는 일이다. 앞서 말했듯이 어떤 문제는 해결책이 없음을 받아들이는 것 자체가 바로 해답이기 때문이다.

그러면 다시 수용으로 돌아가보자. 퀴블러-로스가 우울의 다음 단계로 명명한 수용은 우울증 작업을 끝마쳤을 때 이르게 되는 영적으로 평온한 상태다. 그녀는 죽음 그 자체에 대한 수용과 자괴감에 그 초점을 두고 있다. 즉, 죽음은 해답도 없고 우리가 싸울 수 있는 문제가 아니라는 사실을 받아들여야 하는 자괴감 말이다. 그러나 우리는 지금 특별히 안락사를 논의하는 만큼, 죽음의 과정에서 중심이 되는 또 다른 종류의 자괴감, 말하자면 자신의 지배권을 포기하는 방법을 배우는 것에 보다 더 초점을 맞출 것이다.

여기서 에고를 패배시키는 것은 고통스럽다는 것을 분명히 알아야 한다. 나는 우울증에 대한 작업을 힘든 일이라고 말했다. 말 그대로 아이를 낳는 산고産苦와 유사한 것이다. 그 고통의 시작은 점진적일 수도 있지만 마지막 단계에 이르면 몹시 고통스럽다. 그러나 그 과정을 극복하면 새로운 삶이라는 열매를 수확하게 된다. 이처럼 우울증에 대한 작업은 영혼의 학습이며 그 결과는 거의 부활에 버금가는 새로운 삶이다.

기존의 생각을 버리고 새로운 학습을 이루어가는 과정에서 이런 죽음의 단계의 중요성은 아무리 강조해도 지나치지 않다. 개인뿐만 아니라 작게는 부부, 크게는 국가 같은 집단도 그 과정을 겪어야 한다. 예를 들어 미국이 베트남에서 한 행동을 생각해보라. 1963년부터 1964년에 미국이 베트남에서 시행한 정책이 효과적이지 않았다는 증거가 하나둘 발견되기 시작했을 때 미국이 보인 첫 반응은 어떠했는가? 부정이었다. 아무 이상이 없다는 것이었다. 오로지 보다 많은 특수 부대와 예산의 지원이 필요했을 뿐이라고 역설했다.

그 뒤 1966년부터 1967년에 다시 미국의 대응은 효과적이지 않을 뿐 아니라 명백하고 심각한 결함이 있다는 증거가 계속해서 드러나자 미국 정부는 어떤 반응을 보였는가? 분노였다. 그로 인해 학살의 시대가 시작되었다. 미라이My Lai 대학살(베트남 전쟁중인 1968년 3월 16일 남베트남 미라이에서 미군이 자행한 민간인 대량 학살 사건-옮긴이), 그리고 고문이 있었다. 또한 북베트남을 마치 미국의 땅으로 삼으려는 듯 폭격을 퍼부었다. 그러나 1969년에서 1970년에 걸쳐 베트남에서의 미국 정책이 실패했다는 뚜렷한 증거들이 불거지자 미국은 전쟁에서 발을 빼기 위해 타협을 시도했다. 미국은 북베트남을 어떻게든 협상 테이블로 나오게 하려고 당근과 채찍 전략을 구사했다. 어떤 곳은 폭격을 멈추었고 어떤 곳은 폭격을 시작했다. 그러나 이 전략마저 실패했다.

그 당시 일부 미국민은 베트남 문제로 심각한 우울증을 겪었지만 미국 정부는 어떻게 해서든 국민 대다수로 하여금 정부의 타협 정책이 성공한 것으로 믿게끔 하려고 애를 썼다. 그러나 진실은 미국이 베트남에서 손을 떼려는 타협을 진행하지 않았다는 것이다. 처음부터 잘못된 대응이 계속 이어지면서 결국 미국은 패배했다. 당연한 결과였다. 미국은 50여만 명에 이르는 군대를 철수시켰다. 국가로서 당시 미국은 집단적 범죄를 인정함으로써 우울증을 일으켰고 그 우울증에 대한 작업에 실패했기 때문에 거의 배운 것이 없었다. 그 뒤 25년이 지난 최근에 와서야 미국은 세계를 지배하려는 오만한 욕망을 버려야 한다는 것과 국제 관계에서 보다 겸손하게 행동해야 한다는 것을 배움으로써 마치 어느 정도 우울증에 대한 작업을 실행한 것처럼 보인다.

가장 작은 집단인 부부에 관해 말하자면, 나는 오랫동안 성공적으로 지내온 결혼 생활도 퀴블러-로스가 말했던 죽음과 죽어가는 과정과 같은 단계를 거친다고 생각한다. 릴리와 나의 결혼 생활을 보더라도 분명히 맞는 말이다. 결혼하고 처음 5년 동안 우리는 서로가 더 이상 낭만적인 사랑에 빠져 있지 않다는 고통스러운 사실을 부정하는 데에 급급했다. 이 부정이 무너지자 우리는 서로가 기대하는 영혼의 반려자가 되지 않는다는 이유로 이후 거의 10년 가까이 싸움을 일삼았다. 말하자면 비난의 시간이었다. 끝없이 상대의 결점을 늘어놓으며 그것들을 고치려고 노력했다. 나는 몇 번이고 내 생각대로 릴리를 바꾸려 했고 그녀 또한 자신의 방식대로 나를 변화시키려고 노력했다. 그럼에도 불구하고 바뀌지 않았던 우리는 이후 서로 부딪치지 않고 평화롭게 지낼 수 있도록 경계와 규칙을 협의했다. 이 행동은 타협과 같은 것이었다. "당신이 그것을 하면 내가 이것을 할게." 우리는 둘 다 이렇게 말했지만 이런 방법이 즐거움을 주지는 못했다. 결혼한 지 20년이 될 때쯤 우리는 결혼 생활에 심각한 우울증을 느끼기 시작했다. 결혼 생활이 지속될 수 있을지, 정말 그래야 하는지조차도 확신하지 못했다.

기껏해야 별것 아닌 이유들 때문에 우리는 이후 10년 동안 우울한 결혼 생활을 이어갔다. 그런데 이상한 일이 일어나기 시작했다. 전혀 의도한 것은 아니었는데도 차츰 릴리의 몇몇 결점들이 좋아 보이기 시작했다. 그녀의 결점 하나하나가 내가 매우 존경하고 신뢰했던 그녀의 장점들의 이면이었음을 조금씩 깨닫게 되었다. 마찬가지로 그녀 역시 저주하며 싫어한 내 결점들이 그녀에게는 없는 내 재능의 아주 자연스러운 부작용들이라는 것을 알게 되었다. 우리는 꽤 잘 맞는 사이라는 것이 점차 분명해졌다. 서로 상의하는 일이 잦아졌다. 한때 마찰과 분노의 원인이었던 것이 이제는 칭찬, 즉 적절한 상호의존에 대한 칭찬의 근거가 되었다. 결혼 30년이 될 무렵에는 우울했던 결혼 생활은 대체로 재미있어졌고 7년이 더 흐른 지금 우리는 안정적으로 은퇴의 삶을 누리고 있다. 기쁜 일이다.

나의 이런 경험을 일반화시킬 수도 있다. 25년 이상을 살아온 부부들을 보면 대개 20년 쯤 됐을 때 서로를 받아들이는 방법을 배우기 시작한다. 비꼬는 말 같지만 우리 인간이 얼마나 빨리 배우는지 놀랍지 않은가?

과거 15년이 넘도록 릴리와 나 그리고 공동체격려재단Foundation for Community Encouragement의 여러 지도자들은 전 세계에 적게는 10명에서 많게는 400명으로 구성된 약 1천 개의 단체를 대상으로 공동체에 대해 가르쳐왔다. 우리는 2~4일간의 공동체 건설 워크숍을 통해 교육을 진행했다. 이런 워크숍의 중요한 목적은 각 집단에게 우울증 작업을 가르치는 것이다. 집단이 이 작업을 가장 심도 깊게 진행하는 과정을 우리는 '마음 비우기'라고 부른다. 이 단계에서는 집단의 구성원들이 진정한 공동체가 되는 데 방해가 되는 자신들의 습성을 버리며 스스로를 비우게 된다. 어떤 사람들은 이 과정을 이렇게 말할 것이다. "오, 주여, 이것은 제가 원하는 것이 아닙니다. 죽을 것만 같아요."

중요한 배움의 과정은 정말 죽는 기분이 들 수도 있다. 뭔가 중요한 것을 새롭게 배우기 위해서는 먼저 오래되고 익숙한 것을 버려야만 하기 때문이다. 우리는 자신의 구시대적 습성을 버려야 한다. 그런데 이런 자아 비우기의 과정은 처음에 자아 소멸 또는 무無의 세계로 빠져드는 것처럼 생각될지도 모른다. 그것은 참으로 두려운 일이 될 수 있다.

이런 두려움은 마틴이 새롭게 태어나는 과정에서 극적으로 드러났다. 마틴은 일중독자로 크게 성공했으며 명성을 얻었지만 어딘가 완고하고 우울해 보이는 60세 노인이었다. 마틴 부부는 워크숍의 마음 비우기 단계에 참여 중이었다. 워크숍 집단이 아직 지적 관념에 불과한 수준의 마음 비우기에 열중하고 있을 때 마틴이 갑자기 몸을 떨기 시작했다. 처음에 나는 그가 발작을 일으키는 게 아닌가 생각했다. 그런데 그때 마치 넋이 나간 듯하던 그가 신음하듯 중얼거리기 시작했다.

"무서워요. 왜 이러는지 모르겠어요. 마음을 비운다는 게 이런 건가요? 나는 그것이 뭘 의미하는지 모르겠습니다. 그냥 꼭 죽을 것만 같아요. 두렵습니다."

마틴에게 다가가 그를 진정시키면서도 사람들은 여전히 그에게 일어난 이 상황이 육체적 위기인지 정서적 위기인지 알지 못했다.

"죽을 것 같아요."

마틴이 계속해서 고통스러운 신음을 토해냈다. "마음을 비운다는 것이 어떤 것인지 모르겠어. 나는 평생 열심히 일해왔는데, 이제 내가 아무것도 할 필요가 없다는 건가요? 무섭습니다."

마틴의 아내가 그의 손을 잡았다.

"맞아요. 아무것도 할 필요가 없어요. 마틴."

"하지만 나는 언제나 열심히 일해왔어. 아무것도 안 한다는 게 뭘 말하는지 모르겠다고. 비우기가 뭔데? 비운다는 게 그런 거야? 일하는 걸 포기하라고? 과연 내가 정말 아무것도 안 할 수 있을까?"

마틴이 울부짖듯이 말했다.

"아무것도 하지 않아도 괜찮아요. 마틴."

아내가 대답했다. 마틴의 떨림이 가라앉기 시작했다. 우리는 5분 정도 그를 붙잡고 있었다. 그런 뒤 그는 비움에 대한 두려움과 죽음에 대한 공포가 진정되어가는 모습을 보여주었다. 1시간이 채 지나기 전에 그의 얼굴에는 부드러운 평온의 빛이 감돌기 시작했다. 그는 자신이 깨지는 과정을 잘 이겨냈다는 사실을 알아차렸다. 또한 그 과정을 통해 자신이 그 집단의 구성원들로 하여금 하나의 공동체가 되는 데 어떤 식으로든 도움이 되었다는 것도 알게 되었다.

진실한 공동체가 되기 위해 집단의 구성원들 각자가 버려야만 하는 것들은 대부분의 인간에게 내재된 보편적인 특성이다. 경험상 이러저러할 것이라고 예측하는 것, 편견, 서로를 치료하고 변화시키거나 또는 '고정'시키려는 욕구, 경청을 방해하는 언쟁의 태도, 무엇이든 공식화하려는 욕심, 한편으로는 수동적이면서 다른 한편으로는 지배하고 싶어 하는 성향, 통제의 욕구 등이 그것이다. 이 외에도 다양하다. 버려야 할 또 다른 특성들은 마틴의 일중독이라든가 집단 전체에게는 별 의미가 없는 가정적 관심사 같은 것일 수도 있다.

마음 비우기의 초기 단계에서는 구성원 각자가 우울한 감정을 느낄 뿐만 아니라 집단 전체가 우울한 것처럼 보일 것이다. 연수를 이끄는 지도자들은 집단이 잘 견디고 더 성장하도록 격려하는 일 외에는 달리 할 수 있는 일이 없을지도 모른다. 사실 이 경험은 어쩌면 참가자보다 그 지도자에게 훨씬 더 고통스러울 것이다. 집단이 우울증에 대한 작업 그리고 마음 비우기로 더 깊이 들어가면서 구성원 전부가 죽음과 같은 고통을 겪는 것을 어쩔 수 없이 지켜보는 일은 몹시 괴롭기 때문이다.

그러나 비유하자면 이렇듯 단체의 구성원들이 '죽어야' 기존의 모습에서 진정한 공동체로 변화하게 된다. 이것은 퀴블러-로스가 말한 수용의 단계와 다르지 않지만 집단의 현상이기 때문에 훨씬 더 강력하다. 다시 말해 부활과 같다. 이런 과정을 통해 집단의 슬픔은 기쁨으로 바뀌게 된다.

이런 우울증 작업에서 어떤 것을 포기하거나 버리는 행위를 중요한 신학적 용어로 케노시스kenosis(예수의 신성 포기)라고 하는데 스스로 자기를 비우는 과정을 가리킨다. 케노시스는 위대한 힘을 지닌다.

지난날 고난의 시기에 많은 수도사와 수녀 그리고 여러 다른 종교인들은 스스로 고행을 감수했다. 이 스스로의 고행self-mortification은 '죽을 운명mortality'이나 '장의사mortician'처럼 라틴어 mors(죽음)에서 유래한 것으로 그들에게는 '매일 죽는 훈련'을 의미했다. 또한 종종 헤어 셔츠hair shirt(과거 종교적인 고행을 하던 사람들이 입었던 털이 섞인 거친 천으로 만든 셔츠-옮긴이)나 그 밖의 비슷한 도구를 이용함으로써 과도하게 행해졌다. 그러나 그 근본 목적, 즉 케노시스는 개인으로서 또는 문명화된 사회로서 우리의 생명력을 유지하는 데에 필수적인 것이다.

케노시스 또는 자기 비움의 목적은 정신과 영혼을 완전히 비우는 것이 아니라 그렇게 함으로써 새롭고 더욱 활력이 넘치는 것들이 들어오도록 여지를 만든다는 데 있다. 기독교에서 자신을 온전히 비운 개인은 빈 그릇과 다름없다. 이 세상에서 살아가기 위해 우리는 에고를 충분히 유지시켜 그릇의 내벽 역할을 할 수 있게 해야 한다. 그 그릇은 어떤 종류든 상관없다. 하지만 우리는 그 이상으로 충분히 에고를 비움으로써 진정한 성령 충만도 가능하게 할 수 있다. 그 목적은 영혼의 소멸이 아니라 영혼의 확장이다.

우울증 작업을 마친 상태에서 죽어가는 사람은 수용의 단계에 도달한다. 마음 비우기의 고통을 견딘 집단 또한 진정한 공동체에 도달한다. 그 과정에서 학습한 것은 엄청나며 그 결과는 영광이다. 그렇다고 해서 그와 관련된 생존적 고통이 감춰진다는 의미는 아니다. 하지만 포기한다는 것은 실로 대단한 일이다.

케노시스의 길을 간다는 것

대부분의 사람들이 죽음을 부정하는 것과 마찬가지로 늙어가는 것 또한 부정한다. 보통 60대, 심지어 70대 초반의 사람들 상당수가 여전히 스스로를 중년으로 생각한다. 하지만 나는 현실을 인식하면서 나 자신이 늙어가는 것이나 죽는 것을 부정하지 않는다. 오히려 그것에 대한 글을 쓰고 있다(이 부분에 대한 내용은 가장 자전적인 책인 《거석을 찾아서》에서 훨씬 더 깊이 논의되는데, 나는 모든 장에서 죽음과 노화, 그와 관련된 주제를 다루었다).

사람들은 여러 측면에서 서로 많이 다르다. 육체적으로나 정서적으로 나이를 먹는 속도도 다르다. 나의 아버지는 80세가 넘어서도 취미로 골프를 쳤다. 그것도 18홀을 전부 돌았다. 60세인 나는 9홀을 도는 것도 힘에 부친다. 그마저도 카트와 진통제가 없으면 불가능하다.

나는 중년이 아니라 노인이다. 치실로 이를 청소하고 척추에 퇴행성 질환이 있어서 하루도 빠짐없이 지겹도록 허리 운동을 하며 녹내장 때문에 세 가지 종류의 안약을 사용하고 피부가 좋지 않아 로션과 연고를 바른다. 그 외에 이런저런 이유로 아침에 일어나 하루를 시작하는 데만도 1시간이 훨씬 넘게 걸리며 저녁에도 같은 시간을 들여 같은 절차를 마친 뒤 잠자리에 든다. 요즘에는 깊은 잠도 자지 못한다. 그래서 더 오래 자야만 한다. 또한 체력이 많이 떨어져 여행을 하면 심신이 금세 피곤해진다. 집중하려면 더 많은 노력이 필요하기 때문에 되도록 아주 천천히 글을 쓴다. 아직 구체적으로 어떤 치명적인 병을 진단받지는 않았지만 내가 죽어가고 있다는 것을 깨닫기 위해 특별히 마법사까지 될 필요는 없다.

내가 이러한 실상을 마음에 두고 있으면 자연히 모든 것이 잘 들린다. 특별히 밑지는 거래는 아닌 셈이다.

이제 노인이 된 나는 요즘 노인들을 위한 텔레비전 광고에 관심이 많다. 하지만 베이비붐 세대를 겨냥한 광고들이 그랬던 것처럼, 성적 자극을 일으키는 선정적인 광고들이 나를 화나게 만든다. 최근에 나온 관절염 진통제 광고는 약 40세 정도로 보이는 여성이 짐작컨대 60대쯤으로 묘사되면서 테니스장에서 라켓을 휘두르며 행복해하는 모습을 보여준다. 광고가 끝날 즈음에 나오는 기쁨에 넘친 광고 카피의 목소리는 "무한정 사세요!"였다.

우리가 몇 살이든 간에 한계 없이 살 수 있다는 생각은 어리석다. 오히려 나이가 들면 무엇보다 중요한 것은 점점 늘어만 가는 우리의 한계를 수용하는 법을 배우는 것이다.

수용은 자발적 과정인 동시에 비자발적 과정이다. 하나하나의 새로운 한계는 상실이자 죽음이기도 하다. 상실은 처음에는 우리에게 비자발적으로 다가온다. 보통 사람들이 나이를 먹는 것과 죽어가는 것을 환영하지 않는 것처럼 한계와 상실도 환영하지 않는 것이 인간의 본성이다. 이처럼 한계와 상실에 맞닥뜨리게 되면 몹시 서글퍼진다. 그러나 우리가 슬픔에 대한 작업, 즉 우울증 작업을 어느 범위까지 기꺼이 수행할 것인가 하는 것은 자발적인 문제다. 바로 선택의 문제가 되는 것이다. 하지만 끊임없이 우리의 원죄에 부합하고 우리에게 '무한정하게 살'고 말하는 식의 고통을 회피하는 문화, 죽음과 노년을 부정하는 문화에서는 일반적으로 우울증 작업이 장려되지 못한다.

정신과 의사로 일해오면서 몇몇 부유한 노인 환자를 그들의 의지에 반해 요양소에 보내야만 하는 것보다 더 고통스러운 경험은 없었다.

그들은 복잡한 재정 문제를 정확하게 계산하고 기록할 능력을 잃은 상태였다. 그럼에도 불구하고 그들은 이런 한계를 받아들이지 않았다. 가족의 요청으로 집을 방문했을 때 그들은 어지럽게 널려진 대차대조표와 미지불된 청구서, 수표장 더미에 둘러싸여 있었다. 그들은 그 모든 것을 이해하기 위해 하루 종일, 저녁 늦게까지 미친 듯이 일하고 있었다. 이제 더 이상은 그것들을 이해할 수 없다는 말도 소용없었다. 일을 맡아 처리해줄 유능하고 성실한 사람을 고용할 만큼 부유했으므로 편히 앉아서 손자들의 재롱이라든가 저녁노을을 보거나 정원에서의 산책을 즐길 수도 있었다. 그러나 그들은 지배권을 포기하지 않았다. 결국 그 지배권을 강제로 빼앗을 수밖에 없었다. 신체적 기능이 고장 나서가 아니라 보다 덜 가혹한 자신들의 한계를 받아들이는 데에 실패했기 때문에 요양소로 보내졌다. 무섭도록 슬픈 일이었다.

나는 사실 한계와 상실을 같은 것으로 본다. 노화로 인한 상실은 책으로도 쓸 수 있을 만큼 너무 많고 그 정도가 너무 커서 젊은이들은 이해하기 어려울 것이다. 우리에게는 이에 대처할 다양한 기술이 필요하다. 그중 하나가 블랙 유머이다. 특별히 남성을 대상으로 하는 유머 중에 다음과 같은 것이 있다. '40세에는 아름다운 한 여성으로 만족했다. 55세 때는 훌륭한 식사에 만족했다. 그리고 70세가 된 지금은 배변활동만 원활하다면 좋겠다.'

다시 한 번 말하지만 솔직히 이런 상실은 적어도 누군가에게는 해방의 경험이 될지도 모른다는 사실을 주목해야 한다. '아름다운 여성'이라는 부분을 보자. 나는 55세에 비교적 갑작스럽게 정력이 감퇴

되었다. 완전히 상실된 것은 아니었지만 그 때문에 발기되는 것도, 그 상태를 유지하는 능력도 현저히 불확실해졌다. 이런 경우 많은 남성들은 당황한 나머지 쑥스러움을 무릅쓰고 병원으로 달려간다. 그러나 나는 그렇게 하지 않았다. 그때쯤 여행이 잦았던 터라 아름다운 여성에게 관심을 둘 기회가 그리 드문 편은 아니었는데, 내 혈관을 타고 흐르는 테스토스테론의 감소는 마치 마약을 그만둔 것 같은 느낌을 주었다. 그걸 수용하기까지는 많은 시간이 필요하지도 않았지만 그 순간이 지나자 그것은 나에게 질병이라기보다 오히려 치료에 가까운 것 같았다.

내가 여기서 성적 능력의 문제에 초점을 맞춘 이유는 이 힘이야말로 여자에게나 남자에게나 가장 중요한 문제가 되기 때문이다. 내가 말하는 힘은 보통 생각하는 것처럼 단지 정치적인 힘이 아니다. 이런 힘의 상실이야말로 나이를 먹어가면서 생겨나는 커다란 상실 중에 하나다. 예를 들어 정년제는 특별히 직업적으로 정치적 명성을 누리는 사람들에게는 파괴적일 수 있다. 그러나 대부분의 사람들은 정치적으로 중요한 의미의 힘을 갖고 있진 않다. 내가 말하는 힘이라는 단어는 의지력에 내재된 것으로 사실상 우리가 하려고 하는 일, 즉 성교, 테니스 경기, 자전거 타기, 자동차 운전, 식사하러 시내에 나가는 것, 심지어 화장실에 가려고 침대에서 일어나는 행위 같은 단순한 일을 하는 능력을 의미한다. 힘은 자유, 선택과 양자택일, 잠재력, 적어도 약간의 통제력과 동일시되기도 한다.

예를 들어 나는 아침에 일어나 이 책을 집필하고 노란색 원고지에 글을 쓰거나 주의가 산만해졌을 때마다 사무실 창밖을 바라보는 일을 할 수 있는 가능성(잠재력)을 갖고 있다. 그 밖에 다른 급한 일이 없는 경우 나는 이런 선택을 행사하고 내가 가장 원했던 계획을 고를 자유가 있다. 그럼으로써 나는 나의 통제력을 행사한다. 하지만 녹내장이 내 통제를 벗어나서 내가 완전히 시력을 잃으면 어떻게 될까? 노란색 원고지에 글쓰기는 더 이상 선택 사항이 될 수 없을 것이다. 창밖을 보는 일도 마찬가지일 것이다. 녹내장과 마찬가지로 이 같은 즐겁고 유용한 일들, 이 외에도 더 많은 일들이 내 통제 범위를 벗어날 것이다.

인생은 첫 출발부터 우리가 무엇이든지 할 수 있다는 자신감이 차츰 줄어드는 과정이다. 3장에서 끔찍한 두 살의 시기에 어떻게 우리가 세상의 왕과 왕비가 아니라는 사실을 알게 되는지 설명한 것을 기억하는가. 하지만 끊임없이 계속되는 깎아내기에도 불구하고 우리는 무엇이든 할 수 있다는 자신감이 다소 약해졌을지라도 그 감각만이라도 붙잡아두려고 안간힘을 쓴다. 실제 중년이 되면 우리는 종종 과거 어느 때보다도 삶을 더 통제하고 있음을 느낀다. 그러나 노년에 이르면 그 깎아내기의 속도는 더욱 빨라진다. 너무 빨라서 마치 폭력처럼 느껴지고, 더 이상 깎아내는 정도가 아니라 강제로 옷을 벗겨내는 것 같아진다.

그렇다고 나이 먹는 것을 꼭 고통스럽게 느낄 필요는 없다. 약 5년 전 정력 감퇴가 오고 은퇴를 생각하기 시작했을 때, 나는 《뉴요커》라는 잡지에 실린 시사만화를 보고 힘을 얻었다. 그 만화에서는 대략 내 나이 또래의 남자가 아침 식탁에서 아내에게 이렇게 말하고 있었다. "일에 대한 열의가 점점 식는 것 같아. 그런데 참 기분이 좋아." 사실 은퇴 생활에 점차 익숙해지면서 요즘 나는 그저 구원을 받은 것만 같다.

사실 나는 운이 좋은 셈이다. 릴리 또한 노년에 이르렀으며 그녀 역시 치명적인 병은 없다. 우리는 서로의 고통과 아픔을 함께 나눌 수 있다. 37년에 걸친 결혼 생활에서 지금이 그 어느 때보다도 좋다. 또한 많은 돈과 우리를 도와주는 유능한 직원, 좋은 친구들이 있고 이따금 유럽 여행도 즐긴다. 우리는 평범하지 않은 활기찬 노년을 보내고 있는 것이다. 우리가 누리는 즐거움에 만족하면서 나는 최근에 이렇게 말했다. "지금이야말로 정말 우리의 황금기golden years야."

"황금기라니 무슨 소리예요?" 릴리가 대꾸했다. "백금기platinum years 라고요."

나는 그동안 정말 운이 좋았다. 중요한 것은, 이 같은 행운 때문에 내가 내 경험들을 윤색해서 평가하고 있는지도 모른다. 그런데도 깎아내기는 계속된다. 글을 쓰고 싶거나 아내와 함께 골프를 치고 싶어도 의사들의 권고에 따라 점점 더 그렇게 할 수 없게 되었다. 또한 유럽을 여행할 때 갖고 다녀야 할 약들도 더욱 많아졌다. 우리는 되도록 여행을 자주 하려고 했다. 우리의 백금기가 아주 오래 지속되지는 않는다는 것을 정확히 알고 있기 때문이다.

우리에게 주어진 선택 사항과 능력이 곧 점점 더 빠르고 맹렬하게 줄어들 것임을 안다. 그것은 어떤 모습일까? 뇌졸중 때문에 스스로 더 이상 옷을 갈아입지 못했던 빅토리아처럼 될까? 장이나 방광의 기능까지도 조절하지 못해 요실금을 겪게 될까? 물론 세세한 것까지 다 예측할 수는 없다. 다만 예상할 수 있는 것은 모든 것을 완전히 벗어버릴 때가, 이 세상에서 무엇이든 더 이상 선택할 수 없게 될 때가 그리 멀지 않다는 것이다.

지금까지 육체적 손실과 신체적 한계에 대해 말했지만, 수년 동안 더 고통스러웠던 것은 환상의 상실이었다. 나는 내 소중한 꿈과 이상, 영웅과 환상을 포기함으로써 정말 죽음과 죽어가는 단계를 겪으면서 우울증 작업을 수행해야 했다.

　이런 많은 환상들은 인간의 보편적 특성이다. 서른 살 때 어떤 선생님이 우리 정신의학과 레지던트들에게 해주신 말씀이 떠오른다. "자기 부모를 교정할 수 있다는 환상에서 벗어날 때까지는 그 누구도 실로 정신적으로 건강하거나 정서적으로 성숙해질 수 없다." 그 말을 환자들 및 내 일과 결부시켜 생각해보며 충분히 공감했다. 그러나 부모와 관련한 환상을 실질적으로 버리기까지는 10여 년의 세월이 걸렸고 심지어 부모님이 돌아가실 때까지 나는 그 환상의 *끄트머리*를 붙잡고 있었다.

　앞서 말한 대로 나는 그런 환상을 일이나 환자와 결부시켜 생각해볼 수 있었다. 그러나 또한 다들 알고 있는 전구 갈아 끼우기 농담의 진실도 일찌감치 배우게 되었다. 전구 하나를 바꾸는 데 몇 명의 정신과 의사가 필요할까? 대답은 단 한 명이다. 그것도 그 전구가 바뀌길 원하는 경우에만 가능하다. 좀 더 시간이 흐른 뒤, 이 농담에 내포된 모호성을 알게 되었다. 예수님이라고 해도 치료받을 생각이 없는 사람은 치료할 수 없다는 걸 알았지만 한편으로는 환자의 '동기만 충족되면' 누구든 내가 성공적으로 맡을 수 있을 거라고 믿었다. 나는 오로지 환자들을 충분히 사랑하기만 하면 된다고 생각했다. 그들의 생리적 특성과 이중성은 과소평가한 반면 그들과 나의 능력은 과대평가하여, 나는 모든 사람들이 원하는 모든 것을 해줄 수 있는 능력을 가졌다고 생각했다. 사실 나는 내 환자들을 치료한 적이 없다. 단지 뭐든지 할 수 있다는 이상주의를 불살라 모두 소진해버리기 전에, 나를 촉매제 삼아 스스로를 치료할 줄 아는 사람들과 함께하는 행운이 있었을 뿐이다.

내가 포기한 모든 환상에 대해 구구절절 늘어놓을 수도 있지만 딱 한 가지만 더 얘기하고 그 내용에 초점을 맞춰나갈 작정이다. 그것은 바로 우리 사회 어디에나 존재하며 특별히 이 주제와 밀접한 관련이 있는 치료에 대한 환상이다. 이 환상은 매기 로스Maggie Ross가 케노시스를 다룬 《불꽃의 기둥Pillars of Flame》에서 극명하게 보여주고 있다. 치유는 일어난다. 그렇다. 그것은 때때로 치료처럼 보일지도 모르지만 실제로는 매우 다른 과정이다. 내가 47세 때 폐렴에 걸려 위험한 고비를 넘기고 회복된 것도 한 예가 될 수 있다. 정맥주사로 세 종류의 항생제를 맞으며 17일 동안 병원에 입원해 있다가 퇴원한 나는 6주가 채 안 되어 회복했다. 그리고 다시 순회강연을 시작했다. 그러나 심리적으로나 육체적으로 나는 전과 달라져 있었다. 먼저 심리적으로는 내가 마치 철인처럼 하루 종일 강연을 하고 다음날 다른 도시에서 강연하기 위해 그날 저녁 비행기를 타고 이동하는 등 무리한 일정을 강행했기 때문에 거의 죽을 뻔했다는 것을 깨달았다. 나를 치유하기 위해서는 강연 일정을 확실히 줄여야 한다는 사실을 내 인생에서 처음으로 받아들여야만 했다. 또한 폐렴이 기관지에 영향을 끼쳐 난생 처음으로 천식을 앓았다. 요즘에도 유럽을 여행하면서 산을 오를 때면 천식 약을 챙겨간다. 폐렴은 이미 10여 년 전에 치료되긴 했지만 그 후유증이 천식으로 남았기 때문이다.

앞서 말했듯이 50세 무렵 남들처럼 나도 중년의 위기와 '우울증의 치유'를 겪었다. 힘든 시기에 버팀목이 되어준 것 중에 하나가 《누가 중년을 원하는가?Who Needs Midlife at Your Age?》라는 제목의 해학적인 인용문과 그림이 그려진 작은 책이었다(잭 로버츠Jack Roberts, 딕 건 서Dick Gunther, 스탠 고르티코프Stan Gortikov 지음). 그 인용문 가운데 이런 구절이 있다. '2주만 지나면 내 몸 상태가 정상으로 돌아올 거야, 라는 생각에서 벗어나지 못하는 때가 중년이다.' 정말 그렇다. 치료의 환상, 나이를 먹는 것에 대한 부정.

이런 모든 착각, 어쩌면 우리의 모든 환상은 힘에 대한 환상이다. 또한 지배와 잠재력에 관한 환상이다. 그러나 이제는 그것들이 모두 에고가 갖는 환상이라는 것을 알아야 한다. 영혼은 세속적인 의미의 힘에 관해서는 개의치 않는다. 요실금은 우리에게 일어날 수 있는 최악의 것으로 인식된다. 신체적 통제력의 완전한 상실인 동시에 가장 부끄러운 일이며 인간의 존엄성을 상실한 것으로 여겨지기 때문이다. 그러나 굴욕을 느끼는 것은 에고일 뿐이다. 영혼은 아주 피상적인 것, 즉 세부적이거나 위신을 세우는 일 같은 것에 관심이 없다. 실로 영혼은 불멸이며 순수한 정신이므로 육체에 대해서, 심지어 육체의 죽음에 관해서도 전혀 걱정하지 않는다.

힘에 집착하고 안전에 대한 환상을 끝없이 추구하며, 상실을 부정하고 한계를 받아들이길 거부하는 것이 에고의 본성이다. 그렇다면 인간은 도대체 이런 것들에 대해서 어떻게 스스로를 비울 것인가? 그리고 왜 그래야 하는가? 우리는 왜, 어떻게 가끔 자발적으로 힘을 포기하고 소중한 환상을 버리는 선택을 하며 부정을 극복하고 수용에 도달하는가?

그것이 가능한 이유는 에고가 가끔은 현명하기 때문이다. 잠시 후 우리는 돌벽에 대고 이마를 들이받는 일에 싫증을 낼 수도 있다. 또는 우리의 환상이 우리를 죽이고 있음을 알아차리고, 그 환상을 버리는 것이 치유를 향한 길임을 깨달을 만큼 충분히 똑똑해질 수도 있다. 에고가 우리 길을 방해하고 있다는 것을 깨달음으로써, 우리 자신의 최대의 적은 에고라는 부처와 예수의 깨달음에 도달하게 될지도 모른다.

바로 이 지점에서, 만약 언젠가 그 깨달음에 도달한다면 우리는 '셀프 자체를 스스로 비우는 과정'이며, 정화이며, 에고가 스스로를 제거하는 케노시스의 여행을 시작하는 것이다. 어떤 이들은 이 케노시스의 여행에 건성으로 가끔씩 참여하기도 한다. 이런 경우 그 결과는 미리 예측 가능하다. 어쨌든 그 여행에 참여하게 된다는 건 기적 같은 일이다. 소수의 몇몇 사람들은 마침내 그 여행에 진정으로 참여함으로써 자기 존재의 참 의미를 발견하게 된다.

우리의 '한계가 없는 삶'이란 문화 풍토에서 케노시스의 길은 결코 바람직한 것이 못된다. 일단 환상을 포기하는 문제를 생각해보자. 우리 문화에서는 이렇게 말할 것이다. "가련한 조, 그는 환상을 버렸군." 하지만 정확히는 이렇게 말해야 할 것이다. "운이 좋은 조, 그는 환상에서 깨어났어!" 그러나 우리는 그렇게 말하는 대신 동정을 나타낼 것이다. "이제 그는 진짜 있는 그대로를 보게 됐어. 불쌍한 사람 같으니."

마치 불치병에 걸려 빠르게 죽어가고 있는데 그래서 작별인사조차 할 수 없는데도 이를 부정하는 게 그에게 더 좋은 것처럼, 그가 더 이상 재정을 관리할 수 없을 때에도 여전히 그럴 수 있는 능력이 있다고 생각하는 게 더 나은 것처럼, 그가 더 이상 있지도 않은 정력을 증명하려다가 심장마비에 걸리는 게 더 좋은 것처럼, 그가 연구하는 결과물이 대량 파괴 무기를 제조하는 회사에서 사용중임을 알아서는 안 되는 것처럼…… 그리고 또…… 끝이 없다.

그러나 출판 산업이 하나의 지표가 될 수 있다 가정한다면 문화가 변화하고 있다는 약하나마 이른 징조가 보인다. 퀴블러-로스의《죽음과 죽어감》이 출간된 이후 죽음에 대한 학습을 다룬 책들이 점차 늘고 있다. 게다가 질적으로도 개선되고 있는 것으로 보인다. 그 가운데 영적이면서도 어떤 종파에도 속하지 않는 특성 때문에 특별히 적절하고 설득력 있게 다가오는 책이 두 권 있다. 오랜 기간 에이즈 보균자로 살고 있는 조지프 샤프Joseph Sharp가 쓴《죽음을 살아가기: 일상생활에서 거룩해지는 방법Living Our Dying: A Way to the Sacred in Everyday Life》은 그중에서도 특히 광범위한 책이다. 그리고 아이라 바이옥Ira Byock의《죽음을 어떻게 살까: 삶의 끝에서 만나는 성장의 가능성Dying Well: The Prospect for Growth at the End of Life》은 호스피스 간호를 포함해서 더 깊고 자세한 내용을 담고 있다. 이 두 권을 적극 추천할 뿐 아니라 이후에 또 다시 언급할 것이다.

우리 사회에서 가장 무서운 병이라면 아마 에이즈와 암일 것이다. 두 질병은 환자 자신이 서서히 쇠약해지고 병이 악화되는 것을 오랜 시간 지켜보아야 하는 냉혹하고 점진적인 죽음을 초래한다. 만약 죽어야 한다면, 사람들은 대부분 죽는다는 의식조차 없이 갑작스럽게 죽게 되기를 바랄 것이다. 전에 퀴블러 로스 박사는 실제로 자신이 죽어가는 과정에서 배움을 경험할 수 있게, 암에 걸려 죽고 싶다고 말했다는 이야기를 들은 적이 있다. 나는 그녀가 케노시스를 경험하고 싶은 욕망을 표현한 것이라고 믿는다.

그러나 케노시스는 결코 쉽게 혹은 저절로 찾아오지 않는다. 거의 확신하지만, 만약 내게 영적 신앙체계가 없었다면 나 자신도 죽음과 죽어가는 과정이 요구하는 환상과 권능을 내버리고 모든 것을 수용하면서 케노시스 행로를 갈 수 없었을 것이다. 내 에고를 덮고 있는 어떤 위선의 옷도 남김없이 완전히 발가벗기를 바라는 하나님을 믿지 않았다면, 내가 하나님과 개인적 관계를 형성하고 있어서 다른 무엇보다 하나님의 분노와 소유욕에 대해 불평할 수 없다면, 내가 가진 영혼의 고귀한 운명이 철저하게, 자발적으로 하나님의 것임을 확신하지 않았다면, 나의 진정한 힘은 나의 영혼에 거주하고 내가 행한 모든 효과적인 치료는 내 진실된 존재, 나의 영혼으로부터 방출된 하나님의 역사이며 이 모든 것이 그의 창조라는 것을 확실히 믿지 않는다면, 내가 저질렀던 어리석고 사악한 일들은 내 에고와 에고의 자기 보호적인 구조에서 발생했다는 것을 확신하지 않았다면, 내 에고는 일시적으로 필요했을 뿐, 이제 그 에고가 최선을 다해 하나님과의 협력하기로 선택함으로써 내가 태어난 날부터 저지른 모든 죄를 용서받았다는 것을 깨닫지 못했다면, 나는 아마도 케노시스의 길을 갈 수 없었을 것이다.

08

───

안락사를 선택한 사람들

　안락사 논의가 뜨거워지면서 이것을 주제로 한 문헌도 급격히 증가하고 있다. 그동안 검토해본 것 중에 가장 설득력 있고 간결하면서도 유익한 것은 1995년 5월 22일자 《뉴요커》에 실린 '자신의 죽음 *A Death of One's Own*'이라는 제목의 긴 기사였다. 필자인 앤드루 솔로몬Andrew Solomon은 1991년 난소암 말기였던 어머니의 자살을 중심 내용으로 다루었다. 솔로몬과 아버지, 그의 형(분명 이 가정은 완전한 핵가족이었다)은 어머니가 수면제를 과다 복용하는 자리에 함께 있으면서 소극적으로 그 자살을 도왔다. 그는 자신이 그런 안락사에 찬성하고 있음을 분명히 밝혔고 어느 정도 적절한 상황이라면 적극적 안락사까지 지지한다고 했다.

　솔로몬은 어머니의 자살과 관련한 자신의 개인적 느낌에 대해서만이 아니라 일반적으로 안락사 운동과 안락사에 대한 논의에 대해서도 많은 이야기를 한다. 그 기사에서 다루고 있는 모든 내용은 눈여겨볼 만하다. 어쩌면 그 기사에서 다루지 않은 것이 훨씬 더 주목할 만한 것일지도 모른다. 나는 이어서 이 문제들에 대해 논의할 참이다. 첫째 이 사례에 나타난 각별히 개인적인 세부 항목, 둘째 솔로몬이 다루었던 내용, 마지막으로 더 깊은 측면에서 이 기사가 놓치고 있는 내용을 다룰 것이다.

솔로몬의 기사는 훌륭할 뿐 아니라 개인적인 용기가 잘 표현돼 있고 때로는 지성적인 통찰력도 엿보인다. 나는 그가 정말 혼신의 힘을 다해 글을 썼으리라 믿는다. 그래서 내가 기사를 비판하는 것에 대해, 그리고 혹시라도 무의식적으로 부적절하게 빠뜨린 것이 있다면 양해해주기를 간절히 바란다.

기사에서 설명하는 것으로 보건대 솔로몬의 어머니는 1984년 당시 무척 아름답고 고귀한 여성이었다. 그녀는 안락사라는 죽음의 방식을 신뢰했고, 암 진단을 받기 수년 전에 이미 가족들에게 자신은 마지막에 안락사의 방법으로 죽고 싶다는 뜻을 밝혔다. 기사에는 가족 중 누구도 이러한 어머니의 생각에 죽음이 추상적인 수준이었을 때나 나중에 그 문제가 구체화되었을 때에도 그것에 반대했다는 얘기는 언급되지 않는다. •

• 나에게 보낸 편지에서 앤드루 솔로몬은 때때로 가족들이 안락사를 선택하려는 어머니의 의도를 단념시키려고 노력했지만 결국 그녀의 결정을 받아들였다고 말했다. 솔로몬은 또한 어머니의 죽음을 줄거리로 하여 《스톤 보트A Stone Boat》라는 소설을 썼는데, 지금은 문고판으로도 나와 있다. 이 책은 어쨌든 소설이기 때문에 《뉴요커》에 실린 그의 기사나 내 논평을 입증하는 데 사용될 수는 없다.

솔로몬은 어머니를 '가정의 중심'으로 묘사했는데 그 가정은 실제로 사랑이 넘치고 단란했던 것으로 보인다. 그는 기사에서 '합리적인'이라는 단어를 반복적으로 사용하는데 특히 어머니가 합리적인 여성이었고 매우 계획적이었으며 남편도 그러했고 추측하건대 자녀들도 그러했으리라는 게 확실하다. 예외가 없는 건 아니지만, 흔히 안락사를 수용하는 가정의 문화를 보면, 합리성과 계획성에 가치를 높이 두는 상위 중산층 문화에서 일어나는 경향이 있다.

처음에 난소암 진단을 받자마자 솔로몬의 어머니는 만약 말기가 되면 안락사를 시켜달라는 말을 공개적으로 더 자주 했다. 그녀는 처음부터 두 가지를 매우 분명히 밝혔는데, 치료에 효과가 있는 합리적 수단을 다 써보기 전까지는 자살을 시도하지 않겠다는 것과 자신이 자살할 때 가족들이 함께하길 원한다는 것이었다. 솔로몬이 쓴 것처럼 '마지막 퇴장'의 시간에 가족이 함께하길 바라는 마음 또한 다른 상황의 자살과는 반대되는 안락사의 일반적인 특성이다.

그의 어머니는 자신의 목적에 충실했다. 처음 암 진단을 받고 자살하기까지 약 21개월이라는 시간이 흐른 것으로 보인다. 그녀는 이 기간 동안 네 차례의 화학치료 과정을 거치며 탈모와 알레르기로 고통을 겪었다. 솔로몬은 심각한 육체적 고통에 대해서는 전혀 얘기하지 않았지만 그 화학치료를 '몹시 고통스러운, 굴욕적인'이라는 말로 설명한다.* 게다가 화학치료의 결과를 확인하기 위해 예비 수술까지 받았다. 그는 어머니가 쇠약해지면서 아름다움을 잃어갔다고 말한다. 그러나 어머니는 '창백하게 빛나는 천상의 아름다운' 모습을 띠었고 '쇠약한 모습에 비해 밝은 표정을 유지하면서 육체적으로나 통찰력에 있어서 더 강한' 모습을 보였다. 이것은 어머니가 실제 수용의 단계에 도달했다는 것을 보여준다.

이 기간 동안 어머니는 수면제가 필요하다는 구실로 다른 의사들에게 적어도 세 번의 세코날Seconal 처방을 받았는데, 그중 한 명은 정신과 의사였다. 가장 최근에 나온 수면제와 비교해 잠재적 위험성이 더 큰 이 약은 안락사에 반대하거나 수동적인 조력자가 되는 걸 꺼려하는 의사들에게는 처방을 받기가 쉽지 않다. 실제 그 정신과 의사는 솔로몬과의 대화에서 이와 관련한 자신의 역할을 꽤 분명하게 인식했다. 비록 몇 개월이 지난 뒤에 이 약을 복용하긴 했지만 그 치명적인 약의 은닉처가 상징하는 통제력은 그녀에게 커다란 위안을 준 것 같았다.

이런 일 또한 안락사의 전형적인 모습이다. 이 사례는 세코날을 기꺼이 처방해주는 의사들이 많다는 얘기가 아니라 단지 지적이고 결단력 있는 환자들만이 보통 이런 상황에서 약을 잘 처방해주는 사람을 찾아낼 수 있다는 말이다. 또한 안락사를 하나의 선택사항으로 생각하는 환자들이 비록 한 번도 약을 복용하지 않고 자연사를 맞는다 할지라도, 치명적인 양만큼 약을 비축함으로써 그들이 느끼는 선택의 자유로움, 즉 통제력을 갖는다는 데서 커다란 심리적 안정을 찾는 것 또한 전형적인 모습이다.

솔로몬의 어머니는 적어도 다른 아들의 생일이 지날 때까지는 세코

• 같은 편지에서 솔로몬은 어머니가 힘든 육체적 고통의 시간을 경험했다고 말했는데, 치료를 맡은 의료 전문가들이 어머니의 고통을 지속적으로 잘 관리하지 못했기 때문이라고 했다. 그러나 그녀는 안락사 당시에 육체적 고통을 느끼지는 않았다. 그럼에도 불구하고 솔로몬은 아마 어머니가 안락사를 선택한 주요 동기는 제대로 관리받지 못한 채 극심한 육체적 고통 속에서 죽어간다는 두려움이었을 것이라고 생각한다.

날을 과다 복용하여 자살하려는 계획을 미루고 싶었지만 종양이 장기능에 장애를 일으키지 않도록 하려면 3주 뒤에 위 전문 의사가 권한 긴급 수술을 받아야 했다. 의사가 권한 수술은 분명 일시적인 처방에 불과했다. 다시 말해 수술을 견딘다면 얼마간 생명은 연장되겠지만 그리 오랜 기간은 아닐 것이라는 얘기였다. 만약 수술을 미룬다면 나중에 세코날을 소화할 수 없게 될지도 모른다. 어머니는 즉시 가족들을 불러 그날 저녁에 왜 안락사를 결행해야 하는지를 설명했다.

남편과 두 아들은 계획의 세부사항을 일일이 도왔다. 약을 토해내지 않게 구토억제제를 먹고 가벼운 식사를 하는 동안 농담을 주고받기도 했다. 그리고 마지막으로 어머니가 스스로 세코날 40알을 삼킬 수 있게 물을 가져다주었다. 모든 일이 신속하게 진행되었다. 이후 혼수상태에 빠지기 전까지 어머니와 가족들은 30여 분 동안 차례로 가장 사랑스러운 작별인사를 나누었다. 5시간 뒤, 구토도 하지 않고 아무런 발작이나 다른 문제도 전혀 없이 그녀의 심장박동과 호흡이 멈추었다. 그녀는 사망했다. 그 뒤 1시간이 채 안 돼 의사는 난소암을 사인으로 사망진단서에 서명했다. 그것은 진정 '그녀 자신의 죽음'이었다.

솔로몬은 기사에 친안락사 단체와 안락사를 주제로 한 전반적인 정보에 대해 많은 내용을 실었는데, 여기서 새삼 그 내용을 거론할 필요는 없을 것 같다.

그러나 그중에 한 가지만큼은 충분히 거론할 가치가 있다. 이를테면 그가 '이성적'인 것을 논의한 부분이다. 그는 보다 온건한 안락사의 지지자들이 '이성적인 자살'과 그렇지 않은 자살 사이를 지나칠 정도로 신중하게 구별하고 있음을 정확히 지적하고 있다. 이성적인 자살은 우울증 때문이거나 어떤 다른 심리적 장애 때문에 흐려진 정신 상태에서 결정하는 것이 아니다. 모든 자살이 본질적으로 비이성적이고 교란된 심적 상태의 결과라고 생각하는 사람들과는 대조적으로 솔로몬은 일부 자살은 이성적일 수 있다고 믿는다.

나는 그에게 동의한다. 그의 어머니가 바로 그런 사례였다. 그녀가 어떤 정신적인 질환을 앓았다거나 마지막 죽음이 임박한 순간에도 우울증으로 정신이 흐려진 기미는 조금도 보이지 않는다. 그녀는 피할 수 없는 죽음을 받아들였고 자살 시기도 상황에 비추어볼 때 매우 이성적인 결정이었다.

그럼에도 불구하고 솔로몬은 몇 가지 현명한 경고문을 덧붙인다. 그는 우울증에는 몇 가지 종류가 있는데, 모두 다 치료 가능한 것은 아니라고 말한다. 어떤 경우에는 그것이 우울증인지, 아니면 어떤 고난에 대한 이성적인 반응인지를 구별하는 것이 불가능할 수도 있다. 4장에서 소개했던, 고의로 굶어죽은 빅토리아가 바로 그런 경우다. 그녀는 당시 우울증에 빠져 있었다. 또한 연로했고 신체적 장애가 있었으며 만족스럽지 않은 결혼으로 외로워했다. 항우울증 약들도 효과가 없었다. 심리 치료에 성실하게 임했더라면 더 나아졌겠지만 그녀는 그러지 않았다. 비록 우울증을 앓았지만 결코 정신병자가 아니었고 사실 꽤 이성적이었다.

솔로몬은 또한 키보키언 박사와 마찬가지로 좀 더 강경한 안락사 옹호자들의 경우 '이성적인'이라는 말을 '곧바로 시행하는'의 의미로 생각하는 것 같다는 점도 지적한다. 그는 이 같은 매우 단순한 태도에 설득력 있게 맞선다. 그는 이성적인 의사결정을 '서서히 진행되며 복합적이고 특유한 과정으로서, 그것의 복합적인 요인들은…… 대단히 개인적'이라고 정확히 설명한다.

　그러나 솔로몬의 기사가 진실로 강하게 다가온 이유는 그 자신의 개인적 양면성에 대한 언급 때문이다. "사실을 말하자면 자살은 자살일 뿐이다." 그는 분명히 말한다. "자살은 그에 연관된 모든 사람들에게 어쩌해볼 도리 없는 결정적인 느낌, 슬픔, 일종의 독毒이다." 이어서 그는 어머니의 죽음이 결론적으로는 굴복의 느낌이었다는 것, 아들들과 아버지는 그 일에 대해 거의 할 말이 없었고 심지어 의사소통도 잘못됐다는 것, 그들 스스로도 일종의 거부감을 갖고 있었던 것 같다고 얘기한다. 그럼에도 기사의 막바지에서 그는 자신도 말기의 병을 앓거나 외롭고 심신이 약화된 노년이 된다면 스스로 안락사를 선택할 것임을 명확히 밝히고 있다. "안락사를 시행하는 데 있어 단순한 논리가 존재한다는 것, 죽음을 통제하는 데서 오는 평온함을 목격함으로써 내가 깜짝 놀란 것은 얼마나 많은 사람들이 자연사 외에 다른 방법으로 죽어가는가였다"라고 그는 말한다.

　나는 솔로몬이 안락사의 깊은 이면을 매우 분명히 파악하고 있다는 것과 자신의 죽음에 대한 시나리오 또한 이처럼 명확히 결론짓고 있다는 것에 주목한다. 그렇다고 그러한 결론에 경악하지는 않는다.

　양면성ambivalence을 얼마나 잘 다루는가의 문제는 우리 인간들이 인생의 전반에 걸쳐 당면하게 되는 가장 큰 심리적 영적 도전 중 하나다.

　'원자가valence'라는 말은 보통 원자 또는 아원자 입자의 전하를 나타내는 데 사용되는 단어다. 예를 들어 양자는 양전하를 지니고 전자는 음전하를 지닌다. 미립자의 경우는 전하라는 것이 문제될 게 없다. 예를 들어 자석은 반대의 것이 서로 끌어당기고 입자 내의 다른 전하들은 그들을 함께 붙어 있게 하는 중요한 역할을 한다. 하지만 인간의 심리는 그렇지 않다. 왼손과 오른손 둘 다 똑같이 능숙하게 사용하는 사람의 '양손잡이ambidextrous'라는 단어에서 보듯 접두어인 'ambi'는 '둘 다'를 의미한다. 그러나 심리학에서 '양면성'이라는 단어를 사용할 때는 감정을 말하는 것으로, 개인이 삶에서 어떤 문제에 대한 긍정적인 것과 부정적인 것 둘 다의 감정을 지닌다는 것을 의미한다. 이 경우에 '양면성'은 분열된 느낌을 뜻한다.

매일같이 어떤 상황에서 양면성을 지니는 것은 극히 정상적이다. 물론 그런 상황이 아주 드물 수도 있다. 예를 들어 결혼한 지 7년째 되었을 때, 릴리와 나는 식기세척기를 사는 문제로 격렬한 말다툼을 벌였다. 사실 그 물건은 우리에게 꼭 필요한 것이었고 젊은 의사 동료들도 다들 하나씩은 갖고 있었다. 그러나 당시 나는 정신분석학을 배우느라 학비가 필요했으며 두 아이를 사립 유치원에 보내기로 결정한 상태였다. 우리에게는 저축해둔 돈이 없었다. 그렇다. 사실 사소한 문제지만 돈이 부족했기 때문에 그 사안에 대해 우리는 각자 분열된 감정을 느꼈다.

한편 우리와 가장 가까운 사람들 사이에서도 이런 양면성은 종종 심각하게 드러난다. 릴리와 내가 20년간의 결혼 생활 동안 얼마나 서로에 대해 양면적으로 느끼며 살았는지에 대해서는 이야기한 바 있다. 어려서부터 어른으로 성장할 때까지 우리는 일반적으로 부모에 대해 양면적인 태도를 보인다. 부모가 우리가 원하는 식의 모습이 아닌 것 때문에 화가 나면서도 동시에 그들이 우리에게 준 모든 것에 감사하는 마음을 갖는 것이다.

앤드루 솔로몬이 어머니로 인해 처한 상황이야말로 그 어떤 것보다도 양면성이 가장 잘 드러난 경우라고 생각한다. 부모나 배우자가 자살을 도와달라고 할 때 가슴이 찢어지지 않을 사람이 어디에 있겠는가?

양면성은 자연스러운 특성이지만 그것을 다루는 방식은 건강한 경우도 있고 그렇지 못한 경우도 있다. 대부분의 양면성은 인생의 생존적 고통 중의 하나로 간주될 수 있다. 고통스럽기 때문에, 즉 계속해서 분열된 느낌을 갖는 것 자체가 아픔이기에 가능한 빨리 그 고통에서 벗어나려고 하는 것은 자연스러운 일이다. 아울러 인간은 '둘 중에 하나를 선택해 달려'라고 배웠기 때문에 종종 너무 성급하게 결론을 내리는 경우도 있다. 하지만 이것은 한 편은 억누르고 다른 한 편은 부각시키는 것을 의미하므로, 결과적으로는 양면성에 대한 건강한 해결이 아니라 아주 단순하고 때로는 파괴적인 일종의 흑백 논리가 되어버린다. 예를 들어 한 젊은이가 이렇게 말했다 치자. "나는 아버지를 완전히 싫어해. 아버지는 도무지 장점이 전혀 없다니까." 또는 "아버지를 정말 사랑해서 아버지를 위해서라면 뭐든 하고 싶어요. 아버지는 저의 전부예요." 이 같은 확신에 찬 표현을 들을 때마다 왠지 어떤 억압이나 내면에 도사리고 있는 해결되지 않은 양면성이 있는 것은 아닐까 하는 생각이 든다. 이것이 칼로 자른 듯 분명하게 안락사를 옹호한 솔로몬의 기사 결론을 읽으며 든 생각이다.

병적으로 한 쪽만 선택함으로써 사람들이 얼마나 양면성에서 벗어나려고 하는지에 관한 사례만으로도 책 한 권을 펴낼 수 있을 것이다. 양면성에 가장 건강하게 대응하는 것은 양면성을 받아들이고 불확실성과 대립의 감정을 감내하며 생존적 고통을 수용하는 것이다. 그렇다고 해서 양면성은 절대 해결이 불가능하다거나 해결되어서는 안 된다는 것은 아니다. 깊이 뿌리내린 양면성을 건강하게 해결하기 위해서는 오랜 시간 동안 그것을 계속 직면하면서 우울증 작업 같은 것을 포함한 엄청난 심리적 영적 작업을 해야 한다는 뜻이다.

하지만 양면성을 지닌 채 살아간다는 것은 고통스럽다. 그런 면에서 나는 앤드루 솔로몬이 양면성을 꽤 잘 다루었다고 생각한다. 어쨌든 계속해서 자신의 행위를 정당화하지 않고 깊은 양면성에서 벗어나 중요한 행동을 감행해야 하는 것은 특히 고통스럽다. 우리는 살면서 본질적으로 모호할 수밖에 없는 자신의 결정이 정당한지를 두고 계속해서 의문을 품어야 한다. 이것이야말로 내가 솔로몬의 '안락사는 또 다른 안락사를 낳는다'는 말이 무서울 만큼 옳다고 여기는 부분적 이유다. 비록 수동적일지라도 자살을 돕는 행위는 대단히 놀라운 선택이어서 나로서는 그러한 행동을 통해 그 선택을 분명한 투자로 발전시키려는 인간의 본성처럼 보인다.

안락사가 안락사를 낳는다는 말은 아무래도 염려스러운 표현이다. 실제로 이 책을 쓰는 주된 이유 중 하나가 안락사를 재생산하는 것, 적어도 불필요하게 적용하는 것을 막을 수 있게 하기 위해서다. 선이 선을 키운다는 말이 진리인 것처럼 죄가 죄를 키운다는 말도 또한 진리다.

물론 솔로몬의 행위가 죄라는 얘기는 아니다. 만약 내가 그의 처지였다면 특히 그의 어머니의 경우라면 나 또한 당연히, 어쩔 수 없이 그와 같은 선택을 했을 것이다. 그럼에도 불구하고 이제 좀 더 명확해지겠지만, 그 상황은 정말 모호했다. 게다가 그가 처한 상황과 그의 용기 있는 기사로 인해 고심한 만큼 나는 앤드루 솔로몬을 좋아하게 되었다. 따라서 그가 언젠가 맞이할 죽음에 대해 너무 좁은 소견에 사로잡혀 있다는 사실이 나로서는 더욱 슬프다.

솔로몬의 훌륭한 기사에서 가장 주목할 만한 특징은 기사 내용이 아니라 그가 쓰지 않고 남겨둔 내용이다. 반드시 놀랄 것까진 없지만 어쨌든 나로서는 기사 내용에 하나님에 대한 논의와 죽어가는 것으로부터의 배움이 없다는 것이 특히 주목할 만했다.

하나님의 부재는 적어도 신자들에게는 두드러져 보인다. 하지만 그는 한편으로 안락사를 지지하는 일부 자유 개신교도들과 다른 한편 이를 단호하게 반대하는 로마 가톨릭교도의 존재를 피상적으로 언급하기는 한다. 솔로몬은 지금과 같은 '세속의 시대'에는 안락사를 지지하는 쪽이든 반대하는 쪽이든 '삶의 신성한 가치'라는 말을 사용한다고 말한다. 그러나 1만 5천 단어로 되어 있는 기사 어디에서도 '하나님'이라는 단어는 보이지 않는다. 우리는 그와 어머니 또는 그 밖의 다른 가족의 개인적 신앙에 대해서는 알지 못한다. 이렇게 빠진 부분으로 보건대 그들이 하나님은 안락사 논쟁과 무관하다고 생각하는 세속적인 가정환경에서 살아온 사람들이라는 것을 추정할 수 있다.

안락사 논쟁에 대해 솔로몬은 다음과 같이 썼다. "안락사에 대한 대화는 가끔은 찬반 양쪽 모두에게 비이성적인 반응을 불러일으키고, 이런 반응들은 누가 삶의 통제력을 가져야 하는가라는 정서적 문제에 이른다. 내 인생의 지배자는 바로 나인가? 아니면 나의 주치의인가? 또는 국가란 말인가? 아니면 다른 누군가가 이들의 균형을 정교하게 협의하는 것일까?" 그는 하나님이 삶에서 어떤 역할을 할지도 모른다는 가능성을 염두에 두지 않은 것 같다. 하나님이 잠재적인 이해 관계자의 목록에서 빠져 있는 것이다. 아마 솔로몬은 하나님과 관련된 내용을 '가끔 일어나는 비이성적인 반응들'의 하나로 분류할 것이다.

솔로몬은 기사 마지막에 몹시 난해한 문장으로 무심코 신을 배제한 것에 대해 이렇게 말한 것 같다. "우리는 왜 죽는가. 종교의 시작이 된 이 질문을 우리는 절대 이해하지 못할 것이다. 그렇기 때문에 우리는 그 문제를 유능한 철학자들의 손에 넘겨주었다. 그러나 우리가 죽음을 맞이할 때, 바로 이 대단한 일로 인해 우리는 드디어 우리의 위세 당당한 지배권을 발견하기 시작하는 것이다."

나는 이 글에 대해, 이 글이 내포하는 의미에 동의하기도 하고 또 동의하지 않기도 한다. 우리가 왜 죽는가라는 말이 종교의 시발점이 되는 질문이라는 것에는 동의한다. 하지만 그것을 절대 이해하지 못할 것이라는 말에는 모든 종교를 인정하지 않는다는 의미가 담겨 있으므로 동의할 수 없다. 왜 죽는지 완전히 이해하지는 못할지라도, 생명과학과 더불어 종교적 탐구는 죽음뿐 아니라 삶에 대한 위대한 진실을 들여다볼 수 있게 해준다. 나는 솔로몬이 그 문제를 종교적인 것으로 간주하면서도 왜 그 문제에 대한 논의를 신학자 또는 성직자와 랍비들에게가 아니라 하필 더 세속적인 철학자들에게만 넘겨주었는지 이해하기가 어렵다.

나는 또한 솔로몬이 기사의 마지막 문장에서 그 문제, 즉 지배권이라고 하는 권한의 문제를 지적한 것에 동의한다. 안락사를 선택하는 것, 곧 죽을 때를 선택한다는 것은 사실 권한과 주권에 대한 문제다. 그러나 나는 이 부분에서 솔로몬보다 훨씬 생각이 복잡하다.

거침없이 권한을 행사하고 어디에서든 지배권을 행사해온 인류가 남긴 역사의 발자취는 전혀 인상적이지 않다. 앞으로 더욱 명백해지겠지만 나는 여기서 죽어가는 당사자가 죽을 권리를 선택하는 권한을 전적으로 포기해야 한다고 주장하는 것이 아니다. 다만 의사와 가족뿐 아니라 하나님과도 그 권한을 공유하라는 말이다. 앞서 6장에서 나는, 우리가 자신의 창조자가 아닌 이상 자기를 파괴할 수 있는 도덕적 권리가 반드시 우리 것이 아니라는 것, 삶과 죽음에서 하나님과 공동 창조자가 되는 것이야말로 우리의 가장 고귀한 운명일 것이라고 말했다. 그렇다고 해서 죽음의 때를 결정하는 일에 있어서 모든 것을 하나님에게 양도하라는 의미가 아니다. 적어도 지배권의 일부를 하나님에게 허용한다는 뜻을 담고 있다. 이와 같은 보다 역설적인 방식의 사례 또한 이제 곧 다루게 될 것이다. 이것이 의미하는 것은 우리가 죽음의 시간을 결정할 때 하나님에게 의사결정권을 허용한다면 우리도 죽음의 공동 창조자가 될 수 있다는 것이다.

권한의 문제는 솔로몬이 기사에서 완전히 무시한 더 중요한 문제, 즉 죽어가는 것으로부터의 배움의 문제를 상기시킨다. 나는 그의 어머니가 죽어가는 21개월 동안 무엇을 배웠는지, 그녀의 영혼이 성장했는지에 대해서는 잘 모른다. 그의 기사에는 이런 모든 의문이 생략돼 있다.

그녀는 그런 고통의 순간에 무엇을 배울 수 있었을까?

어쩌면 솔로몬이 어머니를 묘사한 내용을 내가 잘못 이해했을 수도 있다. 하지만 종교에 대한 생략은 그녀가 세속적인 가치관을 지녔다는 것을 말해준다. 그녀는 가정의 중심이었다. 그리고 모든 걸 계획했다. 그녀는 자신의 묘비도 직접 설계했다. 그녀가 암 진단을 받은 뒤 안락사를 선택하고 싶다는 생각을 털어놓았을 때 아들은 "어머니는 앞으로 다가올 치욕스러움에 분노했고, 이제는 자신의 삶을 통제할 수 없다는 상실감에 매우 두려워했다. 그 모습은 마치 자연으로부터 받은 모욕에 복수하고 싶어 하는 것처럼 보였다"라고 말했다. 그녀의 바람은 무엇이든 그대로 이루어졌다. 실제로 치사량의 약을 복용하기 직전 그녀는 가족들에게 말했다. "나는 소원을 많이 이룬 사람이었어."

사진 속의 솔로몬의 어머니는 범상치 않게 기가 세 보이는 여성으로, 자신과 다른 사람들을 통제하며 자기 방식대로 살아온 것처럼 보였다. 나는 솔로몬조차 어머니에게 조종당하는 듯한 느낌을 받은 적이 있었는지 궁금했다. 이 궁금증에 대해서는 다음의 말에서 가장 가까운 답을 찾을 수 있다. "정말로 아픈 사람에게는 해달란 대로 다 해줄 수밖에 없다. 수술을 받은 뒤 어머니의 분노와 절망에 대해서는 아무 말도 할 수 없었다. 어머니가 무엇을 원하든 '알겠습니다'라는 말밖에는."

직업상 나는 강한 사람들에 아주 익숙하다. 가족 중 강성인 사람들에 대해선 훨씬 더 그렇고 그중 나 자신에 대해선 최고로 익숙하다. 우리 같은 기 센 남녀들은 어쩔 수 없이 강한 의지를 갖고 있는데, 그것은 잠재적으로 좋은 것이다. 대개 우리 같은 사람들은 통제적이라고 묘사될 수 있겠는데, 그건 반드시 나쁜 것은 아니다. 그러나 제대로 지칭하자면 가끔 '지나치게 통제적'이라는 용어가 적절하다. 나로서는 자연히 내 성격을 솔로몬의 어머니에게 투사하게 되는데, 공공연하게든 완곡하게든 그녀가 지나치게 통제적이었는지는 심히 의심스럽다. 확실히 나는 그런 면이 있다. 노년이 된 지금 내 영혼이 가장 크게 싸우는 지점은 좀 덜 그래보려고 하는 부분이다. 그런 욕심을 줄이려는 싸움은 나이를 먹을수록 더욱 치열해진다. 내가 오랫동안 치명적인 병을 앓게 된다면, 그때는 불가피하게 그 병으로 인한 공포와 자기중심적인 내 성향 때문에 그 싸움은 실로 뜨겁게 달아오를 것이다.

그렇다면 도대체 솔로몬의 어머니는 이 땅에서 보낸 삶의 마지막 시간 동안 과연 어떤 종류의 영혼 만들기를 배웠어야 했을까? 물론 그녀는 권한, 즉 자기 통제를 얼마간 포기하는 방법은 배울 수 있었을지도 모른다. 하지만 통제력을 완전히 포기한다? 그녀에게 그것은 어리석은 일로, 심지어 영혼의 패배로까지 느껴졌을 것이다. '하나님은 세밀한 곳에 깃들어 계신다'는 말도 있듯이, 죽어가는 문제를 세밀한 부분까지 간단히 들여다보면서, 솔로몬의 어머니가 어떻게 달리 행동했어야 했는가를 살펴본다. 지나치게 통제적인, 그러나 영혼에 관해서는 항상 위태롭다고 느껴온 내가 그녀의 입장이었다면 과연 다르게 행동했을까? 그건 잘 모르겠다.

실제 다른 사람의 입장이 되어보지 않고는 완전히 그 사람을 이해할 수 없다. 내가 죽음을 맞이하는 때가 오면, 그것도 솔로몬의 어머니와 같은 방식으로 온다면 나 또한 그녀가 한 행동 그대로 하게 될지도 모른다. 어쩌면 힘든 시간일지언정 몇 주간이라도 삶을 연장하기 위해 그녀가 거부했던 일시적인 수술을 받을 수도 있다.

하지만 나는 아마도 중간 정도의 행동을 하지 않을까 생각한다. 일시적인 수술은 솔로몬의 어머니처럼 쓸데없는 일이라 생각하며 입에 올리지도 않겠지만 나는 안락사 대신에 집에서 호스피스의 간호를 받게 해달라고 가족에게 요청할 것이다. 호스피스의 간호가 내가 집에서 죽어가는 동안 육체적 고통을 적절하게 경감시켜준다는 걸 보증하는 한, 나는 그들에게 내 몸을 맡길 것이다. 어쩌면 나는 그저 편히 누워서 다음 상황을 궁금해 할지도 모르겠다. "좋아요. 하나님, 다음에 닥칠 일은 뭐죠? 혹시 장폐색에 걸리거나 천천히 굶어죽어야 하는 건가요? 아니면 전혀 예측하지 못할 다른 것이 기다리고 있습니까? 저들은 제가 의식이 있는 한 정맥주사액을 투여할 것입니다. 하지만 영양제 투여는 그만두었죠. 또 제가 필요로 하는 만큼 모르핀도 투여해줄 것이고요. 이제 저는 그들의 손에 맡겨져 있습니다. 얼마나 걸릴까요, 하나님? 저는 잘 모르겠습니다. 그건 당신의 뜻에 달렸잖습니까? 그런데 당신의 손에 저 자신을 온전히 맡기지는 못하고 있는 것 같은데, 맞습니까? 어떻게 해야 하는지 가르쳐주십시오. 인생의 마지막 시기인 지금 제가 배워야 할 모든 것을 가르쳐주십시오. 아직 배워야 할 게 무엇이죠? 가르쳐주세요. 제발 가르쳐주십시오."

또 나는 솔로몬의 어머니가 그랬던 것처럼 가족들에게 사랑을 담아 작별인사를 할 것이다. 그리고 전에 하지 못한 용서와 화해를 포함해 가족들의 말을 무엇이든 들어줄 것이다. 하지만 나는 내가 죽는 바로 그 시간에 가족이 꼭 참여해야 하는 부담을 주고 싶지는 않다. 그냥 내 몸의 기능과 하나님에게 나 자신을 맡기면서 이렇게 기도하련다. "주여, 모든 진정한 권한은 당신에게 있습니다. 저에게 포기하는 방법을 알게 하시고 통제욕을 내려놓고…… 모든 것을 당신에게 드리며…… 그냥 놓아버리는 방법을 가르쳐주십시오…… 제발 가르쳐주소서. 주여. 감사합니다. 멋진 여행이었습니다. 여행은 계속되는 걸까요? 저는 잘 모르지만 그래도 감사합니다. 그리고 가르쳐주세요. 제가 여전히 무엇을 더 배워야만 하는 걸까요? 가르쳐주소서."

그리고 거기에는 온통 공포만이 있을 것이다. 현실은 내가 상상한 것보다 훨씬 더 비참할 것이다.

안락사는 죽음의 부정인가

세상에 완전히 똑같은 사람은 없지만 솔로몬의 어머니가 행한 자살은 내가 읽었던 여러 안락사 사례와 매우 비슷하다. 실제로 그 유사성이 매우 뚜렷해서 나는 최근 들어 행해지고 있는 안락사 당사자들의 '전형적인' 모습을 감히 묘사할 수도 있다. 어느 한 경우에만 당사자의 프로필이 남자라는 점이 이례적인 예였다. 정확한 이유는 알 수 없지만 보고된 안락사의 대다수는 여자들이다. 나는 인간성이 배제된 단조로운 이름으로 그를 엑스(X)라고 부르고 설명에는 인용부호 표시("")를 할 것이다. ""은 구체적 사실을 일반화하는 것이기 때문이다.

"엑스는 치명적인 병을 앓고 있다. 기회가 주어지면 아무리 힘들더라도 어떤 불유쾌한 치료든 받으러 다녔고 또 계속 그런 치료를 받았다. 하지만 이제는 분명 말기에 이르러 더 이상 그럴 기회가 없다. 그리고 그는 안락사를 택했다. 그 병을 진단받기 전부터 그는 안락사를 이성적이고 완벽히 도덕적이라고 믿었던 터였다."

"엑스는 강한 사람이었다. 일생 동안 적지 않은 장애를 잘 극복해왔고 그런 장애에도 불구하고 커다란 성공을 거두었다. 그는 사회적으로 드러내놓고 스스로 자수성가했다고 내세우지 않았지만 자신을 두고 다른 사람들이 그렇게 평가하는 것까지 굳이 반박하려 들지는 않았다. 그는 종교의 가치에 어느 정도 피상적인 신뢰는 갖고 있었지만 하나님과 어떤 개인적 관계를 맺으려고 하지는 않았다."

"이 마지막 투병기에 엑스는 죽음을 맞이하는 과정에서 겪게 되는 부정, 분노, 타협, 우울, 수용이라는 전형적인 정서적 단계를 경험했다. 지금 이 순간이 풍성했던 삶의 마지막이라는 사실이 슬프긴 하지만 그가 현재 우울한 단계에 있는 것은 아니다. 실제로 그는 가끔은 밝게 빛나 보이기도 한다. 확실히 그는 자신이 죽어간다는 현실을 받아들이고 있다."

"그가 죽음에 대해 어떤 공포를 느낀다 해도, 그는 죽음에 대해 말하지 않는다. 오직 안락사를 선택한 자기 결정의 합리성을 주장할 뿐이다. 이제! 그는 자기 집에 외부인, 즉 호스피스 직원이나 다른 사람들이 오는 것을 원하지 않는다. 자신이 심한 모욕을 겪고 있다고 느끼기 때문이다. 그의 시간은 끝나가고 그는 떠날 준비가 되었으며 또한 그에게는 어떤 종류의 추가적인 치료도 거부할 권리가 있고 더욱 쇠약해지는 자신의 육체를 보지 않을 권한도 있다. 그는 이렇게 충분히 통제하기를 원한다. 더 이상 이성적인 혼란은 존재하지 않는다."

"약은 가까이에 있다. 그는 안락사가 좋은 죽음이며 비이성적 자살이 아닌 깔끔한 죽음이라는 것을 가족들이 이해하고 묵인해주기를 원한다. 그러나 자신에 관한 한 그것은 가족과 논의할 문제가 아니다. 그는 자신의 결정에 대해 가족들이 양면성을 가질 수도 있다는 걸 고려하는 것 같지는 않다. 다만 이런 마지막 결정, 어쨌든 홀로 내린 이 결정에 대해 가족들이 자신의 바람을 존중해줄 거라고 생각한다. 그는 그들에게 사랑을 담아 작별인사를 한다. 그리고 그가 요청한 대로 가족들은 그가 치사량의 약을 삼키는 것을 지켜본다. 그리고 혹시 그 약이 효과가 없을 때를 대비해 그의 머리에 비닐백을 씌울 준비를 한다."

실제 안락사 과정을 다소 서둘렀던 것으로 미루어 엑스는 분명 자신의 죽음을 전혀 부정하지 않는 것처럼 보인다. 그런데 그는 왜 집에서 육체적 고통 없이 죽을 수 있도록 도와주는 호스피스의 간호를 원하지 않는 걸까?

가장 근본적인 대답은 그 누구도 그에게 정서적으로 고통스럽지 않은 죽음이 될 거라고 확신시켜주지 못해서라고 나는 생각한다.

안락사를 선택하지 않았다면 그는 자신의 육체가 계속해서 쇠약해지는 것을 지켜보아야만 했을 것이다. 또한 요실금과 정신적 혼란의 모욕을 겪어야만 했을지도 모른다. 아마도 그는 점점 더 무력해지고 더더욱 다른 사람들의 도움에 의지할 수밖에 없게 될 것이다. 결국 모든 권한과 통제를 포기해야 할 것이고 꽤 혼란스러운 시간을 보내야만 할지도 모른다. 게다가 그는 언제, 어떻게 자신의 끝이 올지 모른다. 이 모든 것이 정서적 고통과 관련되는데, 안락사를 선택함으로써 이런 모든 생존적, 정서적 고통을 피할 수 있다.

이런 고통을 생존적이라고 하는 이유는, 그 고통이 오랜 병으로 인해 자연사를 맞게 되는 과정에 내재된 것이고 이런 죽음이야말로 흔히 생존의 자연스러운 부분이기 때문이다. 죽음은 본질적으로 혼란스러운 것이며 점진적인 무력감과 통제력의 상실을 그 특징으로 한다.

안락사를 선택하는 사람들, 자신이 죽을 시간을 선택하고 자신의 통제 아래 깔끔하게 죽겠다는 사람들은 자연스러운 죽음의 과정을 거부함으로써 어느 정도는 죽음을 부정하고 있는 건 아닌지 궁금하다. 또 나는 그들이 죽음의 조건이 아니라 전적으로 자신의 조건에 맞는 죽음을 맞으려고 함으로써 오히려 죽음을 이겨보려는 건 아닌지 궁금하다. 하나님의 조건도 아니라! 나는 죽음을 이겨보겠다는 욕망의 발현으로 말기 환자들에게 과도한 조치를 시행하면서 정작 고통의 완화에 대해서는 소홀한 의료 전문가들을 비난해왔다. 그러나 죽어가는 당사자 자신이 죽음의 전 과정에 갑자기 개입함으로써 죽음을 이겨보려는 또 다른 극단적인 태도, 즉 안락사가 그 해답인가?

왜 안 된단 말인가? 이 행동에 무슨 문제가 있는가? 누군가 생존적 고통을 피하고 깔끔한 죽음을 맞기 위해 몇 주 앞서 오케스트라를 지휘하듯 죽음을 계획하는 것이 왜 허용될 수 없단 말인가? 실제 호스피스 간호의 비용이 적지 않다는 사실을 고려하면 안락사의 선택이 확실히 합리적인 방법일 수도 있다. 현실에서는 다른 무엇보다 안락사가 비용적으로 효율이 높은 방법인 것이다.

그러나 여기에서, 삶의 의미는 차치하고 바로 비용의 효율성 측면에서만 보더라도 우리가 알아야 할 것이 있다. 엑스(또는 솔로몬의 어머니)가 안락사보다 호스피스의 편안한 간호를 선택했다면 그는 2주에서 6주 정도는 육체적으로 편안한 시간을 보낼 수 있었을 것이다. 그리고 그 시간 동안 어떤 것도 배우지 못할 수도 있었다. 다른 한편으로 그는 이러한 것들을 배웠을 수도 있지 않을까? 완전한 통제와 완전한 수동성 사이의 중도中道를 찾느라 협상을 했을 수도 있고, 외부인의 책임감 있는 간호를 환영하는 마음으로 받았을 수도 있고, 다시 한 번 의존하는 방법을 배웠을 수도 있고, 무기력과 자신을 비우는 것의 역설적인 잠재력에 대해서도 배웠을지 모른다. 영혼의 존엄에 비해 육체 또는 에고의 존엄이 얼마나 피상적인가에 대해, 그리고 그의 생존적 고통으로부터 벗어나 적어도 하나님을 신뢰하고 기도하며 혹은 대화하는 방법까지도 배웠을지 모른다.

이런 것들을 배울 기회를 얻으려면 몇 천 달러의 비용이 들 것이다. 그럼에도 이 같은 배움에 다다를 수 있다는 보장은 없으므로, 오로지 이성적이고 세속적인 관점에서 보면 그것은 수고할 가치가 거의 없는 도박일 수도 있다. 그러나 영혼의 관점에서 본다면 호스피스의 간호를 받는 자연스러운 죽음을 선택하는 것이 일생 동안 그가 한 일 중에 가장 고효율의 경험이 될 수도 있었을 것이다.

3부

미래로
– 우리 사회가 이렇게 바뀔 수 있다면

영혼은 안락사보다 더 큰 주제다. 진정으로 큰 문제는
우리 사회가 안락사 문제에 어떻게 대응해갈 것인가가 아니라
우리가 영혼과 영혼의 성장을 독려하는 사회를 원하는가의 여부다.
거의 모든 안락사 논쟁의 복합성은 결국 간단한 질문 하나로 해결될 수 있다.
"우리는 영혼과 영혼의 성장을 독려하는 사회를 원하는가?"

09

———

조력 자살

안락사 논쟁은 법적인 문제를 훨씬 뛰어넘어 사회 전반의 논쟁거리가 되고 있다. 그럼에도 불구하고 사회의 규범과 가치, 관습 그 외 더 많은 것들, 그리고 변화들은 결국 법률의 형태를 갖추게 된다. 더욱이 복합적이고 공을 들여야 하는 법률적 식별 과정은 사회적 논쟁을 부각시키기에 더할 나위 없이 적합하다. 현재 관심의 초점은 의사의 도움을 받아 자살하는 문제에 있다.

이 문제의 씨앗은 2,000여 년 전 위대한 그리스의 의사 히포크라테스가 뿌린 것이다. 몇 세기에 걸쳐 지금에 이르기까지 수련의들은 관례상 히포크라테스 선서를 하는데, 이는 그들에게 두 가지 중요한 의무를 부과한다. 하나는 생명을 연장시키는 것이고 다른 하나는 고통을 완화하는 것이다. 때로는 이 두 가지 의무가 충돌을 일으키면서 문제가 발생한다. 늘 그런 것은 아니지만 보통 이 둘의 충돌은 의료계와 사회가 일반적으로 동의하는 균형적인 접근으로 해결할 수 있다. 그럼에도 불구하고 현대 의학의 발달된 기술 수준에서도 상당히 많은 의사들에게는 생명 연장을 위한 조치가 고통 완화 조치에 우선해서 시행돼야 하는지는 아직 불명확한 문제로 남아 있다. 과거 몇 년간 점점 더 많은 환자들이 고통에서 벗어나고자 죽음을 앞당길 수 있는 선택은 자신들의 권리라고 주장한다. 또한 많은 의사들도 그 의견에 동의한다. 키보키언 박사는 대중적 스포트라이트를 받으며 환자를 돌봄으로써 누구나 알 만한 유명인이 되었다. 다른 이들은 정치적 인물이 되고자 하는 뚜렷한 열망 없이 환자의 자살을 도왔다. 아직도 나는, 나를 포함한 의사들 대부분이 이 전반적인 문제에 극도로 심각하게 양심의 가책을 느끼고 있는 것은 아닌지 의심스럽다. 우리는 여전히 자살과 자연사는 다르다고 생각한다. 따라서 자연사의 고통을 줄여주는 것과 자신이 시기를 선택해 고통 없이 죽고 싶은 환자의 바람을 수용하는 것 사이에는 차이가 있음을 인식한다.

1994년 워싱턴 D. C.의 한 판사가 의사의 도움으로 자살하는 것을 금하는 워싱턴 주법은 '부분적으로 위헌'이라고 판결했다. 이 판결은 1995년 3월 연방 항소심에 의해 2 대 1의 결정으로 파기되었다. 그러나 그 사건은 또 다른 법정 심리의 보다 많은 배심원에게로 보내졌다. 1996년 3월 배심원단은 '정신적으로 이상이 없는 말기 환자에게는 본질적으로 자신이 죽을 시간과 방식을 결정할 헌법적 권한이 있다'고 판결하며 항소심의 판결을 8 대 3으로 뒤집었다. 현재 이 문제는 미국 대법원으로 넘겨질 것이 분명하다.

이것이 안락사 문제의 끝은 아닐 것이다. 정의의 수레바퀴는 대단히 세밀하게 천천히 돌아간다. 게다가 사법적 견해는 특정한 사례에 국한될 수밖에 없다. 따라서 판결은 다시 뒤집어질 수도 있다. 법은 강력하게 사회를 정의하는 역할을 하지만 결국에는 사회가 법을 정의하는 더욱 강력한 역할을 한다. 헴록 안락사협회의 리 라투르Lee LaTour가 말했던 것처럼 "안락사는 다음 세기의 낙태 논쟁이다(이 말은 솔로몬의 기사에서 인용한 말이다)."

최근에 나온 두 권의 책은 의사의 조력에 의한 자살에 대해 엄격한 가이드라인을 전제로 하는 온건한 찬성론을 펴고 있다.

전직 호스피스 병원장인 티머시 E. 퀼 박사는 자신이 백혈병 환자의 자살을 도운 이야기를 썼다. 그 사례는 최고의 의학 전문지인 뉴잉글랜드 의학저널New England Journal of Medicine(미국 약학 잡지)에 기고되었다. 그는 그 일이 불러일으킨 센세이션에 대단히 놀랐고, 결국 그것으로 인해 대배심원에까지 불려나가게 되었다. 대배심원단은 그를 고발하지 않기로 결정했다. 또한 그는 분명하게 의료계에서 상당한 지지를 받았다. 이 경험을 바탕으로 그는 《죽음과 존엄성Death and Dignity: Making Choices and Taking Charge》이라는 책을 썼다. 이 책이 끼친 영향은 1996년 3월 6일 연방 항소심의 배심원 판결의 다수 의견으로 명확히 알 수 있다.

기자이자 의사인 로니 샤벨슨 박사 또한 개인적으로 말기 환자의 자살을 도왔다. 그는 그 경험을 비롯해 친척들의 죽음, 취재한 조사 내용 등을 취합해 《선택된 죽음A Chosen Death: The Dying Confront Assisted Suicide》을 썼다. 이 책을 읽고 놀란 점은 그가 심도 깊게 묘사한 각 사례들의 모호성 때문이다. 그럼에도 불구하고 그 또한 퀼의 견해를 되풀이할 뿐인데, 말기 환자는 치료를 거부하고 고통 없이 죽을 권리뿐만 아니라 특별히 자신이 선택한 방식으로, 자신이 선택한 시간에 죽을 권리 또한 갖고 있다는 것이다.

이런 신념에서 두 책(그리고 앤드루 솔로몬의 장문의 기사)은 놀랍도록 비슷하다. 그들은 모두 하나님과 죽어가는 것으로부터의 배움의 문제를 도외시하였다. 솔로몬처럼 퀼과 샤벨슨도 양식 있는 사람들이지만 자신의 영적 신념이나 그것의 부재에 대해서는 전혀 언급하지 않았다. 나는 그들이 어쩌면 하나님과 영적 배움의 사각지대에 있는 세속적인 인도주의자들일 거라고 생각한다.

아니면 의사이면서 작가인 이들은 단순히 하나님과 영적 배움에 대한 문제는 너무 민감해서 자신들이 다루지 못할 것이라고 여겼을지도 모른다. 하지만 나는 오히려 너무 민감한 문제여서 다루지 않을 수가 없다.

이 문제들은 종교의 자유를 보장한 수정 헌법 제1조 때문에 민감하게 받아들여질 수 있다. 법원은 과거 50여 년 동안 종교의 자유에 관한 조항에 대해 유권해석을 해왔다. 즉, 종교의 자유란 종교를 갖지 않을 자유를 포함하는 것으로, 무신론자든 불가지론자든 혹은 다른 유형의 세속주의자든 그로 인해 처벌받지 않는다는 의미다. 나보다 이 조항을 더 열렬히 지지할 사람은 없을 것이지만, 나는 법원의 유권해석 범위에 대해 상당히 의구심을 갖고 있다. 예를 들어 이 해석으로 말미암아 공교육은 완전히 세속화되었고 공립학교는 더 이상 다양한 가치를 적절하게 가르칠 수 없게 되었다. 그것은 마치 절충될 수 없는 것처럼 보인다. 우리는 편협한 종교적 교육이라는 뜨거운 프라이팬에서 뛰쳐나와 암암리에 세속주의를 가르치는 불구덩이로 뛰어든 것이다. 세속주의 역시 그 방식에 있어서는 마찬가지로 편협함에도. 이 책은 안락사에 대한 책이지 현재 공교육의 엄청난 문제를 다룬 책은 아니다. 하지만 안락사는 주로 세속적 현상이고 우리가 그것을 어떻게 다루느냐 하는 문제는 교육이라는 주제를 떠나서 생각할 수 없다.

세속주의는 심리적 영적 발전의 단계, 즉 원시적 종교성은 벗어났으나 여전히 영성이 완전히 성숙하지 못한 단계라고 설명한 바 있다. 사람들은 어떤 단계에서 갑자기 다른 단계로 쉽게 뛰어넘지 못한다. 만약 세속주의자들이 그 다음 단계로 발전한다면 그것은 보통 점진적이고 자발적인 변화일 것이다. 그들을 변화시켜보겠다고 누군가 적극적으로 덤비는 것은 흔히 침략적이며 일종의 폭력이 될 수도 있다. 하지만 그렇다고 해서 어쩌면 세속주의자들을 서서히 변화시킬지도 모르는 정보조차도 모조리 박탈해야 한다는 의미일까? 나는 그렇게 생각하지 않는다.

두 사람 모두 인간적인 의사였던 샤벨슨과 퀼은 고지告知에 입각한 환자의 동의가 이루어져야 한다고 강력하게 주장한다. 이 개념은 환자가 자신의 상태와 자신에게 가능한 모든 치료에 대해 충분히 알아야 하고 그래서 심지어 의사의 권고를 거절할 수 있을 정도까지 의사 결정을 함께한다는 뜻이다. 안락사의 경우에 있어서 퀼과 샤벨슨은 이 문제를 단지 부작용이나 치료(혹은 회복) 가능성 같은 의학적 사실을 알려주는 정도의 문제처럼 여긴 것 같다. 그렇다고 안락사를 원하는 환자의 요청을 의사가 반드시 허용한다는 의미는 아니다. 예를 들어 의사는 다음과 같이 말할 수도 있다. "환자분은 지금 너무 우울한 상태라 그런 결정을 내릴 만한 상황이 아닙니다. 감정이 좀 나아지면 다시 고려해봅시다." 또는 "지금 상태가 말기라고 확진할 수는 없겠는데, 몇 주 더 치료해보고 그때 가서 상황을 봅시다"라고 할 수도 있다.

그러나 샤벨슨과 퀼 두 사람 모두 환자의 의사 결정에 영향을 줄지도 모르는 심리적 영적 문제들을 알 권리가 있다는 사실은 고려하지 않는다. 만약 그들이 환자에게 안락사를 선택해서는 안 되는 이유들을 알려준다면 그것은 순전히 기술적, 의료적 이유들일 것이다. 어떤 면에서 이는 이해할 만하다. 의사들 대부분이 임상심리학은 거의 배우지 않으며 신학은 아예 배우지도 않기 때문이다. 이런 상황을 이해한다고 했지만, 그럼에도 나는 그들이 사실 환자에게 충분한 정보를 제공한다고는 생각하지 않는다.

그렇다면 그런 심리적 영적 정보를 제공하도록 훈련된 사람은 누구인가? 바로 목회 상담자들인데 이런 이들은 널려 있다. 그러나 불행하게도 목회 상담자들 모두가 균등하게 교육을 잘 받은 것도 아닐뿐더러 스스로 거부했거나 개인의 역량 문제도 있어서 모두 그 일에 적합한 것은 아니다. 만약 그들에게 이 일을 맡기려면 주의 깊게 선발할 필요가 있다. 심리적 영적 정보를 드러내는 것은 종종 저항을 불러일으키게 마련이다. 환자들이 그로 인해 불이익을 받아서는 안 된다. 죽어가는 환자를 상담하는 사람은 그 사람의 상황에 관여하면서도 동시에 한 발 물러나 있어야 하고 강하면서도 온화하게 대할 수 있는 능력이 있어야 한다.

나라면 안락사를 요구하는 환자에게 심리적 영적 정보를 얼마나 적절하게 알려주게 될까? 각각의 환자들은 고유한 존재이므로 그때그때 다르겠지만 주로 다음과 같은 내용을 순서대로 꼼꼼하게 질문할 것이다.

- 병, 그 병의 병력, 진행 상황, 예후에 대한 질문들. 환자가 그 병에 대해 갖고 있는 느낌과 환상은 어떤 것이고 죽음과 죽음을 맞이하는 느낌과 환상은 어떠한지에 대해
- 환자가 안락사를 원하는 이유
- 환자의 가족들과 부양 방식에 대해, 화해 가능한 갈등이 있는지, 그들이 원하는 작별인사가 있다면?
- 환자의 신앙 : 환자가 어떤 신비적 체험을 경험했는가? 하나님과 개인적인 관계가 있는가? 내세를 믿고 그에 대한 환상을 갖고 있는가? 안락사가 환자의 신념과 얼마나 일치 또는 불일치하는가?
- 만약 환자의 신념 체계가 세속적이라면 그것을 수용하되 정신에 대한 환자의 개념에 대해 질문한다. 종교인 중에서도 왜 어떤 이는 안락사를 지지하고 어떤 이는 비난하는지에 대해 어떻게 생각하는지?
- 후회되는 일은 무엇인가? 자연사로 죽어가는 과정에서 배울 것이 있을 거라고 생각하는지? 조금이라도 배우고 싶은 것이 있는지?
- 호스피스 간호를 받은 경험이 있는가? 호스피스에 대해 어느 정도 알고 있나?
- 나에게 묻고 싶은 것이 있는가? 지금까지 이야기한 것에 대해 생각하고 싶은 것이 있는지? 우리의 만남을 어떻게 느끼는가?
- 나를 다시 만나고 싶은가?

분명히 퀼과 샤벨슨도 이런 질문들을 자문해보았을 것이다. 하지만 그들이 종교적인 사안에도 마음이 편했을까 하는 점은 의심스럽다. 어쩌면 그들은 그럴 필요성조차 못 느꼈을지도 모른다. 오히려 이런 질문을 환자의 사생활이나 종교의 자유를 침해하는 표현이라고 느낀

것은 아닐까. 실제로 나는 법원도 그들의 생각에 동의할지 모른다고 생각한다. 세속주의도 그 자체로 일종의 종교인데 세속주의자라고 해서 자신의 생명이 걸린 일을 선택하는데 아무리 온건하게라도 저항이 없겠는가?

또다시 나는 고지에 입각한 환자의 동의 문제로 돌아오게 된다. 안락사를 거부할 만한 심리적 영적 요인들은 없는지 생각해보라는 얘기조차 듣지 못한 채 안락사를 선택했다면, 그 환자가 충분한 정보를 받았다고 할 수 있을까? 이미 환자가 그런 요인들은 신중하게 고려했을 것이라고, 우리가 단순히 추정하는 것은 아닐까? 나는 그 추정이 옳다고 못하겠다. 게다가 그런 고려도 없이 내려진 안락사 결정을 충분한 생각 끝에 나온 신중한 것이라고 할 수 있겠는가. 비록 우리가 세속적 사회에서 살고 있긴 하지만 '생각 없이 정보만 듣고 결정한 동의서'와 '부분적인 정보만 듣고 결정한 동의서'는 각자 의미상 모순되는 용어인데, 법원이 그 사실을 어떻게 다룰 것인지 궁금할 따름이다.

샤벨슨 박사와 퀼 박사 모두 호스피스와 그것이 제공하는 안락한 간호를 잘 알고 있는 호스피스의 지지자들이다. 그러나 동시에 그들은 안락사도 지지한다. 이유인즉, 호스피스 사례의 25퍼센트는 고통을 완화시켜주는 것이 부적절하기 때문이라는 것이다. 내 생각에 그들은 이런 주장을 전혀 입증하지 못할 것이다. 그들의 태도에서 드러나는 이 중대한 결함을 이해하기 위해 호스피스와 호스피스의 문제를 보다 더 깊이 재검토할 필요가 있다.

문화와 역사적으로 보면, 호스피스는 분명 근래에 생긴 조직이다. 2장에서 간단하게 언급한 대로 호스피스는 1967년 런던에서 세인트

크리스토퍼 호스피스^{Saint Christopher's Hospice}라는 명칭으로 시슬리 선더스(그녀는 이 공헌으로 기사작위를 받았기 때문에 데임Dame 선더스라고 불린다)가 설립했으며 미국에는 그 다음 해, 당시 예일대학의 간호대학 학장인 플로레나 월드^{Florena Wald}가 도입했다. 두 나라에서 호스피스가 급속하게 성장한 이유는, 죽어가는 과정을 편안하게 만들어주는 대신 생명을 유지시키는 데 급급해 의료적 기술을 사용함으로써 생기는 문제들에 호스피스가 성공적으로 공헌했기 때문이다. 그러나 비교적 최근에 생긴 조직이기 때문에 호스피스와 죽음을 위한 편안한 간호라는 호스피스의 철학 둘 중에 어느 것도 아직 사회 구조 속에 완전히 통합되지는 않았다. 지역 호스피스들은 대체로 주립 및 국립 호스피스와는 별도의 조직이다. 한편 호스피스 간호의 유용성과 특성이 공동체에서 공동체로 점점 범위가 넓혀진다는 보도들도 심심치 않게 들려온다. 하지만 아직 많은 사람들이 그에 대해서 잘 모른다. 호스피스 활동은 지역의 자원봉사자들에게 크게 의존한다. 일부 보험 회사들은 기존의 과다 치료에는 불필요하게 기꺼이 많은 비용을 보상하면서도 호스피스의 편안한 간호를 보상하는 것은 꺼리는 것 같다. 많은 의사들 또한 여전히 그에 저항한다.

의사들의 저항 문제는 몹시 이상하고 기이하기도 해서 논의할 가치가 있다. 이것은 심리 과잉 현상이다. 호스피스는 새로운 조직이고, 보통 사람들은 물론 심지어 의사들조차도 흔히 새로운 것에는 저항을 하게 마련이다. 지금까지도 의대생들은 죽음과 죽어가는 것, 혹은 선진적인 통증 관리 기술에 대해서는 거의 또는 전혀 훈련을 받지 않는다. 의사들은 환자들을 죽음에서 구해냈을 때 대단한 만족을 느끼지만 죽어가는 환자를 돕는다는 개념에는 대체로 아주 심기가 불편해진다. 특히 그들은 이중효과를 초래하며 죽음을 재촉할지도 모르는 통증 완화제 처방에도 부담을 느낀다. 일반적인 경우는 아니지만 호스피스는 흔히 편안한 간호의 필수 요소로 통증 완화제의 이중효과를 인정한다. 많은 의사들은 이중효과의 윤리성을 염려하는데, 안락사 반대의 선봉장인 로마의 가톨릭교회도 실제 이중효과를 인정한다는 사실을 알려주면 그들은 무척 놀란다.

이에 대해 로버트 미스빈Robert I. Misbin 박사는 다음과 같은 글을 썼다.

예를 들어 종양이 넓게 퍼진 폐암 환자는 인공호흡기 같은 비상수단을 거부할 수도 있다. 그럴 경우 의사는 환자가 겪게 될 긴급한 호흡 부전의 고통과 불안에 어떻게 대처해야 하는가? 로마 가톨릭의 가르침에 따르면 환자의 죽음을 재촉하는 치료가 될지라도 의사는 환자에게 모르핀을 투여할 수 있을 것이다. 이것은 좋은 효과를 얻기 위해서라면 어떤 부작용이 뒤따를지도 모르는 행동도 취할 수 있다는 이중효과의 원칙을 기초로 한다. 그러나 좋은 결과를 얻기 위한 수단으로 나쁜 효과를 사용할 수는 없다. 그러므로 결과적으로 환자의 생명을 단축시키는 일이 될지라도 암환자에게는 모르핀의 용량을 늘리는 것이 환자의 고통과 불안을 조절하기 위해 허용될 수 있다는 것이다. 그러나 처음부터 치사량이 허용되지는 않는다. 그런 경우에는 고통을 완화하기보다 죽음을 야기하기 때문이다. 그러므로 로마 가톨릭의 입장은 의사가 죽어가는 환자의 고통을 줄여주는 효과적인 수단을 이용하라는 것이다. 하지만 이것이 직접적인 살인을 용인하는 것은 아니다.

이중효과의 원칙은 이처럼 중요하므로 간단하게나마 특별한 경우의 호스피스 간호를 살펴볼 필요가 있다. 내가 가장 최근에 접한 사례를 소개한다. 환자의 이름은 메리로 미스빈의 가설과 매우 유사한 사례다.

40대 후반인 메리는 2년 전, 뼈에 악성 종양이 있다는 진단을 받았다. 그녀는 집에서 한참 떨어진 화학치료센터에서 암 전문의에게 여러 번의 화학치료를 받았다. 그녀를 담당한 암 전문의나 병원 모두 호스피스에는 우호적이지 않았다. 화학치료는 초기에 암의 성장을 지연시켰고 치료 과정이 힘들긴 했지만 어쨌든 메리도 심각한 고통에서 벗어날 수 있었다. 그런데 그 암 전문의는 5개월 전 그녀에게 종양이 다시 커져서 6개월을 넘기기 어려울 것 같다는 이야기를 전했다. 메리는 친구들에게 이 얘기를 담담하게 전했다. 그중 한 명은 호스피스와 관련이 있는 친구였다. 아직까지는 분명 내키지 않았지만 메리는 지역 호스피스 프로그램에 등록하자는 친구의 말에 동의했고 곧 호스피스 자원봉사자들의 방문 진료가 시작되었다.

마지못해 호스피스에 등록한 뒤 2개월이 지나면서 메리는 중간 정도의 통증을 느끼기 시작했고, 그 후로도 3주간 아편제제를 복용하면서 통증을 다스렸다. 그러나 여전히 그녀는 호스피스 치료를 부정하고 있었다. 그러던 어느 날 밤 갑자기 통증이 극심해졌다. 겁이 난 그녀는 호스피스가 아니라 더 오랜 기간 관계를 가져온 암 전문의에게 전화를 걸었다. 그는 앰뷸런스를 보내 그녀를 병원으로 데려왔고 그녀가 간호사에게 진통제를 요구할 때마다 정맥 주사로 모르핀을 투여할 수 있게 해주었다. 하지만 그녀에게 모르핀 펌프 또는 자가통증조절기를 연결하지는 않았다. 의사는 엑스레이 결과 종양이 뼈뿐만 아니라 폐까지 전이되었다면서 화학치료를 더 받을 것을 권했다. 그것이 증상을 상당히 완화시키기 때문이 아니라 그 치료를 받음으로써 모르핀의 용량을 줄일 수 있기 때문이었다.

극심한 육체적 고통에 직면하게 되면서 메리는 더 이상 부정의 상태가 아니었다. 기회가 있었어도 호스피스 친구나 방문 진료자들과 죽음에 대한 심리적 영적 문제를 의논하고 싶어 하지 않았지만 기술적인 측면에서는 기꺼이 얘기를 나누고 싶어 했다. 그녀는 안락사는 전혀 입에 담지 않았지만 부분적이고 일시적인 고통 완화를 위해 언제까지 불쾌한 화학치료를 감내해야 할지 모를 일이었다. 게다가 통증이 재발할 때마다 즉시 호소해도 간호사가 주사를 가져올 때까지 그 고통을 느껴야 하는 것이 너무 괴로웠다. 호스피스 친구와 자원 봉사자들은 마침 그 주에 지역병원이 호스피스 병동을 열었다는 사실을 알려주면서 그쪽으로 옮겨주길 요청하라고 권고했다. 그녀는 그 충고를 받아들였다.

그녀는 새로운 병동으로 옮겨 집처럼 편안한 시설의 병실에 입원했다. 그곳에서는 즉시 자가통증조절기를 연결해주었다. 그녀는 사실상 모든 육체적 고통이 줄어든 것에 감사했다. 그 후 4일간 가족과 호스피스 친구와 자원봉사자들, 호스피스 병동 담당의의 방문이 이어졌고 그녀는 즐거워보였다. 그러나 폐에 퍼진 종양 때문에 점차 호흡이 가빠졌다. 이 증상은 마치 천천히 익사하는 것과 같았으므로 메리는 두려움에 휩싸였다. 호스피스 병동 담당의는 그녀의 눈을 똑바로 들여다보며 말했다.

"메리, 이것은 가장 공포스러운 방식으로 죽는 것이에요. 그 두려움을 덜어주기 위해 진정제를 더 투여할 수도 있는데, 하지만 그렇게 되면 약 이틀 정도 생명이 단축될 거예요. 결정은 당신이 해야 합니다."

"진정제를 투여해주세요." 메리가 대답했다.

"저는 죽을 준비가 되었어요."

진정제가 모르핀에 추가되었고 24시간이 지나자 메리는 어떤 뚜렷한 고통이나 두려움 없이 잠든 채 평안하게 죽었다.

이것은 안락사 또는 의사의 도움을 받아 행하는 자살과 어떻게 다른가? 호스피스 병동의 의사는 그녀의 요청에 따라 죽음을 앞당길 수 있는 마약류의 치사량을 투여했고 그것으로 숨을 못 쉬는 공포에서 메리를 해방시켜주었다. 그런 고통이야말로 육체적 고통 못지않은 정서적 고통인 것이다. 여기에는 두 가지 차이가 있다. 그것은 죽음의 시간과 고통의 성질이다.

퀼과 샤벨슨에게는 이 차이가 중요하지 않고 말할 가치도 없을 만큼 사소해 보일 것이다. 그러나 나에게 있어서 이 차이는 문제의 본질과 직결된다. 이런 생각을 가진 사람이 비단 나뿐만은 아니다. 아이라 바이옥의 《죽음을 어떻게 살까》는 안락사 논쟁에 대한 것이 아니라 오랜 시간 저자가 깊이 관여해왔던 호스피스 간호의 타당성을 일관되게 다루고 있다. 저자는 '왜 일시적인 처방 치료를 하는지 모르는 사람들은 계속되는 육체적 고통을 제어하기 위한 진정제 투여와 안락사 사이의 차이점을 거의 모를 것이다. 하지만 철학적인 관점으로는 미세한 것 같은 선이 실제 상황에서 보면 깊은 골이다'라고 말하면서 안락사 문제를 짧게 언급한다. 여기에 나는 법원 또한 이제 시기의 문제, 다양한 고통의 문제들에서 이 깊은 골을 발견해야 한다는 것을 덧붙이고 싶다.

온건하게 안락사를 지지하는 샤벨슨과 퀼의 책에서 우리는 다시 중요한 논점이 빠졌음을 발견한다. 두 책은 고통을 줄여야 한다는 히포크라테스 선서를 주장하면서도 그중 어디에서도 육체적인 고통과 정서적 고통을 구별하고 있지 않다. 또한 무익하고 불필요한 정서적 고통과 영적 성장에 있어 실존적이고 생산적인 고통도 구별하지 않는다.

환자 중 25퍼센트에게는 호스피스 간호가 적절하지 않다는 주장을 이해하려면 행간의 의미를 읽어야만 한다. 여기서 샤벨슨과 퀼은 육체적 고통의 부적절한 완화를 말하고 있는 것이 아니다. 또한 천천히 질식 상태가 진행될 때 메리가 느꼈던 공포처럼, 죽음의 과정에 동반되기도 하는 완전히 무익한 정서적 고통을 말하는 것도 아니다. 이런 점에서 그들은, 잘만 이루어지면 호스피스 간호는 사실 충분히 적절한 치료법이라는 데 동의할 것이다. 그렇다면 그들은 무엇을 부적절하다고 말하는 걸까?

나는 그들이 요즘 추세를 너무 과대평가한다고 생각한다. 실제 그들이 행한 안락사의 사례들은 결국 자신의 죽어가는 과정을 전적으로 통제하려는 극소수의 말기 호스피스 환자들일 뿐이다. 그들은 질병 때문에 죽기보다 오히려 스스로를 죽이려 하는 환자들이다. 실제 샤벨슨의 환자 중 한 명인 메리 홀은 먼저 아들과 화해하기 위해 몇 주 동안 안락사 계획을 미루었다. 그 화해가 이루어진 뒤에는 하루 이틀이면 자연스럽게 고통 없이 죽을 것을 알면서도 치사량의 세코날을 복용했다. 메리 홀 같은 환자들은 의지가 강하고 겉으로 보기에 세속적인 사람들로서 자신의 죽어가는 과정을 오케스트라를 지휘하듯 통제하고 싶어 하며, 그 목적을 이루기 위해서라면 자연스러운 죽음을 편안히 맞을 수 있을지라도 자살을 선택할 것이다.

이런 점에서 퀼과 샤벨슨 박사 모두, 자기 결정 의지가 좌절되면 환자는 참을 수 없는 고통을 느낄 것이기에 그들의 자살을 돕고 그런 통제욕을 묵인하는 것이 의사의 임무라고 생각한다.

나는 이 문제에 대해 이들처럼 확신하지는 못한다. 비인간적으로 들릴지 모르지만, 나로서는 어쨌든 앞서 말했듯이 진정한 안락사 환자들은 만사를 자기 뜻대로 하려는 사람으로밖에 보이지 않는다. 두 저자는 이런 환자들의 통제욕을 다루기 위해 정신과 의사나 심리치료사에게 자문을 구한 적도 없는 것 같다. 또한 환자의 통제 욕구에 따라주지 않는 것은 '완전히 이성적'이고 '참을 수 없는' 고통을 완화해 주는 것이 아니라 오히려 방조하는 것이라고 생각하는 것 같다.

솔로몬이 어머니와 관련해 지적한 대로, 심각한 육체적 질병으로 고통을 겪는 사람에게 안 된다고 말하기란 어려운 일이다. 하지만 그렇게 해서는 안 된다는 뜻은 아니다. 나 또한 내 의지대로 하고자 하는 사람이다. 하지만 나는 다음과 같은 인용문을 생각한다.

'인생은 풀어야 할 문제가 아니라 살아내야 할 신비다.'

'인생이란 우리의 계획과는 별도로 그냥 일어나는 일이다.'

나는 이 내용을 매일 스스로에게 잊지 않도록 상기시킨다. 무엇보다 이 문구들은 죽음에 내재된 통제권의 상실, 비합리성, 신비, 불안정 등이 우리 삶에도 존재하고 있음을 알려준다. 이 같은 현실적 상황을 다루는 데 연관된 고통은 내가 생존적 고통이라고 부르는 것의 아주 중요한 부분이다. 내가 보건대 샤벨슨과 퀼의 '진정한 안락사' 환자들은 죽음의 문제보다는 오히려 삶의 문제로 고통을 겪고 있던 것처럼 보인다. 이런 문제를 극복하기 위해 스스로를 죽이는 결정을 하고 그에 대한 도움을 받기보다 차라리 그 문제에 맞서기 위해 도움을 받는 과정에서 배울 것이 많았을 거라고 생각한다. 그들이 아무것도 배우지 못했을 거라는 의미가 아니라, 단지 그랬을지도 모른다는 얘기다. 설령 그들이 그렇지 않았더라도 나로서는 어쨌든 안락사 의지에 대한 좌절을 '참을 수 없는 고통'으로 이해하기 어렵다.

　의사가 이런 환자들의 자살을 돕는 것에 반대한다고 해서, 내가 어떤 상황에서도 안락사를 반대한다는 뜻은 아니다.
　무엇보다 삶과 죽음처럼 예측할 수 없는 것에는 항상 예외가 있기 때문이다. 퀼과 샤벨슨의 진정한 안락사 환자들은 본인이 원했다면 훌륭한 호스피스 간호를 받을 수 있었던, 강하고 유능한 사람들이었다. 하지만 그럴 형편도 안 되는 사람들은 어떠한가? 앤드루 솔로몬은 퀼의 말을 인용하면서 이런 사안을 간단하게 언급했다. 그는 헴록 안락사협회를 대단한 '사교 클럽'이라며 안락사에 대해 다음과 같이 썼다. "'그것은 적어도 상위 중산층에서나 가능한 일이다. 치료받는 것조차 걱정해야 하는 미국인들은 안락사 문제에 관심을 둘 여유가 없다'라고 퀼은 말한다. 또한 대단한 특권을 누리지 못하는 사람들을 위한 법의 개정이 시급하다. 개인적으로 주치의를 두고 좋은 관계를 유지하는 부자들은 거의 집에서 조용히 자살하는 방법을 찾는 반면 그렇지 않은 사람들은 대부분 과중한 업무를 수행하는 일반 의사의 철학에 운명을 맡길 수밖에 없다."
　그러나 내가 우려하는 것은 정작 가난 속에서 죽어가는 사람들은 치사량의 약을 구하지 못할 것이라는 점이 아니라 그들은 호스피스 간호를 충분히 받지 못할 것이라는 점이다. 호스피스 간호를 손쉽게 이용할 수 없는 상황이라면 나는 나뿐만 아니라 다른 사람을 위한 안락사의 권리도 열렬히 지지할 것이다. 하지만 호스피스 간호의 기능을 고려할 때 조력 자살(도움을 받아 행하는 자살) 문제에 대한 해답은 안락사의 확대가 아니라 호스피스의 확대임이 분명해진다. 내가 보기에는 사회와 법원이 이 문제를 너무 경솔하게 대하는 것 같다. 오히려 후퇴하고 있다는 느낌마저 든다. 사실 일의 순서상 죽음을 앞둔 환자에게 만족스런 호스피스 간호를 받을 헌법적 권리가 있음을 정립하는 것이 우선이다. 이런 권리가 정립되고 난 뒤에, 법정이 말기 환자에게 의사의 도움으로 안락사를 행할 헌법적 권리가 추가적으로 필요한가라는 문제로 주의를 돌리는 것이 타당할 것이다.

물론 사회가 항상 논리적으로 움직이는 것은 아니다. 나 또한 의사 조력 자살이 확실히 불법이라고 단호하게 말할 수는 없다. 그러나 개인적 소견으로는, 샤벨슨과 퀼의 책에서 사례로 든 환자들 중 호스피스 간호가 적합했을 환자들의 안락사는 모두 부정한다. 사실 나는 그 환자들을 만나보지 못했다. 게다가 어느 정도 비슷한 환자들에게서 차이점을 발견한다는 것은 쉬운 일이 아닐지도 모른다. 나는 덮어놓고 안락사를 부정하지 않았을 것이다. 다만 각 사례별로 의사 결정은 달라야 한다는 것은 분명히 해두고 싶다. 이것은 어디까지나 단순히 말기 환자들이 안락사에 대한 헌법적 권리를 갖는다는 것과는 다르다. 단지 그들이 심리를 받을 권리가 있어야 한다는 것이다. 누가 심리를 하느냐에 관한 문제는 곧 살펴보기로 하겠다.

호스피스 간호는 의학적으로 판정해 6개월 이상 살지 못할 환자에게만 제공될 수 있다는 규정이 있다. 이런 판정은 정확하지 않을 수도 있기 때문에 호스피스 간호를 제공하는 사람들은 이 규정에 의문을 품고 있으며 때로는 그것을 왜곡하기도 한다. 그럼에도 불구하고 호스피스가 오로지 말기 환자들과 가족을 돕기 위한 것이라는 데에는 의문의 여지가 없다.

그렇다면 말기 진단은 받지 않았어도 만성적인 병을 앓고 있는 환자들의 경우는 어떠한가? 이를 언급하는 이유는 만성 환자들의 의학적 치료가 분명 부적절하다는 뜻이 아니라 안락사의 문제는 단지 호스피스 간호를 받아야 할 환자에게만 해당되는 문제가 아님을 명확히 하기 위해서다. 다시 말해 진정한 안락사와는 다른 유사 안락사에 대한 이야기인데, 유사 안락사란 죽기 전까지는 줄어들 것 같지 않은 육체적 무능력 상태가 야기하는 심각한 생존적 고통을 피하거나 벗어나기 위한 자살을 가리킨다.

샤벨슨 박사는 두 번에 걸쳐 굶어죽으려고 시도했다가 실패한 뒤 마침내 어머니의 도움으로 자살한, 사지 마비 환자였던 켈리의 사례를 소개하면서 유사 안락사 문제를 제기했다. 그러나 그것은 진정한 안락사 문제의 관점에서 대단히 벗어나 있는 것처럼 보인다.

나는 나치 독일이 행한 공포스러운 안락사 프로그램에 대한 반발로 우리의 집단 양심 혹은 집단 무의식에는 절대론자의 규칙이 생겨났다고 믿는다. 즉, '이미 죽어가는 사람이 아니라면 어떤 사람도 죽음으로 몰아넣어서는 안 된다'라는. 사람들이 나치 정권의 악몽 같은 '효율성'에 반감을 품는다는 사실은 기쁘지만 한편으로는 한 주 또는 한 달밖에 살 수 없는 사람들이 겪는 생존적 정서적 고통에는 관심을 보이는 반면 같은 종류의 고통을 더 오래도록 몇 년씩 견뎌야 하는 사람들에게는 무심하다는 사실을 얼마나 분명히 알고 있는지 궁금하다. 말기 환자가 의사의 도움을 받아 자살하는 것을 '권리'라고 부르기에 앞서 그들보다 더 큰 고통, 어쩌면 훨씬 더 참을 수 없는 고통을 겪는 이들에게 같은 권리를 부여하지 않는 것은 전혀 공정하다고 할 수 없다. 어쩌면 우리가 사회적 우선순위를 바꾸었을지도 모른다는 생각이 든다.

그렇다고 내가 만성 환자에게는 의사의 도움을 받아 자살할 권리가 있다는 명확한 신념을 갖고 있는 것은 아니다. 7장에서 루게릭병의 마지막 단계였지만 완전히 말기는 아니었으며, 만성적인 고통을 겪으며 거의 성인聖人처럼 보였던 한 수사와 만찬을 함께한 이야기를 했다. 나는 그가 안락사를 선택하지 않은 것을 고맙게 생각한다. 요양원에서 경험한 것을 이야기하자면, 일부 만성적 지체 장애자들이 치료사들에게서 받은 보살핌보다 더 많은 보살핌을 치료사들에게 베푸는 모습이 인상적이었다. 이런 환자들은 그와 같은 시설에서 희망을 주는 존재이자 영적 중심으로서, 신체적으로 무력한 상태에서도 멀쩡한 우리보다 훨씬 더 삶에서 막강한 역할을 한다.

나는 또한 만성적인 신체 불능 상태의 병을 앓고 있으면서 안락사를 원하는 사람들은 통제력 상실 때문에, 또는 다른 형태의 정신적 질환(잠재적으로 치료가 가능한) 때문에 고통을 겪지 않는다는 얘기를 하는 게 아니다. 사지가 마비된, 샤벨슨의 환자 켈리는 굉장히 자기중심적이며 통제욕이 강하다는 느낌이 들었다. 그렇게 무력한 상황에 이르면 누구든 자기중심적으로 변하는 건 당연하지만 그렇다고 반드시 그렇게 되어야 하는 건 아니다. 나는 켈리가 안락사를 요구했던 수년 동안 간단하게나마 어떤 대면 심리 치료든 영적 상담이라도 받았는지 의심스럽다.

내 말은 이런 환자들이 걱정된다는 뜻이다. 비록 치사량의 약을 갖고 있을지언정 온몸이 마비가 된 처지라 혼자서는 그 약을 복용할 수도 없었을 켈리를 생각해본다. 또 거의 남남이나 다름없는 알코올 중독 남편과의 불화 속에서 스스로 옷을 갈아입지도 못하는 자신을 온종일 간병인에게 의탁하느니 차라리 굶어죽기로 마음먹은 빅토리아도 생각한다. 또한 반 두센 부부에 대해서도 생각해본다. 내가 안락사를 염려하게 된 계기는 바로 이 부부의 사례 때문이다. 하지만 더 이상 설교를 할 수 없게 된 반 두센 박사와 관절염으로 잘 걷지 못했던 연상의 아내를 생각하면 마음이 편치 않다. 뿐만 아니라 이들과 같은 행동을 취했던, ALS와 뇌졸중, 알츠하이머와 다발성 경화증 등을 앓았던 모든 사람들을 생각할 때마다 괴롭다. 아울러 집 안에서만 지내야 하는 사람, 집이 없는 사람, 배우자가 사망했거나 가족들이 멀리 떨어져 있는 사람, 끔찍하게 외로운 사람들도 생각해본다.

물론 이런 사람들이 모두 안락사를 원하는 것은 아니다. 하지만 의사의 조력 자살이 죽음을 앞둔 모든 환자의 권리가 된다면 만성적 질환을 앓고 있는 환자들이 안락사를 원할 때에도 귀를 기울여야만 할 것이다. 실제 우선순위를 따져보더라도, 상태의 부침이 심해서 고통을 겪을 시간이 얼마 남지 않은, 호스피스 간호를 받아야 할 말기의 환자들보다도 그들이 오히려 권리를 주장할 자격이 있다고 생각한다.

지금까지 나는 몇 페이지에 걸쳐 계속 애매한 입장을 보여왔지만, 만약 막다른 골목에 몰려 더 이상 어벌쩡한 태도를 취할 수 없다면 어떻게 될까? 바로 지금, 의사 조력 자살의 합법성 여부를 결정하는 법정에 판사로 앉아 있다면 어떻게 될까? 나는 과연 어떤 판결을 내릴 것인가? 나는 의사 조력 자살이 불법이라는 현재의 판단이 유효하다고 판결할 것이다. 지금까지 그랬던 것처럼 안락사는 계속 은밀하게 이루어질 것이며 또한 끊임없이 고통과 비극의 원인이 될 거라는 걸 충분히 알 수 있도록 판결할 것이다. 이런 판결은 다음과 같은 3가지 이유 때문이다.

- 만약 조력 자살을 완전히 합법화함으로써 그것이 하나의 권리로 받아들여지게 되면 사회 전체에 심각한 부정적 영향을 미칠 것이다. 내가 우려하는 것은 단지 앤드루 솔로몬이 말했던 "안락사는 안락사를 낳는다"는 것 때문이어서도, 봇물이 터지듯 조력 자살이 넘쳐날 것 같아서도 아니다. 나의 일차적 관심은 이러한 메시지가 사회에 미치게 될 영향력에 있다. 그 메시지는 곧 신의 뜻이 무엇인지를 두고 씨름할 필요가 없다는 세속적인 메시지, 오로지 우리의 삶이니 우리 마음대로 해도 좋다는 식의, 영혼을 부정하는 또 다른 메시지가 될지도 모른다. 그야말로 가장 실망스러운 메시지가 될 것이다. 그러한 메시지는 살아가면서 당연히 겪는 생존적 고통과 직면할 수 있는, 그것을 극복하는 방법을 배울 수 있는, 인생의 역경에 맞서는 법을 배울 수 있는 용기를 꺾을 것이다. 대신 우리에게는 쉬운 길을 택할 권리가 있다는 메시지가 될 것이다. 이것은 이미 그래 왔던 것 중에서도 최악의 방향으로 우리 사회를 몰아가는 메시지가 될 것이 분명하다. 나는 이 결과들을 상상하는 것만으로도 몸서리가 쳐진다.
- 합의점을 찾아 특정한 상황에서만 조력 자살을 합법화하기로 결정한다 해도 이 또한 우리를 합법적인 수렁으로 빠뜨리는 일이 될 것이다. 그로 인해 막대한 비용과 좌절을 경험할지라도 우리가 허우

적거릴 각오가 되어 있다면 그 수렁은 환영할 만한 것인지도 모른다. 하지만 현재 우리는 그런 준비가 되어 있지 않다.

● 우리 사회는 아직 의미 있는 방법으로 안락사 문제를 해결할 준비가 되어 있지 않다. 이보다 먼저 결정해야 할 중요한 문제들이 너무도 많기 때문이다. 육체적 고통 완화에 대한 권리, 호스피스의 간호에 대한 권리, 완전한 세속교육이 아닌 공교육에 대한 권리, 영혼과 인간의 의미에 대해 자유롭게 이야기할 권리, 생존적 고통의 본질을 배울 권리, 일반적인 의료를 받을 권리, 만성적 환자들이 유사 안락사를 행할 권리 등이 그것이다. 무엇보다 이런 문제들이 명확히 해결된 뒤에야 비로소 말기 환자들을 위한 조력 자살을 합법화하느냐의 문제에 착수할 수 있을 것이다.

그러나 만약 사회가 이러한 나의 지도 사항을 받아들이지 않는다고 가정해보자. 가령 대법원이 의사 조력 자살을 불법으로 규정한 어떤 주州의 법률을 위헌이라고 판결한다면, 과연 해당 주는 조력 자살의 합법적인 기준이 될 법을 확립하는 데 있어 합의점을 찾을 수 있을까? 또한 내가 판사라고 가정한다면 나는 그 주의 법을 계속해서 지지할 수 있을까? 그런 기준을 정립하는 데에 있어서 나는 어떤 견해를 피력할 수 있을까?

여기서 독자는 당연히 내가 모범이 될 만한 법안의 기초를 세우기를 바라겠지만 여러 가지 중요한 이유 때문에 나는 그렇게 할 수가 없을 것이다.

가장 중요한 이유는 나는 이 부분에서 눈곱만큼도 독자의 책임을 축소시킬 생각이 없다는 점이다. 나는 안락사가 사회 전체의 논쟁거리가 되고 있다는 이야기로 이 장을 시작했다. 내가 이 책을 쓰는 목적은 대중에게서 이런 부담을 덜어주려는 것이 아니라 오히려 이것을 명확하게 하기 위해서이며, 대중이 한 발 물러나 있게 하려는 게 아니라 교육받은 참가자로서 이 논쟁에 참여하도록 독려하기 위해서다. 이러한 대중의 참여만이 이처럼 중요한 문제를 다루는 데 사회적 건전성을 확보하는 유일한 길이다. 나는 법정이 법안을 명확하게 정립하지 않고 각 주와 지역 공동체에 스스로 법안을 만들도록 강요한 뒤에 아주 느긋하게 합헌성 여부를 따져볼 거라는 생각이 든다.

그렇게 되면 이미 말했듯이 타협안은 합법적 수렁이 될 것이다. 내가 제안하는 어떤 법안도 틀림없이 불완전할 것이며 즉시 비판의 대상이 될 것이다. 실제로 퀼 박사는 이미 자신의 생각을 뒷받침하는 기준을 제안했고 샤벨슨 박사 또한 몇몇 의문을 제기했다.

사실 우리가 이런 타협안을 제시해야 한다면 먼저 퀼 박사의 기준을 검토해보는 게 좋을 것이다. 퀼 박사의 기준은 충분히 사려 깊은 것이지만 그는 그것이 '결코 이상적인 것은 아니'라는 점을 충분히 인식하고 있다. 환자가 요구해서 행해지는 안락사와는 매우 다른 자신의 기준이 '안이하거나 비인격적인' 과정을 초래해서는 안 된다는 퀼 박사의 견해가 나로서는 무척 고마울 따름이다. 퀼 박사의 '의사 조력 자살에 대한 잠재적 임상 기준' 7가지를 간략하게 정리하면 다음과 같다.

1. 환자는 반드시, 자유의지와 자기 결정에 따라, 고통을 지속하기보다는 죽고 싶다는 의사를 명확히 반복적으로 요청해야 한다.
2. 환자의 판단이 왜곡되어서는 안 된다.

3. 환자는 치료가 불가능하며 심각하고 참을 수 없는, 지속적인 고통을 겪는 상태여야만 한다.

4. 환자의 고통과 조력 자살 요청이 부적절한 통증 완화 치료 때문이 아니라는 것을 의사가 확신해야 한다.

5. 의사 조력 자살은 의사와 환자 사이에 반드시 의미 있는 관계가 형성된 상황에서 시행되어야 한다.

6. 경험이 있는 다른 의사의 상담도 필요하다.

7. 위의 각 조건을 입증하는 명확한 문서가 있어야 한다.

퀼 박사는《죽음과 존엄성》에서 이 7가지 기준을 상세히 설명하고 있지만 내가 보기에 그의 노력은 결정적 질문에 대한 해답으로선 미흡한 듯하다. 예를 들어 1, 3, 4번의 기준은 환자의 고통과 관련되어 있는데 내가 지적했던 것처럼 이 조항이나 그의 글 어디에도 고통에 관한 정의나 구별을 찾아볼 수 없다. 즉 육체적 고통과 정서적 고통의 구별, 비건설적인 정서적 고통과 심리적 영적 성장의 잠재적 가능성을 지닌 생존적 고통의 구별을 시도한 노력이 전혀 없다.

이 문제의 복잡성을 좀 더 자세히 입증하기 위해 퀼 박사의 여섯 번째 기준의 전문을 인용해보자. '경험이 있는 다른 의사와의 상담도 필요하다. 이는 환자의 요청이 자발적이고 이성적인지, 진단과 예후는 정확한지, 고통 완화 치료를 선택할 가능성은 없는지 등을 충분히 확인하기 위해서다. 협의 대상이 되는 의사는 환자에 대한 자료를 검토하고 개별적으로 환자를 만나 대화를 나눈 뒤 검진을 시행해야 한다.'

이것은 물론 꼭 나쁜 기준이라고 볼 수 없다. 하지만 과연 이것만으로 충분할까?

여기서 협의를 요청하는 의사는 안락사를 원하는 환자에게서 이미 그 이유를 발견한 것으로 추정된다. 그런데 어떻게 그가 다른 의사와의 협의를 택하겠는가? 혹 협의를 하더라도 그는 필시 안락사에 반감을 가진 의사를 찾지는 않을 것이다. 그리고 아마도 나처럼 이 문제를 깊이 우려하고 조심스러워하는 사람에게도 가지 않을 것이다. 그는 당연히 자신의 동료 중 가장 마음이 맞는 사람, 안락사를 지지하는 자기 판단을 거의 의심의 여지없이 확증시켜줄 사람을 찾아갈 것이다. 안 하는 것보다는 낫겠지만 이런 협의는 결코 민주적인 과정이 아니다. 게다가 나는 그것이 의사들의 뚜렷한 하위문화, 즉 안락사를 지지한다고 알려져 있지만 전체를 대변하지는 않는 하위집단을 키울 것이라고 생각한다(퀼은 그렇게까지는 생각하지 않으며 자신의 그런 신념에 대한 논리적 근거를 밝히지는 않는다). 안락사의 관행이 이런 의학적 하위 전문 분야가 되는 것을 우리가 원하는지는, 잘 모르겠다.

여기에는 몇 가지 대안이 있지만 나름대로 의문점을 안고 있다. 예를 들어 오늘날 병원에는 대부분 윤리위원회가 구성되어 있다. 따라서 안락사 요청이 있을 경우 이들에게 맡기는 것은 아주 당연한 일일 것이다. 그러나 윤리위원회는 자주 열리지도 않으며, 위원회가 소집되더라도 위원들이 참석할 때도 있고 그렇지 않을 때도 있다. 일반적으로 이런 위원회의 구성원을 관리하는 기준도 없다. 일부 병원에서는 모든 위원이 자원봉사자이며 또 다른 병원들의 경우 위원들이 선출되는 곳도 있고 임명되는 곳도 있다. 위원들은 대부분 이런 일에 대해 거의 또는 전혀 훈련받지 않은 의사들이다. 그렇다면 이런 위원회에는 꼭 정신과 의사가 포함되어야 할까? 목회 상담자는 어떠한가? 간호사가 한두 명 정도 참여한다면? 성직자는? 지역 공동체의 일원이 참여하는 건 어떨까? 만약 그들이 안락사를 결정한다면 어느 정도까지 맡겨야 하는가? 이런 결정의 정치적 견해는 어떻게 작용하는가? 이러한 견해와 변화가 시작되면 병원의 기존 문화에 어떻게 작용할 것인가? 어쩌면 주에서 임명한 의사 두 명, 일반 심리치료사 한 명, 성직자 한 명, 시 의회의 정치인 한 명을 구성원으로 하는 위원회가 하나의 대안이 될 수 있을 것이다. 그러나 나는 이 위원회도 같은 종류의 여러 문제에 부딪칠 거라고 생각한다.

나는 여기서 '문제'라는 표현을 썼다. 한때 내가 비영리재단 이사회의 일원으로 있을 때 함께 일했던, 지금은 은퇴했지만 아주 현명했던 사장 한 분이 생각난다. 이사회는 어떤 안건을 놓고 명백한 절대주의적 입장에서 중도적 입장으로 변화하기 위한 투표를 실시했다. 투표의 결과는 순식간에 조직 전체에 논쟁을 불러일으켰다. 그 논쟁을 어떻게 다룰 것인지 고심하는 중에 경험이 풍부한 이 사업가는 이렇게 말했다.

"그것은 문제가 아니에요. 딜레마입니다."

"그게 무슨 뜻이죠?"

이사들의 질문에 그가 대답했다.

"문제에는 불완전하더라도 적절한 해답이 있지만 딜레마에 빠졌을 땐 적절한 해결책이 없거든요."

조력 자살을 불법행위로 규정하는 것은 안락사 문제에 대해 약간은 불완전할지라도 적절한 해답이라는 생각이 든다. 그 다른 극단, 즉 환자의 요구에 따른 안락사를 합법화하는 것 또한 적절한 해답은 될 수 있을 것이다. 물론 나는 그것이 훨씬 더 심각한 결함이 있는 것으로 판명되리라 굳게 믿지만 말이다. 평소에 나는 본능적으로 절충안을 찾는 쪽을 택한다. 그러나 지금, 이 경우에, 안락사 논쟁에서 절충안을 선택한다면 바로 문제의 상태에서 딜레마에 빠지는 상태로 옮겨갈 것 같다. 아무쪼록 조심해야 할 것이다.

무엇보다 나는 자살을 돕는 것에 대한 최종 결정은 개인적이어야 한다는 퀼의 명확한 주장을 존중한다. 아마 샤벨슨과 솔로몬도 이에 동의할 것이다. 그는 자살을 돕는 사람은 누구나 그 환자와 개인적으로 인간관계가 있어야 한다고 주장한다. 적어도 그 환자를 모르는 사람이나 환자와 대화조차 해보지 않은 사람, 환자 개인에 따른 사례별 결정에서 오는 정서적 고통을 감수하지 못할 사람이 최종 결정을 내려서는 안 된다. 설명이 충분하지는 않지만, 내 생각으로는, 이 저자들이 매우 인간적인 사람들이어서 비인격적이고 개인감정이 배제된 관료주의가 어떻게 진행될지를 알기에 이렇게 주장하는 것이라 생각한다. 그럼에도 나는 또한 이들이 이런 가능성을 과소평가한다고 생각한다.

의사 조력 자살이 일반적으로 불법인 지금, 자살을 돕는 일은 전적으로 의사들이 책임져야 할 문제다. 그러나 지금까지는 엄격하게 해명을 요구하지는 않는 실정이다. 나는 퀼 박사가 대배심원단 앞에 서게 되었지만 배심원단이 그를 기소하지 않기로 결정한 것을 결코 시기하는 것이 아니다. 현재 대중적 분위기는 관대한 편이라는 뜻이다.

사회가 의사 조력 자살을 합법화하게 된다면, 즉 환자의 요구에 따라 안락사를 행하는 것을 일종의 권리로 인정하는 극단으로 나아간다면 어떻게 될까? 그렇게 되면 의사와 환자의 개인적 관계는 굳이 필요하지 않을 것이며 협의의 여지도 전혀 없을 것이다. 의사는 단지 제한적이고 거의 수학적인 진단과 예후에 따른 기준만 되면, 환자의 요청에 따라 어쩔 수 없이 자동적으로 생명을 단절해야 할 것이다.

하지만 그것도 일부분에 지나지 않는다. 지난 20여 년 동안 미국 사회는 관리 의료 제도(특정 병원과 의사에게만 진료를 받도록 하는 건강 관리 방식-옮긴이)가 급격히 증가하는 추세를 보이고 있다. 의료는 의사가 아니라 오로지 돈을 목표로 하는 보험회사나 정부 관료들에 의해서 비인간적으로 관리되어왔다. 이런 관리자들에게 안락사는 비용 효율이 아주 높을 것이므로 그런 법안의 시행을 장려하지 않기란 매우 어려울 것이다. 이런 가능성을 생각해보라! 예를 들어 안락사를 요청하는 사람에게 보험료를 환불하고 세금을 환급해줄 수도 있을 것이다. 또는 안락사를 시행하는 의사에게 특별히 큰 보상을 해줄 수도 있을 것이다. 아니면 안락사 시행 프랜차이즈는 어떤가? 멋진 신세계가 바로 눈앞에 있는 것이다.

이런 가능성 있는 시나리오는 '위험한 비탈길'이라고 불려왔다. 이렇게 표현함으로써 안락사를 비판하는 사람들은 의사 조력 자살을 권리로 인정하는 순간 우리 사회는 급격히, 마치 비탈길에서 미끄러지듯, 인간의 생명 경시 풍조가 팽배해질 것이라고 지적한다. 안락사를 지지하는 사람들은 이런 결과를 의심하면서 자신들의 주장을 뒷받침하기 위해 종종 네덜란드의 경우를 예로 든다. 네덜란드에서는 안락사가 합법화되었지만 어떤 사회적 타락 현상도 일어나지 않았다고 주장한다. 그러나 이것은 매우 불확실한 주장이다.

사실 네덜란드에서도 안락사가 합법화된 것은 아니다. 그곳에서도 안락사는 여전히 불법이지만 10여 년 동안 지침을 정립하고 검시관에게 사례들을 보고하면서 체계가 빠르게 변화, 발전되어온 것이다.

이에 따르면 안락사에 관여된 의사는 기소되지 않는다. 그래서 지금까지 검시관에게 보고하는 경우는 많지 않다. 연구 활동은 어려움을 겪어왔지만, 일부 명백한 악용 사례가 드러나면서 안락사를 비판하는 사람들은 네덜란드의 경험은 위험한 비탈길 시나리오가 틀렸음을 입증하기보다는 오히려 실제로는 그것을 지지하게 됐다고 주장한다. 이 주제를 깊이 연구해온 유타 대학교 철학과 교수 마거릿 팝스트 바틴Margaret Pabst Battin은 네덜란드의 사례를 근거로 하는 어떤 주장도 정당화될 수 없다고 일갈한다. 더불어 그녀는 미국과 네덜란드의 법과 의료 체계에 큰 차이가 있다는 것을 지적한다. 특히 네덜란드의 의료 체계는 자살을 돕는 의사가 어떠한 이득도 취할 수 없는 방식으로 사회화되어 있다. 그녀는 지금의 시점에서 안락사 반대론자든 찬성론자든 자신들의 주장을 뒷받침하기 위해 네덜란드의 사례를 이용하는 것은 현명하지 못하다고 결론짓는다. 네덜란드에서의 안락사 논쟁이 그곳만의 방식으로 계속되듯, 바틴 박사도 나처럼 미국에서는 미국만의 독특한 방식으로 안락사 논쟁이 계속되길 바라는 것은 아닐까 싶다(《안락사를 논하다Arguing Euthanasia》에 수록된 바틴의 '네덜란드의 안락사 논의에 관한 12가지 경고' 참조). 어쨌든 위험한 비탈길이라는 가설은 그것이 틀렸다는 것이 입증될 때까지 내게는 잠재적으로 매우 현실적인 일로 남아 있을 것이다.

안락사 논쟁은 현대 의료 기술이 선도적인 역할을 하는 다소 기계론적인 사회에 접어들면서 시작되었다. 생존 가능성이 희박한 환자가 과도한 조치로 고통스러운 삶을 이어가는 많은 사례에서 알 수 있듯이 그것은 기술의 횡포가 되어왔다. 죽어가는 사람들은 사실 자신의 몸이 기계의 자비에 맡겨지기를 바라진 않는다. 하지만 이런 상황이 크게 개선되기 시작했으므로, 조력 자살을 하나의 권리로 인정하는 극단적인 변화가 나로서는 반동 형성reaction formation(사회적, 도덕적으로 좋지 않은 욕구나 원망을 억제하기 위하여 이 욕구와는 반대 방향의 독단적 행동을 취하는 무의식적 행위-옮긴이)이자 벼룩 잡으려다 초가삼간을 태우는 격의 가장 파괴적인 사례로 생각된다. 무엇보다, 환자의 요청에 따른 안락사를 찬성하는 사람들이 깨닫지 못하는 문제는 그들이 목적을 달성하게 되면 지금 우리가 살고 있는 사회보다 훨씬 더 기계론적인, 영혼 없는 사회가 될 것이라는 점이다. 그 사회는 죽어가는 과정에 잠재된 어떤 영광도 사라진 사회, 사람들이 요청만 하면 간단히 잠들 수 있는 극단적으로 이성적인 사회가 될 것이다. 그들에게는 자기 영혼에 깃든 비이성적인 신비도, 자신의 원천이자 모든 참된 영광의 근본이 되는 하나님도 아무런 상관이 없을 것이다.

10

안락사 논쟁에 대한 희망

나는 줄곧 안락사 논의가 뜨거워지고 훨씬 더 격렬해지기를 바란다고 말해왔다. 반대로 나는 법원이 의사 조력 자살을 합법화하는 판결을 내리며 계속해서 이상하게 몰아갈 경우, 대중은 그 같은 재판부의 견해를 수동적으로 받아들일 것이고, 그래서 안락사 문제는 더 이상 사회 전반의 관심을 끌지 못하게 될까 봐 두렵다.

어쩌면 사회적 논쟁과 지적 싸움을 확산시키려는 것 자체가 이상해 보일지도 모른다. 하지만 내 우려는 어디까지나 현재 안락사 지지 현상이 두 가지 심각한 사회적 병폐의 징후임을 이해함으로써 시작된 것이다. 만약 재판부의 간단한 결정 때문에 그 징후를 미처 발견하지 못하게 된다면 그 병폐는 사라지지 않은 채로 지속될 것이다. 반면 안락사의 논의가 뜨거워지면 뜨거워질수록 사회는 건설적이면서도 빠르게 두 근본적인 문제를 더욱 쉽게 공론화할 것이다. 그 문제 중에 하나는 결점 많고 예측 불가능한 미국 의료의 특성으로서 특히 통증 관리와 자연사를 돕는 일에 관한 것이다. 다른 하나는 우리 사회에 만연한 세속주의다. 만약 이 두 가지 병폐를 뿌리 뽑을 수 있게끔 사회를 자극할 수만 있다면 안락사 논의는 커다란 희망의 불씨가 되는 셈이다.

'결점이 많다'란 말은 미국 의료 체계에 대한 아주 완곡한 표현이다. 미국의 의료는 흔히 세계 최고로 평가 받는다. 그러나 그와 마찬가지로 용납할 수 없을 만큼 굉장히 열악한 환경도 많다. 무엇보다 이것은 예측할 수 없다는 것을 의미한다. 의료보험 체계를 생각해보라. 일부 미국인들은 자신이 선택한 의사나 병원에서 간호를 받을 수 있다. 또 일부 사람들은 간호를 받긴 하지만 의사나 병원을 선택할 수는 없다. 그리고 또 다른 일부 사람들은 어떤 간호도 전혀 받을 수 없다.

비록 미국의 의료보험 체계에 문제가 있다 하더라도 안락사 문제는 보다 근본적으로 다른 예측불가능성에 뿌리를 두고 있다. 일반적으로 의과 대학에서는 통증 관리와 죽어가는 사람들의 간호에 대해서는 가르치지 않기 때문에 이에 대한 의사들의 전문지식은 실로 천차만별이다. 보통의 환자는 자신이 양질의 통증 관리를 받을지 형편없는 관리를 받을지 알 수가 없다. 만약 그 환자가 죽음을 앞두고 있다면 의사가 호스피스와 통증 완화 치료를 신뢰하는지, 둘 다 반대하는 사람인지 예측할 수 없다. 실로 환자는 죽음에 대해 의사가 자신과 기꺼이 대화해줄 거라는 기대조차 할 수 없다. 이렇게 예측불가능한 상황에서 통제력이 결여된 무능력 상태에 있다면, 많은 사람들이 의사 조력 자살에 대한 관리권을 갖고 싶어 하는 것도 이상한 일이 아니다.

그럼에도 불구하고 이런 그들의 욕구는 의료 체계의 문제점을 보여주는 징후가 된다. 의사 조력 자살의 권리는 해독제와 같다. 하지만 항상 해독제를 먹는 것보다는 독을 아예 없애는 게 훨씬 더 좋을 것이다. 더구나 이 해독제는 특별한 것이어서 그 자체만으로도 위험할 뿐 아니라 오직 독의 일부만 해독하는 경우라면 더더욱 그럴 것이다.

나와의 사적인 대화에서 앤드루 솔로몬은 만약 자연사가 육체적으로 고통스럽지 않은 것임을 어머니가 확신했다면, 또한 필요할 경우 의사들이 주저 없이 이중효과를 감수할 것이라고 믿었다면, 어머니는 자연사를 택했을지도 모른다고 털어놓았다. 그러나 당시, 옳든 그르든 그녀는 그것을 믿을 수 없다고 느꼈다. 자살용 세코날은, 자신의 마지막이 고통 완화 조치를 이해 못하는 의사의 손에 맡겨질 거라는 현실적인 공포에 대한 해독제였다. 심각한 독을 해독하기 위해 자살을 택할 수밖에 없는 시대다. 이 독을 제거해야 한다.

안락사 논의가 계속될 뿐 아니라 더욱 뜨거워지게 된다면 의사와 간호사들이 그에 반응해 독을 제거하리라고 믿는다. 그들 자신의 양심뿐만 아니라 여론이 나서서 복잡한 통증 관리, 죽음과 죽어가는 과정, 호스피스 간호 그리고 이중효과에 대한 의무적인 간호와 의과대학 내 관련 교육과정을 개설하도록 만들 것이다. 죽음을 앞둔 환자들만이 수혜자가 되는 것이 아니라 고통을 겪고 있는 모든 환자, 뿐만 아니라 놀랍게도 의사와 간호사들 또한 수혜자가 될 것이다. 내 경험에 의하면 이런 교육을 통해 대부분의 의료 전문가들도 삶이 풍요로워지는 것을 발견한다.

안락사 논의가 너무 일찍 사그라지지 않는 한, 의료계는 정부의 어떤 간섭도 받지 않고 자기 쇄신을 할 수 있으리라고 확신한다. 의사들은 의료계 외부로부터의 규제는 그것이 어떤 것이든 질색한다. 그렇다 해서 정부가 그들의 변화를 일절 독려할 수 없다는 의미는 아니다. 법정에서는 단 한 줄의 문장으로도 특별히 변화를 부추길 수 있는 분야가 있는데, 그것은 의사 조력 자살이 아니라 이중효과를 합법화하는 것이다.

안락사 문제에 중요한 것임에도 이중효과는 내가 아는 한 법정에서 다루어진 적이 한 번도 없다. 어쩌면 그럴 만한 이유가 없었을지도 모른다. 이와 관련된 사람은 고통 없이 죽기 때문에 소송을 제기할 사람이 없었고 정부 또한 순전히 전문적 의료 판결로 간주되어온 사안에 간섭하는 것은 좋지 않다고 생각해왔다. 그러나 내가 느끼기로는, 생명 연장에 대한 히포크라테스 선서와 의료 과실로 인한 소송의 두려움 때문에 대단히 많은 의사들은 불필요하게 이중효과를 두려워하는 것 같다. 마치 그것에는 절대 관련되어선 안 되는 것처럼 말이다. 하지만 이중효과는 소송에 의해 시험해볼 것도 없다. 실제 내가 꿈꾸는 최고의 상상 속에서는, 대법원은 다양한 사유에 의해 의사 조력 자살이 헌법적 권리가 아니며, 동시에 이중효과는 완벽히 합법이라는 판결을 내린다. 그렇게 되면 이 판결은 자연사는 고통스러운 죽음이 될 필요가 없다는 것을 확실하게 해주는 데 사용될 것이다.

이중효과가 결코 불법이 아니라는 것을 정부가 인정해준다면 의사와 간호사들은 의료계의 근본적인 병폐를 고치는 데 크게 고무돼 안락사와 그 징후의 문제 해결에 커다란 진전을 이루게 될 것이다. 의료 전문가들은 근거 없는 두려움에서 해방되고 이중효과에 대한 솔직한 담론이 가능하게 되며, 죽어가는 환자들의 간호법을 교육할 수 있는 자유와, 호스피스 간호를 수용할 자유와, 고통 완화 치료를 시행할 자유에 이르기까지……, 여러 면에서 더욱 해방감을 누릴 것이다. 이 변화가 안락사 논쟁에서 얻은 유일한 결과일지라도 미국 의료계는 앞으로 수세기 동안 그 논쟁에 깊은 감사를 느끼게 될 것이다.

그러나 안락사 논의가 점점 더 활기를 띠는 한 변화는 비단 이것에 그치지 않을 것이다. 이런 활기로 미루어보건대 얼마나 많은 위대한 사회적 개선이 이루어질 수 있을지 거의 상상도 할 수 없을 정도다. 미래의 역사가들은 다시 한 번 미국독립선언과 동등하게 이 논쟁을 미국 역사의 한 전환점으로 기록할 것이다. 아마도 이 논쟁을 소멸 직전의 사회가 거의 마술과 같이 새로운 활력을 얻은 분기점으로 볼 수도 있다. 죽음과 죽어가는 것에 대한 진지한 고찰이 새로운 활력이 된다는 게 역설적으로 보일지도 모르지만 세상은 어차피 역설로 가득차 있으며, 자신을 기꺼이 죽음의 신비에 관여시킬 때마다 그것은 보통 우리 자신이나 다른 이들의 모든 경험을 더욱 생동감 있게 만들어준다. 실제로 이것은 조지프 샤프가 쓴 《죽음을 살아가기》의 핵심 내용이다.

나는 우리 사회가 어쩌면 소멸 직전에 이르렀다고 말했다. 혼란스러운 의료 체계에서부터 기능장애를 보이는 연방정부에 이르기까지, 잠재되어 있는 치명적인 사회 병폐의 징후는 수없이 많다. 주된 근본적 병폐는 영혼을 부정하는 데서 명백히 드러나는 미국 사회의 세속주의이다. 나는 안락사 논의야말로 이 병폐가 치료될 수 있는 가장 큰 희망이라고 본다. 기꺼이 안락사 문제를 깊이 생각해본다면 많은 이들이 처음으로 자신의 영혼과 마주하게 될 것이다.

여기서 내가 소수의 철저한 무신론자나 다수의 신중한 불가지론자들을 걱정하지 않는 점에 대해서는 부디 양해해주길 바란다. 명목상 종교인임을 자처하는 많은 이들의 세속주의는 가히 충격적이다. 어째서 공공의 조찬 기도회를 좋아하는 많은 사람들, 대부분이 종교인들로 구성된 듯한 나라에서 철저히 세속적인 사회가 형성될 수 있을까? 세속주의를 다룬 장에서 이미 언급했듯이, 그 답은 교회와 국가를 분리한 수정헌법 제1조보다 훨씬 중대하다. 문제는 종교에 생명력이 없다는 데 있다. 실제로 미국인 대부분이 그들의 종교와 하나님, 그들의 영혼을 아주 진지하게 받아들이지 않는다.

이 현상은 책으로 쓰일 수도 있으며, 이 현상을 다룬 책들도 이미 상당히 나와 있다. 최근에 읽은 것 중에 가장 마음에 든 것은 도널드 W. 맥컬로우Donald W. McCullough가 쓴 《내가 만든 하나님The Trivialization of God: The Dangerous Illusion of a Manageable Deity》이다. 맥컬로우가 말한 대로 우리가 하나님을 관리할 수 있다고 생각할 만큼 아주 교만하다면, 죽음의 시기와 방법을 관리할 권한도 우리에게 있다는 신조에 결사반대할 이유가 없는 세속적인 사회가 되는 것은 그리 놀랄 일이 아니다. 우리는 사실 진정한 하나님을 두려워한다. 그렇기 때문에 당연히 죽음의 순간을, 우리 영혼이 실제로 진정한 하나님을 만나게 되는 그 순간을 두려워하는 것이다. 일반적으로 안락사 문제에 대한 우리의 시큰둥한 반응은, 우리 삶으로부터 하나님을 안락사시키고 싶다는 잠재의식적 소망의 징후는 아닐까?

이 문제는 의학적일 뿐만 아니라 종교적인 것이기도 하므로 안락사 논쟁이 교회, 유대교의 예배당, 회교 사원, 힌두교 및 불교 사원에서 가장 활발히 이루어지는 것이 전적으로 마땅하다. 그러나 나는 그렇게 되리라고 낙관하지 않는다. 신도들과의 모임에서 무수히 경험한 바에 따르면 그들은 무슨 수를 써서라도 그런 논의를 피하려고 하기 때문이다. 그들의 뜻대로 할 수 있는 신을 원하는 것처럼, 그렇게 그들은 갈등 없이 매끄럽게 관리되는 종교 생활을 원한다. 그럼에도 불구하고 나는 기대를 버리지 않는다. 수년 동안 많은 성직자들이 교회와 신자의 변화를 갈망하며 그 필요를 역설해왔다. 안락사 논의는 이런 변화를 기대할 수 있는 이상적인 수단이 되어줄 것이다. 성직자들이 기꺼이 위험을 무릅쓰면서까지 이 문제를 논하게 될지는 확신할 수 없다. 더욱이 이러한 시도는 많은 저항을 불러올 수 있으므로 나는 이런 일을 하는 사람들을 위해 기도한다. 만약 그들이 성공한다면 활기가 샘솟을 것이다. 그리고 죽음의 신비에 대하여, 그리하여 진정한 신과의 치열한 고민을 통하여 새로운 모습이 된 신도들을 맞게 될 것이다.

우리 사회의 세속화는 교회와 국가의 분리보다 훨씬 심화되었다. 교회와 국가의 분리가 좋은 효과뿐만 아니라 일부 부작용까지 가져왔다는 의미는 아니다. 다만 내가 걱정하는 것은 특히 공교육의 세속화인데, 이로 말미암아 공립학교에서 어떤 가치를 가르치는 교육이 사실상 불가능하게 되었기 때문이다. 수정헌법 제1조는 공립학교에서 의무적으로 기도하는 것을 불법화했을 뿐 아니라 하나님에 대한 확실한 언급을 근본적으로 금지한다는 뜻으로 해석되어왔다. 나는 인간의 존재가 어떤 의미인지에 대한 이론들을 언급하지 않고 어떻게 우리 아이들에게 가치를 가르칠 수 있는지 모르겠다. 영혼의 의미에 대한 이론들을 얘기하지 않고 어떻게 의미를 가르칠 수 있는지 모르겠다. 그리고 하나님에 대한 이론 없이 어떻게 영혼에 대해 가르칠 수 있는지 알 수가 없다.

이런 문제들에 대한 논의를 금지함으로써 종교적 교육의 폐단보다 훨씬 더 파괴적인 결과가 초래됐다. 마셜 맥루한Marshall McLuhan은 논문 〈미디어 메시지와 언어Media Messages and Language: The World as Your Classroom〉에서 '매체가 곧 메시지다'라는 말을 하여 유명해졌다. 한결같이 세속적인 교육체계의 매체를 통해 우리가 아이들에게 주는 메시지는 무엇인가? 어쩌면 가치는 중요하지 않다고, 의미에 대한 문제는 우리와 무관하며, 하나님은 논의의 적절한 주제가 아니라고, 우리 정부에 관한 한 아이들은 영혼이 없는 존재라는 것을 넌지시 가르치는 것처럼 보인다. 분명 그 메시지는 영혼은 중요하지 않다고 말하고 있다. 이를테면 우리는 은연중에 간접적으로 허무주의, 즉 의미란 존재하지 않으며 결과적으로 무엇이든 상관없다는 악마적 철학을 우리 아이들에게 가르치고 있는 것이다.

이 끔찍한 상황에 대한 대답은 이미 앞 장에서 의사 조력 자살을 찬성하는 사람과의 상담과 관련해 제기한 바 있다. 즉, 고지에 입각한 동의서 또는 정보에 근거한 선택이라는 개념 말이다. 물론 세속주의자는 하나님이나 영혼을 믿지 않을 권리가 있지만 이런 개념을 접할 기회조차 없어야 한단 말인가? 세속주의자도 공공 교육을 통해 다윈설, 원자론, 우주의 기원에 관한 빅뱅이론 등을 배웠을 것이다. 이것들은 모두 입증된 사실이라기보다 이론에 불과하다. 그렇다면 왜 '영혼이론'에 대해서는 교육받을 권리가 있어선 안 되는가?

내가 보기에 유일한 문제는 세속주의자가 그 개념과 어떻게 접하게 되는가이다. 만약 원리주의자 교사가 영혼이론을 하나의 사실로서 '믿는 게 좋다'는 식으로 그에게 강요한다면 그는 헌법에 호소해야 한다고 생각한다. 하지만 사회에서 널리 받아들여지고 많은 사람들이 열정적으로 논쟁하는 근본적으로 중요한 개념이라고 설명한다면 왜 법정에까지 갖고 갈 문제로 여기겠는가. 세속주의자는 그 개념을 수용할 수도, 거절할 수도 있다. 즉 정보에 근거해 선택할 자유가 있는 것이다.

그런데 영혼이론은 구체적으로 어떻게 배울 수 있을까? 수십 가지의 방법이 있을 수 있다. 나는 대학과 대학원, 의료계와 사업 등 모든 분야의 교육자에게 가능성 있는 가장 창조적인 것을 구체화해보라고 권유한다. 나는 모든 것을 이용할 것이다. 가장 빠른 최적의 시간에 가장 많은 청중에게 접근할 방법의 하나로, 나는 전국의 모든 고등학교에서 죽음과 죽어가는 것에 관한 의무적이고 믿을 만한 교육이 이루어지는 모습을 간절히 보고 싶다.

20년 전 내가 살던 뉴잉글랜드 지역 공동체에서는 한 명이 백혈병으로 사망하고 또 한 명이 자동차 사고로 사망한 뒤에, 지역 중학교와 고등학교가 죽음과 죽어가는 것에 대한 교육과정을 필수학점 외의 선택과목으로 개설해달라는 탄원서를 제출했다. 어떤 진보적인 개신교 목사는 한 걸음 더 나아가 교육과정을 관리하고 다양한 강사들을 모두 무보수로 제공하자는 제안을 했다. 그러나 그 지역 교육위원회가 새로운 교육과정을 승인해야 했고 그것을 선택과목으로 할지 아니면 필수과목으로 할지, 또 교육비는 어떻게 산정해야 할 것인지를 결정해야만 했다. 교육위원회가 소집돼 투표한 결과 그 교육과정을 개설하는 안건은 8 대 1로 부결되었다. 그 과목이 '병적'이라는 이유에서였다.

그 결정에 대해 일부에서는 비난의 목소리가 높았다. 독자투고란에는 그 결정에 항의하는 편지들과 심지어 같은 내용의 사설까지 실렸다. 실제 그 소란으로 말미암아 교육위원회는 결정을 재고하기 위한 두 번째 소집이 불가피해졌다. 결국 위원회는 그 안건에 대해 재투표를 실시했다. 하지만 결과는 8 대 1, 전과 같은 이유로 안건은 부결되었다.

이처럼 사회는 젊은 구성원들에게, 또는 누구에게든 죽음과 죽어가는 것에 대해 가르칠 준비가 되어 있지 않은 것 같다. 그러나 그것은 20년 전의 일이었고, 생명선을 끊는 일이 공개적으로 논의되기 전이었으며, 자가통증조절기를 사용하기 전인데다 무엇보다 안락사 논의가 시작되기 전의 일이었다. 안락사 논의가 우리의 공교육 제도에서 죽음과 죽어가는 것에 대한 과목이 정식 교과과정으로 시행되는 결과를 가져온다면 이 얼마나 멋지고 놀라운 일이겠는가!

나 자신은 과연 그 교과과정을 어떤 식으로 가르칠 것인가?

"자신의 죽음이 지금으로서는 멀리 있는 일처럼 느껴질 것입니다." 나는 학생들에게 이렇게 말하면서 시작할 것이다. "하지만 지금 이 교육을 받는 이유는 생각이 깊어지기 위해서예요. 신중한 사람들은 자신의 죽을 수밖에 없는 운명을 사춘기 때 생각하게 마련이니까. '죽을 수밖에 없는 운명'이 의미하는 것은 뭘까요? 우리 인간이란 죽을 수밖에 없다고 말할 때 거기에 담겨 있는 의미는 무엇이겠습니까?"

나는 대체로 죽음을 부정하는 것과 특별히 퀴블러-로스가 말한 죽음을 맞이하는 단계를 다룰 테지만 그 예외에 대해서도 반드시 언급할 것이다. 그런 다음 그 단계들을 주요 심리학적 학습 과정과 결부시킬 것이다.

"여러분 중에 자신에 대해서, 인생에 대해서 어려운 무언가를 배우다가 이미 이런 단계들을 경험해본 사람이 있습니까? 이 문제를 생각해보았으면 합니다. 일단 과제를 내줄 테니 그러한 학습에 대해서 한 쪽 분량의 이야기를 써오도록 하세요."

나는 여기서 아마 《죽음을 살아가기》를 교재로 사용할 것이다. 앞서 언급한 이 책은 우리는 모두 죽어가고 있으며 따라서 죽음을 피하려고 하기보다 오히려 이러한 현실 속에서 배울 것이 아주 많다는 것을 주요 내용으로 하는, 간결하게 잘 쓰인 책이다.

이어서 나는 학생들에게 내세를 믿는지를 묻고 그에 대한 여러 의견들을 들어볼 것이다. 지옥과 연옥에 대한 중세의 끔찍한 개념에 대응하여, 보다 현대적인 기독교의 개념에 대해 말해줄 것이다(C.S. 루이스는 지옥을 하나님이 아닌 사람들이 스스로를 집어넣는 장소로 보는 한편, 나는 연옥을 온건한 학습과 치유의 시간으로 간주한다). 나는 또한 카르마와 환생을 비롯해서 다른 종교들의 신앙을 탐구할 것이다.

다음으로 영혼에 대한 학생들의 생각과 그것이 학습 및 성숙과 어떤 관련이 있을 수 있는지, 더불어 에고와 어떻게 다를 수 있는지도 들어볼 것이다. 또한 허무주의와 실존주의처럼 의미에 대한 종교적 개념뿐만 아니라 세속적인 개념들도 고려할 것이다. 그로부터 우리는 이념적 관찰자 이론에 특별히 주안점을 둔 다양한 윤리적 이론들로 옮겨갈 것이다. 철학자들 사이에 그것은 가장 최근의 이론일 뿐만 아니라 내가 아는 바로는 미묘하게 기도를 부추기는 유일한 이론이다. 우리는 악과 죽음에 대한 차이뿐만 아니라 자연적인 악과 인간적인 악의 차이점이 무엇인지를 궁금해 한다. 그러면서 사랑의 하나님이라고 간주되는 이께서 어째서 이런 고통스러운 것들을 허락하셨는지도 의아해한다.

마침내 이 모든 결과와 그 과정에서 생겨나는 다른 종류의 고통들을 살펴보며 안락사 논의를 마쳐야겠다. 학생들에게 어떤 입장을 받아들이라고 다그치는 것이 내 목적은 아니다. 순수하게 그것들을 알림으로써 그들이 최대한 활기 있게 그 논의에 참여하도록 할 뿐이다. 실제로 이런 논의가 활기를 띨지에 대해서는 확신할 수 없다. 게다가 이것이 생생한 교육이 될 수 있을지도 잘 모르겠다. 16세 학생들의 의견이 26세, 46세, 66세의 사람들과는 다를지도 모르지만 이런 심오한 문제를 진지하게 고찰하는 것만으로도 약간의 가치 있는 씨앗이 뿌려지지 않을까 생각한다.

안락사 논의는 복잡하고 다양한 측면을 갖고 있다. 이것은 법학자와 윤리학자뿐만 아니라 의사와 간호사, 신학자와 사회학자 등 다양한 분야의 사람들에게서 최선의 생각을 끌어낼 만한 가치가 있다. 무엇보다 법원이 성급한 판결을 내리기 전에, 우리는 네덜란드 상황에 대한 더 많은 정보에서부터 미국의 안락사 찬성론자들의 심리적 특징에 이르기까지 일반 학문적 연구는 물론 엄격한 과학적 연구까지 해야 마땅하다.

그럼에도 불구하고 나로서는 그 논의의 가장 본질적인 문제는 이미 확실히 드러난 것 같다. 그것은 바로 영혼의 개념이다. 내게는 안락사 운동이 대부분 세속적 현상으로 보였으며 그 속에 위험적인 요소가 있다고 판단된다. 반면 안락사 논의를 통해 영혼에 새롭게 주목함으로써 사회적 불균형을 바로잡을 수 있는 커다란 희망을 품게 되었다.

영혼은 안락사보다 더 큰 주제다. 진정으로 큰 문제는 우리 사회가 안락사 문제에 어떻게 대응해갈 것인가가 아니라 우리가 영혼과 영혼의 성장을 독려하는 사회를 원하는가의 여부다. 거의 모든 안락사 논쟁의 복합성은 결국 간단한 질문 하나로 해결될 수 있다.

"우리는 영혼과 영혼의 성장을 독려하는 사회를 원하는가?"

옮긴이_조종상

명지대학교에서 경영학을 전공하고 한양대학교 대학원에서 교육학을 전공했다. 현재 전문번역가로
활동하고 있다. 옮긴 책으로 《아놀드 토인비 역사의 연구 8권 시리즈》《도움이 필요한 아이들》
《역사를 들썩인 전쟁 244장면》《세계 100인의 발명가》《유명한 과학자 100명》《유명한 스포츠선수 100인》
《세계 문화여행》《세계의 다양한 요리》《사랑으로 이루어진 이야기》 등이 있다.

죽음을 선택할 권리

초판 1쇄 발행일 2018년 4월 20일

지은이 M. 스캇 펙
옮긴이 조종상
펴낸이 김현관
펴낸곳 율리시즈

책임편집 김미성
디자인 Song디자인
종이 세종페이퍼
인쇄 및 제본 올인피앤비

주소 서울시 양천구 목동중앙서로7길 16-12 102호
전화 (02) 2655-0166/0167
팩스 (02) 2655-0168
E-mail ulyssesbook@naver.com
ISBN 978-89-98229-58-0 03190

등록 2010년 8월 23일 제2010-000046호